核心素养下
高中数学教学思考

HEXIN SUYANGXIA GAOZHONG SHUXUE JIAOXUE SIKAO

张传民◎著

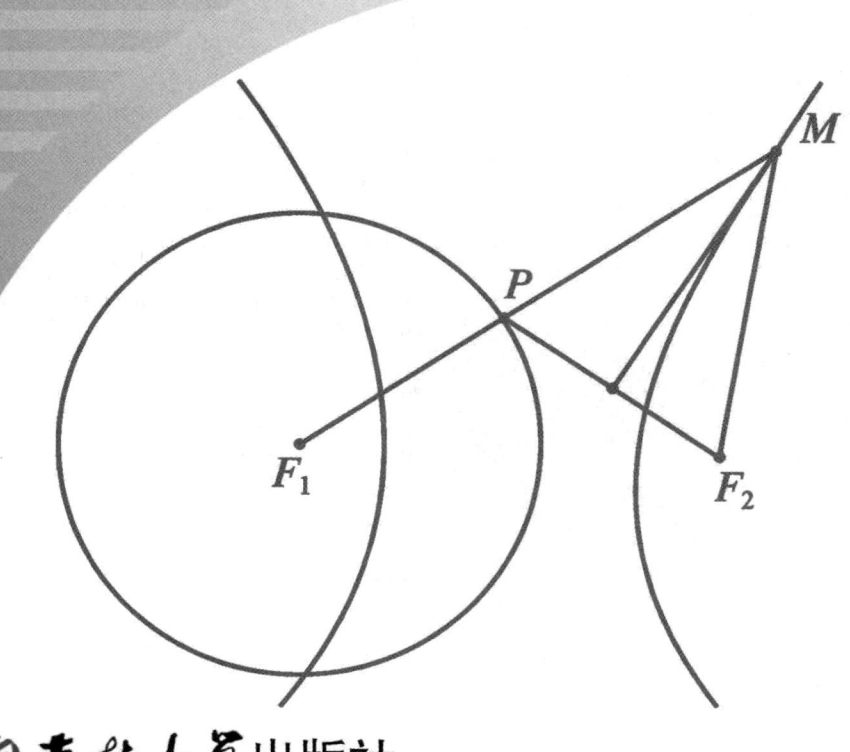

吉林大学出版社
·长春·

图书在版编目（CIP）数据

核心素养下高中数学教学思考 / 张传民著. -- 长春: 吉林大学出版社, 2023.5
ISBN 978-7-5768-1695-2

Ⅰ.①核… Ⅱ.①张… Ⅲ.①中学数学课－教学研究－高中 Ⅳ.①G633.602

中国国家版本馆CIP数据核字(2023)第089107号

书　　名	核心素养下高中数学教学思考
	HEXIN SUYANGXIA GAOZHONG SHUXUE JIAOXUE SIKAO
作　　者	张传民著
策划编辑	王宁宁
责任编辑	刘守秀
责任校对	陈　曦
装帧设计	现当代文化
出版发行	吉林大学出版社
社　　址	长春市人民大街4059号
邮政编码	130021
发行电话	0431-89580028/29/21
网　　址	http://www.jlup.com.cn
电子邮箱	jdcbs@jlu.edu.cn
印　　刷	成都市天金浩印务有限公司
开　　本	889mm×1194mm　1/16
印　　张	14
字　　数	410千字
版　　次	2023年5月第1版
印　　次	2023年5月第1次
书　　号	ISBN 978-7-5768-1695-2
定　　价	68.00元

版权所有　翻印必究

自 序

记得在2002年,一个偶然的机会,我看到了一本书,孙维刚老师写的《全班55%怎样考上北大清华》。这本书令我深感震动:太厉害了!太神奇了!自己连续读了5遍,把部分重要的思想语句摘抄下来,并适当应用于教育教学实践中。也是从那时起,我开始搜集孙老师的各种书籍,先后读了《我的三轮教育教学实验》《孙维刚导学高中数学》《孙维刚导学初中数学》几本书,还找到了当时能找到的孙老师上课的光盘,反复看反复研究。到现在20年了,孙老师的教学思想一直影响着我,从管理到教学处处有孙老师的影子,随口说句话就是孙老师的名言,如"漫江碧透,鱼翔浅底""站在系统的高度看问题""广义对称""凡事都问为什么",等等。受孙老师的影响,我在教学中更关注学生的学,关注学生的成长,关注学生的发展,关注对数学的认识,关注思维的训练,让不聪明的学生聪明起来,让聪明的学生更聪明。很有幸,能在教学生涯中遇到这样一位启蒙名师。虽然孙老师故去多年,但是教学路上感觉他一直在帮助着我。

早在10年前我就想写些东西,把自己教学过程中的思考、感悟写下来,因为又当班主任又上课,再加上有点懒,一直没有勇气提笔。其实,工作这些年,研究的范围比较多,原来对数学竞赛比较感兴趣,看了大量的书籍和视频,也做了十几本的笔记,那时想,当我退休了,发挥点余热,到西部去支教,为那里的孩子做拓展提升。但是竞赛路不平坦,几年来,一是缺少好的苗子,二是培训水平不够,一直没有培养出很好的竞赛选手,最好的是2015年的王晙华获省赛区一等奖,山东省第16名,遗憾没有进省队,没有机会继续走下去。再后来我就专心研究高考了,因为很多知识需要拓展,于是把大学的课本找出来,仔细读了《数学分析》《解析几何》《高等代数》,一边读一边对尖子生进行拓展,希望学生在高考考场上能秒杀压轴题,可是事与愿违,学生没有秒杀掉高考题,反而作为老师的我把大学内容复习了一遍。这些年里一直致力于尖子生的拓展加深,但是背离了数学本身的规律,背离了考试的初衷。现在回过头看走过的路,感觉现在不会再做盲目的拓展了,应该把力气放到培根固源上,这个"根源"就是数学的本来,数学的基本方法,基本能力,高考应该也不欢迎用大学的知识解题,命题者的想法是用初等数学的方法解决问题。

在2020年8月份,我开始整理自己近年来的教学与管理中的感悟,几乎天天写,每天写2 000多字,记录下每节课的反思,记录下教学的片段,到现在不足一年时间,写了大约有40万字,其中包含10万字左右的管理方面的反思,30万字左右的数学方面的反思。在这段时间里,一开始很辛苦,写了一个多月后,逐渐习惯了这种节奏,每天不写点就好像少了点东西。现在,一有时间就想写点东西,如果有三天没有动笔,就感觉自己面目可憎。

这本书中多数是数学教学的内容,包含对比以往教材和各版本教材的一些看法;在教学过程中通过一个个案例对于教学和数学的感悟;在解题教学中,对于数学本质的思索和对于解题规律的认识;以及近几年自己发表的论文,这些论文实际上是这些小的反思的再整理总结。

奋斗的日子是充实的,在以后时间里,我将继续记录教学点点滴滴,这样的教学是有意义的,这样的生活是有意义的。本书在修订过程中得到了平原一中柳立河校长的悉心指导,在此表示感谢。因为时间仓促,书中肯定有很多疏漏和错误,欢迎您的批评指正。

目 录

第1章 数学教学思考

1.1 双曲线标准方程的教学思考 ……………………………………………………（ 2 ）
1.2 每天学数学做数学题有什么用 …………………………………………………（ 6 ）
1.3 数学的重要作用 …………………………………………………………………（ 7 ）
1.4 上出"数学味"的数学课 …………………………………………………………（ 8 ）
1.5 数学教师的命题能力 ……………………………………………………………（ 11 ）
1.6 一节课只讲"一句话" ……………………………………………………………（ 12 ）
1.7 知识与考试 ………………………………………………………………………（ 13 ）
1.8 学生考试会做的题出错原因分析 ………………………………………………（ 14 ）
1.9 一节课可以优化出多少分钟 ……………………………………………………（ 16 ）
1.10 网课对教学的启示 ………………………………………………………………（ 17 ）
1.11 含参一元二次不等式的解法 ……………………………………………………（ 18 ）
1.12 基本不等式求最值的反思 ………………………………………………………（ 19 ）
1.13 均值不等式为什么要求定值 ……………………………………………………（ 21 ）
1.14 换个角度看主元法 ………………………………………………………………（ 22 ）
1.15 奇变偶不变,符号看象限的意义 ………………………………………………（ 24 ）
1.16 数学抽象能力的培养 ……………………………………………………………（ 25 ）
1.17 数学运算法则的本质 ……………………………………………………………（ 27 ）
1.18 数学更多的是方法论 ……………………………………………………………（ 29 ）
1.19 余弦定理的引入设计 ……………………………………………………………（ 30 ）
1.20 上课不能"想当然" ………………………………………………………………（ 31 ）
1.21 直线的平行与垂直 ………………………………………………………………（ 33 ）
1.22 点到直线的距离公式 ……………………………………………………………（ 35 ）
1.23 曲线与方程的本质 ………………………………………………………………（ 37 ）
1.24 "椭圆的标准方程"听课思考 ……………………………………………………（ 39 ）
1.25 "天上掉下一个"离心率 …………………………………………………………（ 41 ）
1.26 在生成中学会知识 ………………………………………………………………（ 43 ）
1.27 学生的创造力令人叹服 …………………………………………………………（ 44 ）
1.28 函数的奇偶性 ……………………………………………………………………（ 45 ）
1.29 二项式定理的理解 ………………………………………………………………（ 46 ）

1

1.30　一个小细节的处理 ……………………………………………………………（48）
1.31　老师是怎么学习的 ……………………………………………………………（49）
1.32　条件概率的特殊情景 …………………………………………………………（50）
1.33　从形的角度理解全概率公式 …………………………………………………（51）
1.34　看似简单的数列 ………………………………………………………………（53）
1.35　数列教学要回归数列的本质 …………………………………………………（54）
1.36　数列复习 ………………………………………………………………………（56）
1.37　由数列的通项公式想到的 ……………………………………………………（58）
1.38　一轮复习中对数的教学的两点思考 …………………………………………（59）
1.39　备考期末考试 …………………………………………………………………（61）
1.40　拒绝思考有多可怕 ……………………………………………………………（63）
1.41　数学究竟教给了学生什么 ……………………………………………………（64）
1.42　读《给教师的建议》 …………………………………………………………（66）

第2章　数学教材思考

2.1　三角函数在高中数学教材中的演变与启示 …………………………………（70）
2.2　为什么学习充要条件 …………………………………………………………（75）
2.3　站在系统的高度看三角函数 …………………………………………………（76）
2.4　立体几何的三个基本事实 ……………………………………………………（78）
2.5　空间向量的几点思考 …………………………………………………………（79）
2.6　空间向量与立体几何整体框架 ………………………………………………（82）
2.7　直线方程中的向量 ……………………………………………………………（83）
2.8　直线的倾斜角与斜率 …………………………………………………………（84）
2.9　特殊到一般的泛滥 ……………………………………………………………（86）
2.10　随机变量的定义 ………………………………………………………………（87）
2.11　用最简单的例子讲最简单的数学 ……………………………………………（88）
2.12　超几何分布的几点思考 ………………………………………………………（89）
2.13　站在系统的角度看概率 ………………………………………………………（90）
2.14　等额本息还款法的几种理解 …………………………………………………（92）
2.15　等额本金还款法吃亏吗 ………………………………………………………（94）

第3章　数学解题思考

3.1　解多个三角形问题常用策略 …………………………………………………（96）
3.2　妙用方差的非负性质解题 ……………………………………………………（99）
3.3　巧同构,妙解题 ………………………………………………………………（100）
3.4　差量代换在解题中的应用 ……………………………………………………（102）
3.5　利用圆的性质解三角形 ………………………………………………………（103）
3.6　消元法解题初探 ………………………………………………………………（107）

3.7　解三角形的本质 ··· (111)
3.8　立体几何计算题的本质 ··· (115)
3.9　三角恒等变换 ·· (118)
3.10　利用三余弦公式求空间角 ··· (120)
3.11　立体几何的模型 ·· (122)
3.12　解决概率问题的最大障碍 ··· (124)
3.13　数学究竟带给学生什么 ·· (127)
3.14　广义的对称 ··· (130)
3.15　解析几何中的定点问题 ·· (133)
3.16　解析几何的入手点 ·· (139)
3.17　解析几何减少运算量的途径 ·· (141)
3.18　数列中的数学思想(1) ··· (144)
3.19　数列中的数学思想(2) ··· (145)
3.20　数列中的数学思想(3) ··· (147)
3.21　数列求和的两个分析 ··· (149)
3.22　导数备考思考 ·· (152)
3.23　导数零点赋值问题 ·· (155)
3.24　数列求通项为什么有这些方法 ··· (160)
3.25　数学应该教给学生价值判断 ·· (161)
3.26　函数零点的范围问题 ··· (163)
3.27　奇偶性、对称性、周期性 ··· (165)
3.28　导数切线问题 ·· (167)
3.29　圆锥曲线非对称问题解法初探 ··· (169)

第4章　数学课堂思考

4.1　常态课与赛课 ·· (174)
4.2　上好常态课是提升成绩的关键 ··· (175)
4.3　PPT和板书 ··· (177)
4.4　备课中核心素养的渗透 ·· (178)
4.5　课堂拿什么来吸引学生 ·· (179)
4.6　让教学真正发生(1) ··· (181)
4.7　让教学真正发生(2) ··· (183)
4.8　让教学真正发生(3) ··· (186)
4.9　让学习真正发生 ··· (190)
4.10　教师主动学习的流失 ··· (192)
4.11　打造有仪式感有张力的课堂 ·· (193)
4.12　体会课堂教学中的快乐 ·· (195)
4.13　小组讨论 ·· (196)
4.14　课堂效率低,课下抢时间 ·· (197)

4.15　执行性课堂要不得 …………………………………………………………（198）
4.16　数学要注重知识的生成过程 ………………………………………………（199）
4.17　讲评课需要注意的几个地方 ………………………………………………（201）
4.18　跨学科听课可以更大胆一些 ………………………………………………（202）
4.19　死记硬背的课堂使学生越来越幼稚 ………………………………………（203）
4.20　教学要贴近学生的生活实际 ………………………………………………（204）
4.21　设置台阶,拾级而上 …………………………………………………………（205）
4.22　一节课只做一件事情 ………………………………………………………（208）
参考文献 ………………………………………………………………………………（209）
后　　记 ………………………………………………………………………………（210）

第1章 数学教学思考

1.1 双曲线标准方程的教学思考

双曲线的标准方程是解析几何中很普通的一节课，但是其中有很多点值得研究。

1. 双曲线的定义的研究

在设计定义产生的过程时，尽可能地采用活动化的方式，让学生参与到课堂中来，动手操作，学生在经历了双曲线的产生过程后，就能体会到发现的惊喜，感受到数学的神奇。同时自然而然地产生了双曲线的定义。

设计折纸游戏：出示生活中双曲线的图片的例子，让学生对双曲线的形态有初步的认识。然后再开始折纸游戏。在白纸上画一个圆 F_1，在圆 F_1 外取一定点 F_2，在圆上任取一点 P，将白纸对折，使 P 和 F_2 重合，并留下一条折痕；再在圆周上任取其他点，重复上述步骤便可得到折痕形成的曲线。

让学生动手折叠，并展示学生折叠的成果，折痕如图 1-1(a) 所示。

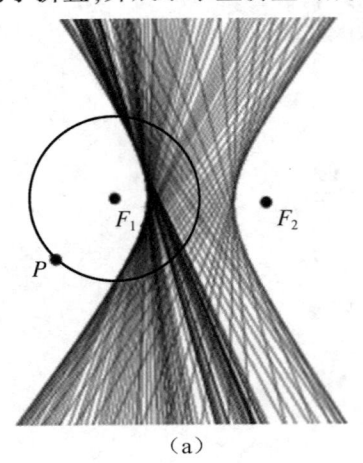
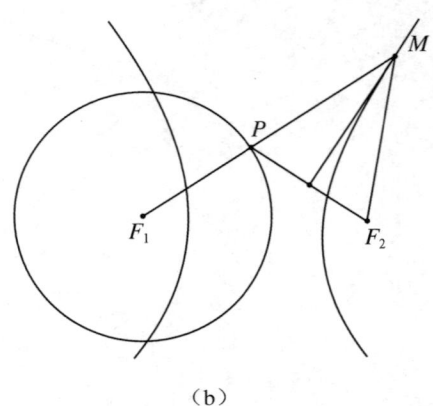

图 1-1 折纸游戏

用几何画板演示双曲线的生成过程见图 1-1(b)，并让学生思考双曲线上的点具有什么样的特点，然后总结归纳出 M 点满足的条件 $||MF_1|-|MF_2||=\big||PM|-|MF_1|\big|=|PF_1|=r$，从而得到双曲线的定义。当然也可以利用课本课后练习题的方式总结出双曲线的定义，也就是利用同心圆的方法构造出定义，这样产生定义的好处是比较显而易见，学生好接受。教师在上课时可以根据自己的班级的实际选择不同的方法。

2. 距离差的拓展

椭圆的定义中涉及两定点的距离和，双曲线定义中涉及距离差，那么这个结论能不能拓展呢？会不会产生其他的曲线呢？老师可以引导学生思考。

(1) 一动点到两定点的距离的乘积等于定值 m^2，求此动点的轨迹（卡西尼卵形线）。

解：设两定点间距离为 $2a$，两定点为 $A(-a,0)$ 和 $B(a,0)$，设动点 $M(x,y)$。

依题意得

$$|\overrightarrow{MB}||\overrightarrow{MA}|=m^2$$

即

$$\sqrt{(x+a)^2+y^2}\sqrt{(x-a)^2+y^2}=m^2$$

整理得

$$(x^2+y^2)^2-2a^2(x^2-y^2)+a^4-m^4=0$$

(2) 一动点到两定点距离之比为常数（常数大于 0 且不等于 1）的点的轨迹（阿波罗尼斯圆）。2019 年人教 B 版必修二课本第 98 页例 3 和第 105 页探索与研究均有涉及。

(3)一动点到两定点距离平方和为定值点的轨迹(圆)。

设 $P(x,y)$ 到定点 $A(-a,0)$、$B(a,0)$ 距离的平方和等于 $4b^2(a,b>0)$。

所以有
$$(x+a)^2+y^2+(x-a)^2+y^2=4b^2$$
即
$$x^2+y^2=2b^2-a^2$$

(4)将其中一个定点改为定直线。

一动点到定点和到定直线距离之比等于常数点的轨迹(可拓展圆锥曲线的第二定义)。

(5)在空间中,到一定点 A 和到一定平面 m 的距离之比为常数的点的轨迹取决于定点和定平面的位置关系及常数的大小。

3. 无理式的处理方法

(1)移项两次平方法。这是最容易想到的方法。

(2)分子有理化。这是课本的处理方式,但是不容易想到,技巧性太强。

(3)同乘有理化因子。课本处理的变形形式,但是比课本处理稍微容易想到。
$$\sqrt{(x+c)^2+y^2}-\sqrt{(x-c)^2+y^2}=\pm 2a \quad ①$$
即
$$(\sqrt{(x+c)^2+y^2}-\sqrt{(x-c)^2+y^2})(\sqrt{(x+c)^2+y^2}+\sqrt{(x-c)^2+y^2})=\pm 2a(\sqrt{(x+c)^2+y^2}+\sqrt{(x-c)^2+y^2})$$
展开整理得
$$\sqrt{(x+c)^2+y^2}+\sqrt{(x-c)^2+y^2}=\pm\frac{2c}{a}x \quad ②$$
①+②得
$$\sqrt{(x+c)^2+y^2}=\pm\left(\frac{c}{a}x+a\right)$$
两边平方,再整理得
$$(c^2-a^2)x^2-a^2y^2=a^2(c^2-a^2)$$
换元可得标准方程。

(4)直接平方法。虽然直接平方难度较大,但是这是最容易想到的方法,同时对学生的运算技巧要求较高。
$$\sqrt{(x+c)^2+y^2}-\sqrt{(x-c)^2+y^2}=\pm 2a$$
两边平方得
$$(x+c)^2+y^2+(x-c)^2+y^2-2\sqrt{(x+c)^2+y^2}\sqrt{(x-c)^2+y^2}=4a^2$$
整理得
$$x^2+y^2+c^2-\sqrt{x^2+y^2+c^2+2cx}\sqrt{x^2+y^2+c^2-2cx}=2a^2$$

能发现式子中多次出现 $x^2+y^2+c^2$,因此换元以简化运算。

令
$$t=x^2+y^2+c^2$$
则原式可化简为
$$t-\sqrt{t+2cx}\sqrt{t-2cx}=2a^2$$
移项得
$$\sqrt{t+2cx}\sqrt{t-2cx}=t-2a^2$$
两边平方得

$$t^2 - 4c^2x^2 = t^2 - 4a^2t + 4a^4$$

整理即得标准方程。

(5) 等差中项法：

因为 $|MF_1| - |MF_2| = 2a$，设 $|MF_1| = t + a$，$|MF_2| = t - a$，其中 t 为参数。

$$|MF_1|^2 = (t+a)^2 = (x+c)^2 + y^2 \quad ①$$
$$|MF_2|^2 = (t-a)^2 = (x-c)^2 + y^2 \quad ②$$

①-②得

$$t = \frac{c}{a}x \quad ③$$

③代入①得

$$a^2 + \frac{c^2}{a^2}x^2 + 2cx = x^2 + c^2 + 2cx + y^2$$

整理可得标准方程。

4. 焦点在 y 轴的方程的推导

教材对于焦点在 y 轴方程的双曲线的标准方程没有详细地给出推导过程，只提到将 $\frac{x^2}{a^2} - \frac{y^2}{b^2} = 1$ 中的 x,y 互换就可以得到 $\frac{y^2}{a^2} - \frac{x^2}{b^2} = 1$，这里可以做详细的研究。

方法1：直接法。

利用上面推导的方法再求一遍，想法简单过程复杂。

方法2：同构法。

由定义列出方程，然后比较两方程结构的异同。

焦点在 x 轴上：$\sqrt{(x+c)^2 + y^2} - \sqrt{(x-c)^2 + y^2} = \pm 2a$。

焦点在 y 轴上：$\sqrt{x^2 + (y+c)^2} - \sqrt{x^2 + (y-c)^2} = \pm 2a$。

经观察发现，两方程只是字母 x,y 交换了位置，其他没有变化。因此只需要交换 x,y 即可。

方法3：坐标轴的旋转。

先将图 1-2(a) 中坐标轴按顺时针旋转 $90°$，得到图 1-2(b)，也就是图 1-2(c)。

具体过程：设所求曲线上任一点坐标为 $P(x,y)$，已知曲线 $\frac{x^2}{a^2} - \frac{y^2}{b^2} = 1$ 上点的坐标为 $Q(x_0, y_0)$，则利用坐标轴旋转公式 $\begin{cases} x = x_0\cos\theta + y_0\sin\theta \\ y = -x_0\sin\theta + y_0\cos\theta \end{cases}$，其中 θ 为坐标轴旋转角度。把 $\theta = -\frac{\pi}{2}$ 代入得：$\begin{cases} x = -y_0 \\ y = x_0 \end{cases}$，反解得 $\begin{cases} x_0 = y \\ y_0 = -x \end{cases}$。

又因为 $Q(x_0, y_0)$ 在 $\frac{x^2}{a^2} - \frac{y^2}{b^2} = 1$ 上，所以得 $\frac{y^2}{a^2} - \frac{x^2}{b^2} = 1$。

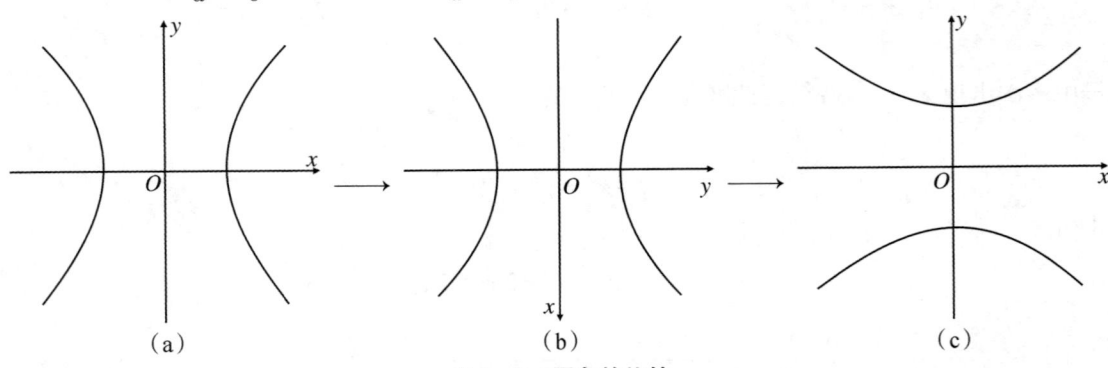

图 1-2　图象的旋转

方法4：利用图象的旋转求解。

设所求曲线上任一点坐标为$P(x,y)$，已知曲线$\frac{x^2}{a^2}-\frac{y^2}{b^2}=1$上点的坐标为$Q(x_0,y_0)$，则利用图象旋转公式$\begin{cases}x=x_0\cos\theta-y_0\sin\theta\\y=x_0\sin\theta+y_0\cos\theta\end{cases}$，其中，$\theta$为坐标轴旋转角度。把$\theta=\frac{\pi}{2}$代入得$\begin{cases}x=-y_0\\y=x_0\end{cases}$，反解得$\begin{cases}x_0=y\\y_0=-x\end{cases}$。又因为$Q(x_0,y_0)$在$\frac{x^2}{a^2}-\frac{y^2}{b^2}=1$上，所以得$\frac{y^2}{a^2}-\frac{x^2}{b^2}=1$。

对于教材教学的研究有意思且有意义，老师们如果能投入进去认真思考，就能发现很多有意义的东西，学有所得。

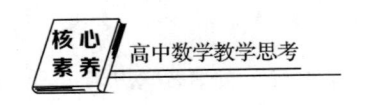

1.2 每天学数学做数学题有什么用

我们每天学数学,究竟在学什么?先来看数学是怎么解决问题的,数学的解决问题的方法散布在数学的每一章节中,梳理一下大体上是这样的:

具体情境与问题 $\xrightarrow{\text{抽象}}$ 抓住本质特征 $\xrightarrow{\text{形成}}$ 概念、定义、定理 $\xrightarrow{\text{解决}}$ 具体问题 $\xrightarrow{\text{抽象}}$ 这些问题的共同特征 $\xrightarrow{\text{抽象}}$ 解法的本质 $\xrightarrow{\text{升华}}$ 形成思想。

所以说我们学数学就是提高自己由具体事物抽象出一般方法的能力,发展自己抓住事物本质的能力,提升自己解决问题的能力。数学在某种意义上可以说是一种方法论,由解决一个问题形成解决所有问题的方法,提炼出一种解决问题的思想,从而对学生的生活和学习中遇到的问题产生具有指导意义的方法论。这些数学的解决问题的方法,其实就是核心素养,这种素养要伴随学生一生,这也是我们为什么一定要学数学。数学教给我们观察世界、认识世界、分析世界的方法,不是简单地回答世界是什么。

我们每天都在做数学题,我们这是在做什么?仔细想想,原来我们只是在做数学学习中的一小段:

概念、定义、定理 $\xrightarrow{\text{解决}}$ 具体问题。

每天做那么多数学题实际上就是在练熟练度,对于提升数学能力、个人能力有什么用吗?意义不大。

很多数学家反对题海战术,反对熟能生巧,这样不能培养学生真正的能力。

假期期间,很多学生报了各种补习班,有什么用吗?有用,但是总有那么一些不上补习班的"神人",开学以后一上课就开始碾压各种补习班里培养出来的学生,好像这些人上了更高级的补习班一样,为什么他们这么厉害?其实是这些人学习能力强,接受理解新事物的速度快,上补习班的同学也只是为了完成任务,没有真正地思考,只是多练了几道题,等所有人都会做题以后,这些同学就没有任何优势了,上补习班的效果不明显,因为方法不对路。

教师上课也常出现偏差,在应该发展学生思维的时候,教师静悄悄地绕过去了,没有找到培养学生的能力点在哪里,没有找到素养提升点在哪里,没有提炼方法、思想,然后开始大量的训练。大量的训练是必须的,但不是主体,不要为了做题而做题。高一高二新授课是难得的培养学生能力素养的好机会,错过了,高三再遇到高难度问题时,学生仅仅靠模仿不能提高分数,这也是为什么很多学生上高三以后成绩大幅度下滑的原因。高一高二落下的课高三是补不上的,这个教训不能一次次上演,教师上课不能仅要眼前成绩,更要以后的成绩,以后的成绩更重要。

所以数学教学应该回归数学本质,培养学生的能力。

1.3 数学的重要作用

在教学中经常遇到需要把一些现实世界中的现象转化成数学问题进行量化计算的情况。

函数单调性：

函数图象的变化趋势为逐渐上升(现象)→$x_1<x_2, f(x_1)<f(x_2)$(数学量化)。

函数奇偶性：

函数图象存在对称(现象)→$f(x)\pm f(-x)=0$(数学量化)。

斜率：

直线的倾斜程度不同(现象)→$k=\dfrac{\Delta y}{\Delta x}=\dfrac{y_2-y_1}{x_2-x_1}$(数学量化)。

两直线平行：

平行(现象)→$k_1=k_2$(数学量化)。

两直线垂直：

垂直(现象)→$k_1k_2=1$(数学量化)。

椭圆的离心率：

椭圆存在扁圆程度的区别(事实)→$e=\dfrac{c}{a}$(数学量化)。

向量的运算：

向量存在三角形法则、平行四边形法则等运算(事实)→坐标运算(数学量化)。

双曲线无限接近渐近线：

$$d=\dfrac{|bx-ay|}{c}=\dfrac{|bx-ay|}{c}\dfrac{|bx+ay|}{|bx+ay|}=\dfrac{a^2b^2}{c|bx+ay|}$$

……

数学中大量地存在这样的例子，在上课时，如果不注意这些例子，它们会随着教学的推进散失在茫茫题海中。老师不会注意，学生更不会注意，很好的培养学生核心素养的素材因为提炼不出来而变得一文不值。老师没提高，学生没提高，遇到稍微有些难度的题目学生不会下手，不知道怎么思考，这对学生的伤害非常大。学生认为所有的数学知识都是规定的，数学学习主要是记忆和做题。

数学是发展学生核心素养的重要学科，上面的例子告诉学生，大量的生活中的问题可以转化成数学问题，一些难以解决的问题可以利用数学思维解决。这样的素养、意识是学生终生受用的，不论学生还在不在学校学习。

马克思曾经说过：一种科学只有在成功地运用数学时，才算达到了真正完善的地步。在数学教学中，作为老师，要教给学生数学真正能带给他们的东西，而不是仅仅会解几道题。

1.4 上出"数学味"的数学课

数学老师的根本任务是培养学生强大的头脑,让学生越来越聪明。

最近学校提出上出"学科味"的课,那么"数学味"的课堂是什么?数学课堂应该具有什么特征?上数学课应坚持什么原则?核心素养如何在教学中渗透?如何发展学生的数学关键能力?如何在知识的学习中,使学生的思维有所发展?笔者上课时经常对学生说:"数学是'活'的,你们不能学'死'了。"因为思维是"活"的,所以数学是"活"的,不能学"死"是指不能仅仅比着葫芦画瓢地模仿做题,而缺少了思考,让自己的思维越来越僵化,认为数学仅仅是简单的模仿与记忆,把数学学死。

1. 理念引领——使人变得更聪明

(1)数学最浓的"味"是发展"思维",数学是思维的体操,上课要讲思维。

老师在上课时,一定要有一个原则:上课要讲思维,不是单纯地讲知识、讲方法。老师应该很清楚一节课要让学生明白什么道理、发展什么思维、提高什么能力。如果这些东西连老师也说不清楚,学生怎么能清楚?那么这节课上不上就无所谓了。有些老师上课注重讲知识,注重知识的总结与整理,这些都很好,但是如果仅限于此,就失去了学习数学的意义,达不到发展思维的目的。我们应该清楚,知识是思维的载体,不讲知识不行,可是对于知识背后应该表现的数学的规律,以及这些规律是如何发现的,为什么这么想,这些是引起学生和老师思考的地方,也是思维的提高点,一节课老师在备课时应该明确通过一节课的学习,学生哪些地方能够提高。有时老师为了发展思维,让学生自己去想,自己动手去做,自己动嘴去说,因此影响了教学进度,一节课没上完,但笔者认为,哪怕知识讲不完,只要思维发展了,这节课就是一节好课!一节课只要让学生认识到一个道理,就是一节好课!

思维的发展需要老师们备课时提炼,说课时展示,教研时讨论,上完课后反思。思维的发展需要老师看很多资料,阅读很多书,查看期刊,观看优质课例,老师的视界越开阔,学生的思维就越活跃,老师的视界越狭窄,学生就越短视。

老师们要克服经验主义,不能以为自己教了多少年,一直成绩不错就不思改变,年轻老师不要早早地固化了自己的发展道路。在高考改革的大潮下,固守原来的老一套会失败得很惨。教师不能只顾眼前成绩,不发展学生思维,仅靠刷题维持成绩,这是要不得的,学生在道理都没有弄懂的情况下的刷题都是比着葫芦画瓢,学生暂时能取得较好的成绩,但是当知识综合性加强以后,学生的能力短板会明显地显示出来,到那时,叫天天不应,叫地地不灵。

高一高二正是发展能力、发展思维的时候,一点不能含糊,一切工作都应该围绕这条主体思想开展。

学生学习不会因为学习的东西过多而掌握不好,反而是盲目降低教学难度,让学生只学习最简单的,会使学生的能力得不到提高。人的大脑是越用越聪明,越不用越傻,这也是一个基本认识。

(2)知识生成:数学既然讲思维,那么就应该关注思维的产生、发展,就应该讲清楚知识的生成过程。

数学知识是很多现实世界中现象的数学表示,这样就有了知识的一条产生思路:

现实情境—数学抽象—发现本质—数学表达—形成定义或模型—应用实践。

这里面包含了数学素养中的数学抽象、逻辑推理、数学建模等核心素养,这是数学特有的探索世界并将其数学化的过程。

每一节课都需要老师们设计,就是想办法,把一个知识,"数学地"教会学生,让学生明白正常的学习思维应该是什么样的,不是站在教师的角度去看,而是站在学生怎么学会的角度去看。

像特殊到一般、归纳猜想、由现象到本质、类比推理、由一个概念定义推出性质定理……这些都是生成问题的好思路。

比如空间向量在立体几何的应用中法向量一节，可以这样引入：

空间向量在立体几何中应用的前提是把立体几何的基本元素向量化：

点→位置向量；

直线→方向向量；

平面→？（让学生思考）。

比如研究点到直线的距离（见图1-3），可以采用由特殊到一般的方法，先由特殊发现规律，再给出一般证明。

问题1：求$P(x_0,y_0)$到直线$Ax+C=0(A\neq 0)$的距离。求得$d=\dfrac{|Ax_0+C|}{|A|}$。

问题2：求$P(x_0,y_0)$到直线$By+C=0(B\neq 0)$的距离。求得$d=\dfrac{|By_0+C|}{|B|}$。

问题3：求$P(x_0,y_0)$到直线$x-y=0$的距离。求得$d=\dfrac{|x_0-y_0|}{\sqrt{2}}$。

问题4：求$P(x_0,y_0)$到直线$x-y+1=0$的距离。求得$d=\dfrac{|x_0-y_0+1|}{\sqrt{2}}$。

问题5：求$P(x_0,y_0)$到直线$Ax+By+C=0(A^2+B^2\neq 0)$的距离。

学生由前几个问题归纳猜想出$d=\dfrac{|Ax_0+By_0+C|}{\sqrt{A^2+B^2}}$。整个过程中，学生不仅能猜想出结论，在由特殊到一般的过程中还能发现解决问题的方法，这就是数学思想的强大之处。

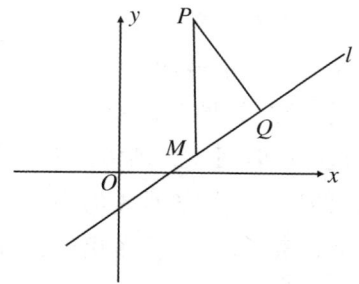

图1-3 点到直线的距离

（3）凡事都问为什么。数学老师要有"凡事都问为什么"的素养。比如椭圆的定义，人们是怎么发现椭圆的定义的，也就是说人们是怎么发现一系列椭圆所具有的共同特征的；再比如离心率的由来；向量是谁发明的；"e"是怎么发现的；为什么叫导数……对世界的好奇是数学老师的素养，发现问题、提出问题的能力是数学老师应该具有的能力。老师都没有了好奇心，都提不出问题，他教的学生怎么能提出问题。

学生天生地对世界有好奇心，如果老师在上课时发现学生提不出问题，那么学生离数学就渐行渐远，学生对数学也就提不起兴趣，成绩必然要下滑。数学课要发展学生的"四能"，即发现问题、提出问题、分析问题、解决问题的能力，这四项能力，每一项都对学生很重要，老师不能掉以轻心。

（4）站在系统的高度看问题。讲授知识时，要把知识放在系统中讲授，如果只是就题讲题，学生要学会一个知识是很困难的。学生能掌握这个知识是因为它处在学生已经掌握的知识系统中，如果知识不系统，很零碎，那么学习知识就很困难，并且很难应用。

在系统中掌握知识要求"既见树木又见森林"。站在系统的高度，教学知识分成了三层意思：①每个数学概念、定理、公式等知识的传输，都是在"见树木更见森林""见森林才见树木"的状况下进行的；②在教学过程中，对任何细节都鼓励学生追根溯源,凡事都去问为什么,寻找它与其他事物之间的联系;③在系统中进行教学,"使学生发现知识之间盘根错节,又浑然一体,而到后来,知识好像在手心里,了如指掌,不再是一堆杂乱无章的瓦砾、一片望而生畏的戈壁滩。"①

现在采用的教学法常常包藏着一种很大的危险性。这种危险性就在于,用形象的话来说,就是学生只看见"每一棵单独的树",而看不见"整个树林"。例如,在学到第一次俄国十月革命的时候,学生不分巨细,把每个细节和日期都记住,而不是从整体上考察全部历史事件,不会从细节中进行抽象,去把握整个事件的总的轮廓,思考它的意义、实质及其对人民命运的作用。只有当一个人看见的"树林"是一个统一的整体时,他才能对"每一棵树"形成较完整的表象。没有看见过河,就不会懂得一滴水。所以应当这样来安排教学过程:使得高年级学生既能从整体上分析完整的课题,还能去思考一些较重大的探索性的问题。②

比如研究圆锥曲线的几何性质的基本方法是由方程研究性质,而不是看图说话。圆锥曲线研究的一般过程:定义—表示(标准方程)—划分(按照建系方式不同)—性质(由方程如何一步步画出图象的过程)—特例—应用。这个研究过程不仅在学椭圆时是这样的,学习双曲线、抛物线也是这样的,这样就建立起了一个学习的小系统,学生明白了这个小系统,自己就能研究新的没学习的曲线。

2. 上课应该坚持的基本原则

(1)能让学生想的一定要让学生想。有的时候教师认为这个很简单,那个很容易,这是站在老师几十年教学的角度去看的,站在学生的角度去看,可能非常难,哪怕是很小的一步变形,他们也想不到。如果教师上课再不让学生去想、去思考,学生思考的机会就更少了,思维、能力怎么发展?这里要弄清一个事情,上新授课与上习题课对学生思维的发展是不一样的,通过单纯的习题教学,学生思维发展是缓慢的、不系统的。而上新授课时,学生的学习是站在人类几千年来智慧的结晶的角度来看的,所以对思维发展的影响更大。高一高二新授课时,有时间一定要放手让学生思考,等高三以后,大量刷题时,再想让学生思考,恐怕就没时间了。所以老师上课要坚持让学生多想,不要把结论直接告诉他们。

(2)能让学生做的一定要让学生做。学生只是坐着听老师讲,学习效率非常差,老师再能讲,也讲不到所有学生的心里面去。像一次测试中,某道题是上课讲的原题,学生当时自己做没做出来,然后一名学生站起来讲了,后来笔者又补充了利用参数方程求解的方法,结果考试考到时,全班只有5个同学做对,和不讲效果一样。老师讲了,马上考试,学生都做不好,如果过一段时间,恐怕学生连听过这道题的痕迹都没有了。所以该让学生做的,一定要让学生动手做,只有学生自己经历过解题过程中的沟沟坎坎,才能够思考出为什么要这么做。学生不做,不思考,坚决不讲给他听。可以是思考了,没有思考出来,但决不允许不思考,甚至连题都没读就开始讲。

(3)能让学生反思的要留出时间来反思。即便是教师留出给学生反思的时间来,现在的学生也很少会反思,实际上是学生不会学习,需要老师进行学习指导。在教学中,每讲一段时间后,要留出时间让学生思考,学而不思则罔,反思才能提高、升华。对于出现的错题,不反思改错,不过关。

---

① 孙维刚.全班55%怎样考上北大、清华[M].长春:北方妇女儿童出版社,1999,9.
② 苏霍姆林斯基.给教师的建议[M].北京:教育科学出版社,1984.

1.5 数学教师的命题能力

老师要有较强的命题能力,就像老师有较强的上课、备课能力一样。老师每天要出学案、选题,让学生做题,如果老师没有一定的命题能力,学生每天做着无意义的练习,提高成绩难上加难。现实是很多老师不具备命题能力,不要说原创题,就是简单地组合一份较好的有难度、效度、信度、区分度的试卷都很难,有的老师怕自己出的题不被同行老师认可,自己出的题没水平,于是就把题目出得难一点,结果是学生只做了试卷的一多半,另外的那些题目学生都没机会读题。有的老师出的试卷难度不一,不按难度顺序编排,学生做题深一脚浅一脚,在前面一道较难的题目耽误的时间过多,后面简单的题没时间做。因此,设计试卷难度结构时,老师要全面考虑学生的实际学习状况,准确预测学生的答题水平,命题能力是教师,尤其是骨干教师必须研究的重要能力之一。

命题并不神秘,每位老师每天都在命题,出学案、备课、为一道题出几道变式训练,以及将几道题归类讲解等,都可以认为是命题。

命题能力怎么才能提升得更快呢?一群人在一起交流命题心得,和命题人交流,听听命题人是怎么思考问题的,都可以大幅度地提升老师们的命题能力。

学校层面:学校应该重视教师命题能力的培养,开展相应的培训活动和命题能力大赛,并将活动影响扩展到平时的教学研究中。当前学校之间统一联考多,自行编制试卷少,试卷由校外专家命制,或靠学科网、菁优网等资料组卷,这在相当程度上减少了编拟试题的训练,大大制约了教师命题能力的发展。为此,可自行组织命题考试,以提高教师的命题能力。

学科组层面:教研活动是教师互相学习的平台,能有效促进教师的专业成长。基于命题能力培养的需求,策划和组织有效的命题活动研讨是每一位备课组长需要思考和探索的。

教师层面:数学老师的命题能力反映了数学教师对课标、课程和教学的理解能力,数学教学的评价能力,命题资源的开发与利用的能力,以及试题编制与研究能力。命题能力的形成、发展与提升需要教师在一起交流命题心得,和命题人交流,听听命题人是怎么思考问题的,需要老师自身的积累、实践、研究、思考与探索,这些都可以大幅度地提升老师们的命题能力。

1.6 一节课只讲"一句话"

教师课前准备时总是准备很多东西，一节课怕把这个漏掉，怕把那个落下，上起课来紧忙慢忙，最后还是没有讲完。有时上课会落入这样一个循环中：老师充分备课，准备了足够多的材料，足够多的例题、练习，想在这节课充分展示出来，可是事与愿违，这样充分的一节课往往是讲不完的。备课应该经历准备不足—准备过足—严选精简3个阶段，一开始时准备不足，不知道要讲什么，然后精心思考、查阅资料、大量地收集材料，然后再对所收集的大量的资料进行整合提炼，总结共性的、有规律性的、在知识背后的东西，然后浓缩简化，让知识点变成2～3个，这时需要对着几个点再思考，变成一句话，一节课只讲这一句话就行，所有的知识都围绕着这一句话展开。记得上小学时语文写作文，作文题目是"记暑假里的一件有意义的小事"，于是写道："家长都外出，自己在家，猪跑了出来，忙了好长时间把猪赶进圈里，一会儿羊又跑出来了，忙了很长时间把羊赶回圈里，今天真是忙碌的一天，过得真有意义啊。"老师的批语是中心不突出，抓不住重点，不知所云等。当时想不明白，怎么中心不突出了？我多忙啊，不仅赶猪还赶羊，一上午都没有闲着。现在想想真是好笑。我们现在的教学又何尝不是如此呢？每节课都是忙得不得了，一节课又没有中心。

最近笔者一直在思考怎么把一节课的知识提炼成一句话，一句依据知识而又超越知识限制的话，这句话应是简单的、朴实的。

在讲立体几何公开课时，思考那么多立体几何题，它们的共同点是什么，最后给学生提炼了一句话：穷则向量建系，达则几何直观。也就是说，解题时要注意方法的选择。

在讲解析几何与离心率等相关的习题时，总结解决离心率问题的"三大门派"：一是解析派（如同全真教），这是名门正派，讲究基本功扎实，解题心态踏实，一招一式规规矩矩，这些招式一旦熟练使用起来，就如同大江大河滔滔不息。二是平面几何派（就像东邪），解决解析几何问题需要平面几何出手，它和解析派本来是同根同源，后来平面几何讲究运用平面几何去发现图形中的关系，技巧性很强。有时遇到很强劲的对手，感觉后劲不足。三是综合派（如同丐帮），这一派既兼顾解析派的稳扎稳打，又注意平面几何的小巧灵活，而且还是比较容易学习的。所以解析几何题的"三大门派"的说法就在学生的心里扎下了根，学生解题时自然知道怎么思考，考虑问题的方向相对来说要明确许多。

每一节课不要讲那么多，讲多了也没用，学生记不住，提炼整合，告诉学生"一句话"就够了。提炼整合的过程很考验老师的能力，老师需要整天思考，可是学生学起来会很省劲。

1.7　知识与考试

在考前老师们拼命地发题印题，学生忙着做题，可是考试成绩还是不理想。当然，影响考试的因素很多，比如知识准备、解题能力、考试技巧、规范答题及心理因素等。老师们却热衷于出题做题，其实这只是在知识方面的准备，而一旦考完试了，老师们在总结考试问题时，总说是审题不仔细，读题不认真，在难题上耽误太多的时间等原因。可见老师们在备考时只是单一地准备知识，对于其他影响考试成绩的因素考虑不多。甚至可以说，涉及学生能力的，不像知识那样有明确答案的问题，因为没有去思考解决办法，这些问题会一直留存在那里。老师们为什么不去解决呢？因为解决这样的问题没有现成的教材，老师们又懒得思考整理，可能也不知道怎么整理。老师们普遍认为：考试成绩不好，就是做题少，于是多做题，方法简单粗暴，短时间内还很有效。老师们何乐而不为呢？可是这种方式对于单元学习可能有效，当面对综合学习时，效果就不那么明显了。

我们反思自己的教学，一直没有找到好的学习的方式。也就是说题海战术一直没有得到纠正，碎片化的学习没有得到纠正，一直没有形成很好的能力提升培训方法，更不用说系统地培养各项素养的校本教材了，但是笔者认为找到好的学习方式是很有意义的一件事，是为今后教学指方向的事，值得下功夫。

当然，任何能力的载体还是知识，是知识的重新组合，是知识的反思再升华。

应该系统地研究数学考试了，不能只停留在表面上了。

老师们在做题时，学过了很长时间了，甚至知识都忘了，仍然能做出题来，这就是知识背后的能力。老师们拿到比较难一点的题、新一点的题，经过分析还是能解出来，原因是老师具有分析问题的能力，能把这道难题转化为已经掌握的知识，这一点是学生欠缺的，学生在解题时生搬硬套的时候比较多，通过仔细研究分析做出来的题比较少。老师能否把这种能力传授给学生是衡量教学是否成功的重要依据。教师如何把自己的解题的能力提炼出来，以何种方式交给学生，这些都是老师应该思考的。

1.8 学生考试会做的题出错原因分析

考试时把会做的题做错,学生很懊悔,感觉是自己马虎,其实这是表面现象,这种说法很有欺骗性,给人一种误解,认为自己已经掌握知识了,不应该做错的。这样的看法容易使人找不到问题产生的原因及解决措施,被蒙蔽了双眼,看不清真相。

会做的题出错要分情况来看:是知识方面的还是能力方面的。知识方面的原因有概念不准,区分不清;掌握不全面,只知其一不知其二,理解不深刻;解题过程不规范导致的出错。能力方面的原因有审题不清不透;解题缺少耐心,不严谨细致;单纯的计算失误。无论哪一种错误都可以认为是能力不足,换句话说就是没有能力把题目做对。这是需要长期培养的,不是短时说说就能提高的,要有长期的计划才行。

知识方面有概念不准、掌握不全、过程不规范。能力方面有审题不清、差不多、算不对。下面依次举例说明。

1. 概念不准

例1 在 $\left(x^2-\dfrac{1}{x}\right)^8$ 的二项展开式中,第4项的二项式系数是____。

很多学生在答题时当成了第四项的系数求解 $C_8^3(x^2)^5\left(-\dfrac{1}{x}\right)^3=-56x^7$,好多学生的答案是 -56,这是对于项的系数与二项式系数概念分辨不准,导致问题出错。

2. 掌握不全

例2 已知直线 $l_1:ax+y-1=0$ 和直线 $l_2:x+ay-a^2=0$ 平行,则 $a=$____。

学生在解题时利用 $A_1B_2-A_2B_1=0$,求解,而不知道 $A_1B_2-A_2B_1=0$ 不仅包含两直线平行,还包含两直线重合,没有舍去增根。

例3 过点 $P(2,2)$ 作圆 $C:(x-1)^2+y^2=1$ 的切线,则其切线方程为____。

学生对于斜率的概念掌握不全,只写了 $3x-4y+2=0$,漏掉了 $x=2$ 斜率不存在的情况。

例4 双曲线的渐近线方程为 $y=\pm 4x$,则其离心率为____。

学生只想到了焦点在 x 轴的情况,对于焦点在 y 轴的情况没有考虑,导致只求出了 $\sqrt{17}$,漏掉了 $\dfrac{\sqrt{17}}{4}$。

3. 过程不规范

例5 抛物线 $y=-2x^2$ 的焦点坐标为____。

学生在解题时过程不规范,没有先化标准型,即化为 $x^2=-\dfrac{1}{2}y$,然后再求焦点。

4. 审题不清

该看到的没有看到,审题审题,就得"审",不"审"就弄不懂题意,发现不了条件之间的关系,找不到与已学知识之间的联系。

5. 差不多

例6 已知双曲线 $\dfrac{x^2}{a^2}-\dfrac{y^2}{b^2}=1(a>0,b>0)$ 的左右焦点分别为 F_1,F_2,点 P 在双曲线的右支上,且 $|PF_1|=4|PF_2|$,则此双曲线的离心率的取值范围是____。

解:因为 $|PF_1|-|PF_2|=2a$,又因为 $|PF_1|=4|PF_2|$,联立解得 $|PF_1|=\dfrac{8}{3}a$,$|PF_2|=\dfrac{2}{3}a$。在三角形

PF_1F_2 中，$|PF_1|+|PF_2| \geqslant 2c$，解得 $e \leqslant \dfrac{5}{3}$。

很多学生就写到这里，认为写这些差不多了，忘记了双曲线的 $e>1$，导致结果出错。

在教学中，思考学生出现的这些错误只是迈出的第一步，怎么想办法减少这些失误才是最重要的，现在没有老师真动脑筋去解决这些问题。老师们更多的是不断地讲题做题，仅仅在知识方面增大学生的储备，没有思考能力的培养与提升，短视的教学很难有好的结果。

老师们教学更多的是花很多力气去讲，至于自己讲的这些有多少用，思考不多，反正祖祖辈辈都是这么讲，这实际上是一种偷懒的表现，也可能是意识不到问题在哪里，即便给他们指出来他们也不会改，因为动脑筋的问题总是比较累的，而多讲几个题不用动脑筋，这样的教学没有出路，教学的问题是老师的问题。改变教学首先要改变教师，而改变教师的任何一点习惯都是很难的，因为长期以来他们形成了自己的处理问题的方式。

1.9　一节课可以优化出多少分钟

高效课堂在全国范围内已经进行了很多年了,都在研究怎么提高课堂效率,产生了各种各样的课堂模式,实际上,课堂效率并没有提高多少,老师们上课还是用自己最舒适的方式讲课,为什么？一是因为老师们发现高效课堂并没有带给他们想要的比同类型不课改的班级高很多的成绩。前期搞课改的老师的热情逐渐熄灭,最终回到原点。实际上,学校也一样,当听说哪个学校成绩好,马上跟着学习,过一段时间以后也没发现多么有效,也就逐渐放弃了,老师们戏称其为"一阵风"。二是人的惰性。人们在做事情时,有自然的求最简的思想,包括备课。备课时,只备"自己的教"显然要比不止"备老师的教"还要"备学生的学"要简单,老师只需要备好自己该讲什么就行了,至于学生学得怎么样,不愿意真下功夫思考,不愿意真下功夫设计。三是老师们没有和自己的教学对比,同样的一节课,怎么优化设计才能不仅使时间够用,还使学生学得很好,缺少课后的反思、课前的预见。

下面以等差数列的第一节课为例,看看一节课可以优化出多少时间。

方案一:多数老师采用的方案,当然是自己身先士卒,一讲到底了。每一个细节反复向学生强调,结果是没讲完,"下课了再给我几分钟,让我拖会儿堂,还有两句话就讲完了。"讲是讲完了,学生还有听的吗？学习效率什么样？难道上课仅仅是求个心安？

方案二:这也是新学期以来笔者在实践的,尽可能地少讲精讲,更多的时间让学生学,让学生做。主要环节如下。

(1)导:复习递推公式,让学生写出两个递推公式(3 分钟)。

(2)学:学生看课本自学(10 分钟)。

(3)评:点评学生学习过程中的几个难点,并对知识系统化(7 分钟)。

(4)思:学生根据老师的点评反思,再次阅读课本(3 分钟)。

(5)练:学生独立完成学案(15 分钟)。

(6)议:学生讨论(5 分钟)。

(7)改:学生改错(2 分钟)。

各个环节都是围绕学生的学展开的,比单纯的老师面面俱到地讲省出很多时间,可以让学生更好地反思自己的学习,有针对性地解决自己存在的问题。

1.10　网课对教学的启示

网课原来离学生比较远,现在逐渐变成常态,网课受到了学生和老师的诟病,但是网课也不是一无是处,还是有一些好的理念的,仔细想想还是对于我们的教学有启示的。

(1)钉钉上网课,在人比较多的时候,在线课堂或视频会议有时无法登录进去,在别无选择的时候,只能用在线直播,而且有的老师还喜欢用在线直播,因为在线直播在上完课后可以自动生成直播回放,学生听不懂的地方可以自己看回放。有一次上课时间到了,笔者还是无法进入课堂,选择了直播,因为不能连线,那种感觉真的不好,好像对着空气上课一样,学生在不在听,听得怎么样,一概不知。上课五分钟后,果断地放弃了,让学生上了一节课的反思课。

回想我们的线下课堂,有时何尝不是在线直播呢?虽然能见到学生,但是老师自己霸占着课堂,从上课到下课一讲到底,没有关注学生是不是学会了、是不是听课了,没有互动,没有交流,这样的课堂不是真正的课堂,这样的课堂和老师自己对着空气讲一样,没有任何效率可言。仔细想想,线下的课堂为什么要进行一轮又一轮的课堂改革?所谓的高效课堂,实际上是通过不同人之间的互动,让学生更好地学会知识。如果线下课堂仍然是老师的一言堂,和线上课堂又有什么区别呢?线下课堂最大的优势是人与人之间的情感交流,这是线上课堂所没有的,所以,反思线上课堂,线下课堂还有很多需要改进的地方。

(2)钉钉作业有一个很好的功能是家校本,老师在批改作业中发现学生作业不合格的可以打回订正,让学生重新提交,而且钉钉作业具有实时功能,老师批改完,学生那里马上就知道了,比线下反馈不及时要好许多,所以平时线下教学也要注意及时反馈,阅完试卷要以最快的速度反馈给学生,不能等到学生把题目是什么都忘记了再讲试卷,那样效果要差许多。

(3)微信小程序中有"每日交作业"功能,它的好处是选择填空题阅卷精准,能够统计出每位同学的得分以及出错题目,能够统计出每一道题有多少人出错了,哪些同学做错了,错的是哪一个选项。这些数据为我们精准上课提供了依据,平时我们也在统计,但手工统计总是有很多不足,学情了解不准确,上课没有针对性,讲课分析问题不能精准到每一位学生,上课效率就会降低。

(4)线上教学的干扰要少一些,当然前提是学生足够自律。因为没有座位的限制,学生之间的干扰要小一些,做作业不经意之间抄袭的也要少一些,作业的效果也比较真实,老师掌握的学情也比较真实。

线上教学有很多缺点,存在对学生视力影响比较大、学习效率低、互动性差等问题,但是线上教学对线下教学还是有一些借鉴意义的,因为线上的缺点,我们更应该珍惜线下教学,更应该反思我们的教学,提高教学效率。

1.11 含参一元二次不等式的解法

含参数的一元二次不等式的求解对学生来说难度很大,学生不知道为什么讨论,不知道怎么去讨论参数的范围,不知道各个参数可能的讨论顺序。解决这个问题,就得从根本上和学生说清楚解题思路:化正;解方程;写解集。不能只告诉学生它是怎么来的,让他们背,那样对教学无益。

下面基于由形到数,总结解一元二次不等式的方法,如图1-4所示。

形:由图读出解集。

数:(1)化正;(2)解方程;(3)写解集。

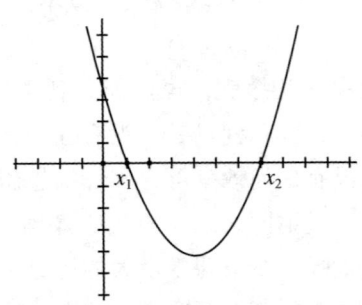

图1-4 由形到数解一元二次不等式

笔者总结了解题步骤:其中化正是什么意思?有很多学生不理解。抛物线的开口可以向上或向下,化正就是把开口向下的抛物线通过对称,转化为开口向上,由两种情况变成一种情况,相当于减少了一半的工作量,这种转化思想也是数学常用的思想方法。所以当遇到二次项含参数的不等式时,我们也常讨论二次项系数 a 与 0 的关系。

解方程是因为,如果我们知道了方程的根,也就知道了图象与 x 轴的交点,就能看着图象说解集了,所以解方程很重要。学生在这里不知道怎么讨论是对解方程基本步骤不清楚导致的。要解一个一元二次方程,首先求判别式,由判别式看方程是不是有解,如果判别式是完全平方式,则说明方程可以用因式分解法求解,所以这里的讨论点是方程的判别式。

写解集,按正常简单题目,求出方程根,就能直接写解集了,但是有时因式分解求得的方程根中含参数,这时需要讨论这两个根的大小。

2004 年人教版教材中学习程序框图时,在学习了一个知识后,会用程序框图把解决问题的思路按步骤列出来,这对于培养学生的规范思维很有帮助。现在虽然不学程序框图,但是老师有必要告诉学生每一步解题的原因。学生只有明白了为什么,才能按部就班地解题,才不会出现跳步或漏步的情况。

1.12　基本不等式求最值的反思

均值不等式变化情况比较多,解题很灵活,学生不易掌握,笔者一直想把均值不等式变得简单,变得每一位同学都能想到各种变形。

先看均值不等式的知识体系:

$$\text{函数 } y = x + \frac{a}{x}(a>0) \to \frac{a+b}{2} \geq \sqrt{ab} \to \begin{cases} a+b \geq 2\sqrt{ab} \text{ "积"定"和"最小} \\ ab \leq \left(\frac{a+b}{2}\right)^2 \text{ "和"定"积"最大} \end{cases} \to \text{实现运算形式的改变:积} \Longleftrightarrow \text{和}$$

也就是说,均值不等式的运用上,无论什么技巧,都是为了实现"积"与"和"的相互转化。只有实现了转化,题目才能解出来,如果是同一种形式,解题就会比较困难。比如条件给的是"和"的形式,让我们求"积"的最值,这样很容易解决,如果条件给的是"和"的形式,求"和"的形式,解起来就比较困难。

明白了这个道理,均值不等式问题就变成了一句话:改变运算形式。

例1　已知 $0 < x < 1$,求 $y = x(4-3x)$ 的最大值。

因为求解"积"的最值,那么改变运算形式,配凑系数让"和"为定值。有了这个思想指导,解题就有了思路,解题就简单了。$y = \frac{1}{3} \times 3x(4-3x) \leq \frac{1}{3}\left(\frac{3x+4-3x}{2}\right)^2 = \frac{4}{3}$,当且仅当 $x = \frac{2}{3}$ 时,取等号。

这道例题对于初次学习的学生来说,难度不小,对于已经学习过的高三学生来说,可能他们已经记住了怎么解题。但对于学习数学来说,记住了,不是在学数学,是死记硬背,过一段时间会忘到九霄云外。

例2　已知 a,b 为正数,$4a^2 + b^2 = 7$,则 $a\sqrt{1+b^2}$ 的最大值为 ＿＿＿＿＿＿。

分析:条件为"和",求解问题是"积",只需要改变运算形式,建立它们之间的联系即可。

$$\frac{1}{2}2a\sqrt{1+b^2} = \frac{1}{2}\sqrt{4a^2(1+b^2)} \leq \frac{1}{2}\sqrt{\left(\frac{4a^2+1+b^2}{2}\right)^2} = 2$$

当且仅当 $a = 1, b = \sqrt{3}$ 时,取等号。

这两道题利用以上解题规律,改变运算形式,很容易就解决了,其他题目也能用这条规律解题。

例3　已知两个正数 x,y 满足 $x + 2y = 8xy$,则 $4x + 2y$ 的最小值为 ＿＿＿＿＿＿。

这道题可以利用乘"1"模型,这样解题不好纳入解题体系中,所以考虑对条件进行变形:因为 $x + 2y = 8xy$,所以得 $(4x-1)\left(2y-\frac{1}{4}\right) = \frac{1}{4}$。这样实际上条件给的是"积"的形式,求的是"和"的最值。

所以 $4x + 2y = (4x-1) + \left(2y-\frac{1}{4}\right) + \frac{5}{4} \geq 2\sqrt{(4x-1)\left(2y-\frac{1}{4}\right)} + \frac{5}{4} = \frac{9}{4}$。

当且仅当 $x = y = \frac{3}{8}$ 时,取等号。

例4　已知正数 a,b 满足 $ab = a + b + 3$,则 ab 的取值范围是 ＿＿＿＿＿＿。

分析:本题和例3一样,条件是二次式,整理得 $(a-1)(b-1) = 4$,条件是"积"的形式,结论是求 ab 的取值范围,条件和结论都是"积"的形式,没办法解题,只能把条件或结论中的一个变成"和"的形式才能解题,由于 $ab = a + b + 3 = (a-1) + (b-1) + 5 \geq 2\sqrt{(a-1)(b-1)} + 5 = 9$,当且仅当 $a = b = 3$ 时取等号。到此,这种类型的问题也纳入了"改变运算形式"这条规律。

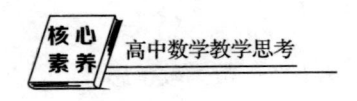

例5 已知 $a>0, b>0, a+3b=2$，则 $\dfrac{4}{a}+\dfrac{3}{b}$ 的最小值是_____。

分析：这道题是典型的乘"1"模型，为什么要这样变？还得从运算的形式分析。题目给的条件是两个整式相加，要求的结论是两个分式相加，单纯地考虑把结论中的"加"改变成"乘"不能解出来，而且乘积也不是定值，所以这种思考问题的方式不合适，需要把两个分式化成"积"或"和"为定值的形式，能利用的条件只有一个，即 $a+3b=2$，而整式与分式相乘能重新组合分式，所以可以变形成 $\dfrac{1}{2}(a+3b)\left(\dfrac{4}{a}+\dfrac{3}{b}\right)=\dfrac{1}{2}\left(13+\dfrac{3a}{b}+\dfrac{12b}{a}\right)\geqslant\dfrac{1}{2}(13+2\sqrt{36})=\dfrac{25}{2}$，当且仅当 $a=\dfrac{4}{5},b=\dfrac{2}{5}$ 时取等号。所以对于两个分式和两个整式的题目，可以通过交叉相乘造出分式，这实际上也是运算的特性，正因为运算具有这种特点，才会出现这样的题。

在教学中，不要盲目地让学生记忆一些没用的东西，尤其是一些运算技巧性质的东西，要告诉学生基本的计算思想，告诉学生算法、算理，这些技巧学生可以自己解决。单纯的一些技巧的记忆对数学学习没有半点好处，只会把学生推得离数学越来越远。

1.13 均值不等式为什么要求定值

在学习均值不等式时教师都会反复向学生强调"一正、二定、三相等",为什么必须满足这三条,老师不说,学生也不问,时间长了,学生就觉得这是天经地义的,其实不然。下面谈一下为什么求"和"的最值,"积"为定值;求"积"的最值,"和"为定值。

例 当 $0 < x < \dfrac{3}{2}$ 时,求 $x(3-2x)$ 的最大值。

解:对原式变形:

$$\dfrac{1}{2} \times 2x(3-2x) \leqslant \dfrac{1}{2}\left(\dfrac{2x+3-2x}{2}\right)^2 = \dfrac{9}{8}$$

当且仅当 $2x = 3 - 2x$,即 $x = \dfrac{3}{4}$ 时,取等号。

这道题如果直接用均值不等式会得到 $x(3-2x) \leqslant \left(\dfrac{x+3-2x}{2}\right)^2$。

从均值不等式的角度来说,这个不等式是成立的。但是后面的式子不是定值,并且取等号的条件是 $x = 3-2x$ 即 $x = 1$。

把上面的不等式看成两个函数 $y_1 = x(3-2x)$ 和 $y_2 = \dfrac{(3-x)^2}{4}$。画出图象如图1-5所示。

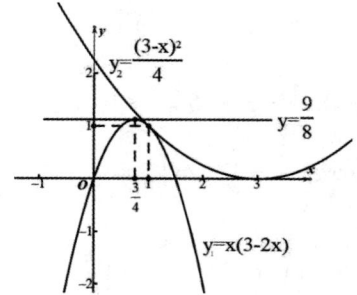

图1-5 均值不等式无法取定值的举例说明

由图象可知,函数 $y_1 = x(3-2x)$ 恒在函数 $y_2 = \dfrac{(3-x)^2}{4}$ 的下方,满足 $x(3-2x) \leqslant \left(\dfrac{x+3-2x}{2}\right)^2$。但是当 $x = 1$ 时,得到的是两个函数值相等的值,而不是函数 $y_1 = x(3-2x)$ 的最大值。函数 $y_1 = x(3-2x)$ 的最大值在 $x = \dfrac{3}{4}$ 时取到。也就是说,如果利用均值不等式没有出现定值时,取等的条件实际上是两个函数图象的切点,与我们求的第一个函数的最值是不同的问题,所以这样做不对。

如果不等式 $x(3-2x) \leqslant \left(\dfrac{x+3-2x}{2}\right)^2$ 的右边是定值,函数 $y_1 = x(3-2x)$ 恒在直线 $y = \dfrac{9}{8}$ 的下方,所以此时 $y = \dfrac{9}{8}$ 就是函数 $y_1 = x(3-2x)$ 的最大值。因此在利用均值不等式求最值时,要求有"定值"。

实际上,在利用 $ab \leqslant \left(\dfrac{a+b}{2}\right)^2$ 求最值时不需要 $a, b \in \mathbf{R}^+$,因为这个不等式本质上是 $(a-b)^2 \geqslant 0$,对于任意的实数都成立。

1.14 换个角度看主元法

例 已知函数 $f(x)=x^2+ax+3$,若当 $a\in[4,6]$ 时,$f(x)\geq 0$ 恒成立,求实数 x 的取值范围。

以前的教学中,笔者总是怕学生走弯路,直接告诉学生,用主元法解题,解题过程如下:

设 $g(a)=ax+x^2+3$,由题可得,当 $a\in[4,6]$ 时,恒有 $g(a)\geq 0$,$\therefore \begin{cases} g(4)\geq 0 \\ g(6)\geq 0 \end{cases}$,即 $\begin{cases} x^2+4x+3\geq 0 \\ x^2+6x+3\geq 0 \end{cases}$,解得 x 的范围为 $\{x\mid x\leq -3-\sqrt{6}$ 或 $x\geq -3+\sqrt{6}\}$。这种方法最简单,不要想别的方法了,一定要记住、记准。可是到考试时,学生还是不知道怎么答题。

后来某次上课前笔者让学生自己做了一下这道题,发现了学生思考问题的许多优秀的地方,不比老师差,学生的创造力是很大的。

学生一 利用分类讨论从"数"的角度解题。

将原式变形为 $ax\geq -x^2-3$,当 $a\in[4,6]$ 恒成立。下面分类讨论:

当 $x>0$,可得 $a\geq \dfrac{-x^2-3}{x}$,因为 $a\in[4,6]$,而 $\dfrac{-x^2-3}{x}<0$,所以 $a\geq \dfrac{-x^2-3}{x}$ 恒成立。

当 $x=0$,可得 $a\times 0\geq -0^2-3$,即 $0\geq -3$,恒成立。

当 $x<0$,可得 $a\leq \dfrac{-x^2-3}{x}$ 恒成立,因为 $a\in[4,6]$,只需要 a 的最大值小于 $\dfrac{-x^2-3}{x}$ 即可,于是,问题转化为 $6\leq \dfrac{-x^2-3}{x}$ 成立即可,解得 $\{x\mid x\leq -3-\sqrt{6}$ 或 $-3+\sqrt{6}\leq x<0\}$。

综上,可得 x 的范围为 $\{x\mid x\leq -3-\sqrt{6}$ 或 $x\geq -3+\sqrt{6}\}$。

学生二 采用图象解题(见图 1-6)。

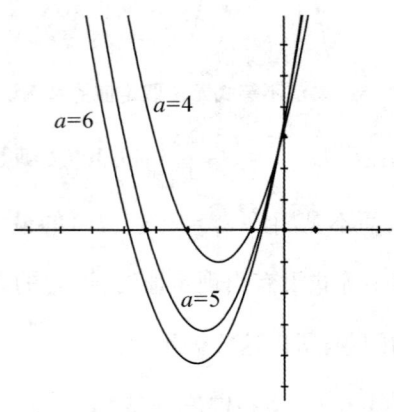

图 1-6 图象解题

函数 $f(x)=x^2+ax+3$ 的对称轴为 $x=-\dfrac{a}{2}\in[-3,-2]$,且恒过定点 $(0,3)$,画出它的图象。能证明随着 a 的增大,图象与 x 轴的交点逐渐向两边走,所以当 $a=6$ 时,$x^2+6x+3\geq 0$,就是要求的 x 的范围。

老师问:你怎么知道图象会这么变化,能证明吗?

学生二答:应该可以证明,就是看方程 $x^2+ax+3=0$ 的两根和对称轴的距离的变化,我再考虑一下。

学生三答:他这个不好考虑,不直观,我受他解题思路的启发,做了一下改动。

学生三 利用 $ax \geqslant -x^2-3$ 恒成立,构造函数 $y_1=ax$ 和函数 $y_2=-x^2-3$,画出它们的图象(见图1-7)。

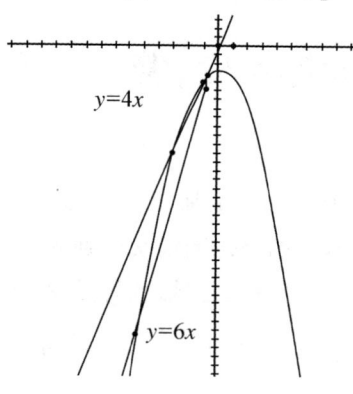

图1-7 图象解题(变形)

可知当 $a=6$ 时,$6x \geqslant -x^2-3$,就是要求的 x 的范围。

这种解法比上面的解法更能直观地看出范围。

在学生把自己的解法全部表达出来以后,笔者才开始和学生讲主元法,并且和学生一起分析这些方法的优缺点,学生普遍认为主元法更简单。

通过以上三位同学的解法可以看出,解法一侧重于"数"方面的思考,解法二和三侧重于"形"方面的思考,这正好是一个事情的两个方面。这三种解法侧重于从正面去解决,而主元法则从侧面,从另一个角度看问题。通过以上解题方法告诉学生,解题时、思考问题时,应该灵活,需根据题目的特点选择解题的方法。

对于教学来说,老师上课时,不要把自己认为最好的方法直接告诉学生,直接告诉学生实际上是死记硬背,在学生不理解、不知道为什么的基础上死记硬背,对于学生的思维发展无任何意义,数学老师应该力求避免这样的课堂出现。要充分发挥学生的主观能动性,让学生做课堂的主角,在所有的解法全部呈现出来以后,学生自己会做出正确的选择。此外,老师还要仔细分析一道题的各种解法之间的关系,之所以出现不同解法的原因。

1.15 奇变偶不变,符号看象限的意义

"奇变偶不变,符号看象限"这句口诀学生和老师都知道,但是这句口诀是怎么来的呢? 可能大多数人没有思考过。实际上,这些都由最本质的三角函数的单位圆定义得到的。

角的旋转对称是新教材中添加的一个概念,添加得恰到好处,弥补了原来教材的一个缺陷。它给出了角 α 的终边和角 β 的终边关于角 $\frac{\alpha+\beta}{2}$ 的终边所在的直线对称的结论,为后续探索角的运算提供了理论支撑。

那么为什么奇变偶不变呢? 下面分别以两个特殊情况来说一下。

第一种情况:角 α 与角 $\pi-\alpha$ 的关系,如图 1-8(a)所示。

角 α 的终边与单位圆的交点为 $P(\cos\alpha,\sin\alpha)$。

角 $\pi-\alpha$ 的终边与单位圆的交点为 $P'(\cos(\pi-\alpha),\sin(\pi-\alpha))$。

因为角 α 与角 $\pi-\alpha$ 的终边关于 y 轴对称,所以 $\cos(\pi-\alpha)=-\cos\alpha,\sin(\pi-\alpha)=\sin\alpha$,所以函数名并没有改变。

第二种情况:角 α 与角 $\frac{\pi}{2}-\alpha$ 的关系,如图 1-8(b)所示。

角 α 的终边与单位圆的交点为 $P(\cos\alpha,\sin\alpha)$。

角 $\frac{\pi}{2}-\alpha$ 的终边与单位圆的交点为 $P'\left(\cos\left(\frac{\pi}{2}-\alpha\right),\sin\left(\frac{\pi}{2}-\alpha\right)\right)$。

因为角 α 与角 $\frac{\pi}{2}-\alpha$ 的终边关于 $y=x$ 对称,关于直线 $y=x$ 对称的两点坐标特点是横纵坐标对换,所以 $\cos\left(\frac{\pi}{2}-\alpha\right)=\sin\alpha,\sin\left(\frac{\pi}{2}-\alpha\right)=\cos\alpha$,所以函数名发生改变。

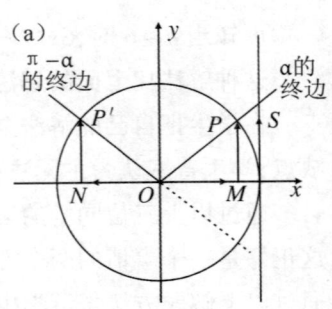
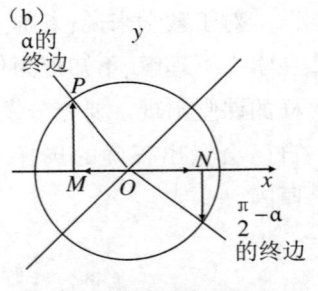

图 1-8 符号看象限图示

为什么符号看象限呢? 这个看起来不太好回答。仔细想想,如果没有这句口诀我们会怎么判断符号呢? 利用角所在的象限判断。为什么可以把式子中的任意角当成锐角来看呢? 在其他象限符号是什么样的呢? 我们以一个诱导公式为例子试试。

例如 $\sin(\pi-\alpha)=\sin\alpha$,因为不知道角 α 所在的象限,所以做分类讨论。

当角 α 为第一象限角时,角 $\pi-\alpha$ 为第二象限角,此时 $\sin(\pi-\alpha)$ 为正数,$\sin\alpha$ 也为正数,二者相等。

当角 α 为第二象限角时,角 $\pi-\alpha$ 为第一象限角,此时 $\sin(\pi-\alpha)$ 为正数,$\sin\alpha$ 也为正数,二者相等。

当角 α 为第三象限角时,角 $\pi-\alpha$ 为第四象限角,此时 $\sin(\pi-\alpha)$ 为负数,$\sin\alpha$ 也为负数,二者相等。

当角 α 为第四象限角时,角 $\pi-\alpha$ 为第三象限角,此时 $\sin(\pi-\alpha)$ 为负数,$\sin\alpha$ 也为负数,二者相等。

所以无论角 α 为第几象限角,都有 $\sin(\pi-\alpha)=\sin\alpha$,与把角 α 当成第一象限角的符号是一致的,然后再验证其他公式也有这样的特点,从而,可以总结出符号看象限这样的口诀,当然,把角 α 当成第一象限角不如干脆当成锐角来得更直接,于是看象限符号时都是把角 α 当成锐角来判断的。

看似不知道如何得来的口诀,仔细思考一下,还是很有研究意义的。

1.16　数学抽象能力的培养

《普通高中数学课程标准(2017年版)》指出:数学抽象是指通过对数量关系和空间形式的抽象,得到数学研究对象的素养。主要包括:从数量与数量关系、图形与图形关系中抽象出数学概念与概念之间的关系,从事物的具体背景中抽象出一般规律和结构,并用数学语言予以表征。数学抽象是一个重要的数学核心素养,它需要学生从众多事物中抽取共同的、本质性的特征,而舍去非本质特征。学生建立数学抽象素养是一个长期的过程,在这个过程中需要老师进行适当的引导,让学生体验从具体事物中不断抽象并数学化的过程。

函数是学生在高中阶段接触到的第一个重要的、抽象的概念,函数的概念本身就是对很多对应关系的再抽象,所以学生在理解函数概念时是很吃力的。例如学生在初中就学习了二次函数,他们对于二次函数的认识仅仅停留在解析式是 $y=ax^2+bx+c(a\neq 0)$ 的函数是二次函数,并没有上升到对应的角度,也就是对于函数的本质认识不到位,是浅表的。当学生在后面的学习中遇到求函数 $y=4^x+2^{x+1}$ 的值域等问题时,很多学生不能识别出二次函数本质,当老师利用换元法,设 $t=2^x>0$,把函数转化为 $y=t^2+2t(t>0)$ 后,才能知道这是一个二次函数。你以为学生经过这一次抽象能识别出二次函数了吧,但是当学生再遇到求函数 $y=(\log_2 x)^2+2\log_2 x(x\in[1,4])$ 的值域时,仍然不能识别,需要老师用换元法,设 $t=\log_2 x\in[0,2]$,转化为 $y=t^2+2t(t\in[0,2])$。这说明学生的抽象能力不是一蹴而就的,是一点点上升的。经历过这两次抽象,老师可以给学生进一步地说明,即便是从解析式理解二次函数也需要抓住本质性的东西,也就是它们的共同点 "$y=a[\ ]^2+b[\ ]+c$",其中 "[ ]" 就像一个箱子,里面可以装各种各样的东西,但是无论装什么东西,本质性的对应关系是不变的,就是把 "[ ]" 对应成 "$y=a[\ ]^2+b[\ ]+c$",随着知识的增加,当学生学到三角函数时,对于函数 $y=\sin^2 x+2\sin x$ 求值域,学生就能轻松地识别出它的本质,经历过这样的历程,学生对数学抽象会有更深的认识,但是并没有一步到位,当遇到别的类型时,还是不能识别。

例如解方程 $(x+6)^{1997}+x^{1997}+2x+6=0$,很多学生解起来无从下手,当分析特征,进一步进行变形变成 $(x+6)^{1997}+(x+6)=(-x)^{1997}+(-x)$ 后,学生能抽象出函数 $f(x)=x^{1997}+x$,然后利用函数单调性求出方程的解 $\{x|x=-3\}$。有了这个经验,再遇到解方程 $(5x+3)^3+x^3+6x+3=0$,学生处理起来就好多了,学生能把方程变形成 $(5x+3)^3+(5x+3)=-(x^3+x)$,从而抽象出函数 $f(x)=x^3+x$,利用函数的性质求解出 $\left\{x\middle|x=-\dfrac{1}{2}\right\}$。

继续学习到导数时,很多问题需要利用同构构造函数,它的本质就是对函数结构进行再抽象,对于数学抽象素养要求极高。

例　设实数 $m>0$,若对任意的 $x\geq e$,不等式 $x^2\ln x-me^{\frac{m}{x}}\geq 0$ 成立,则 m 的最大值为_____。

解:由 $x^2\ln x-me^{\frac{m}{x}}\geq 0$ 得 $x^2\ln x\geq me^{\frac{m}{x}}$,即有 $e^{\ln x}\ln x\geq e^{\frac{m}{x}}\dfrac{m}{x}$。

令 $g(x)=xe^x$,则 $g(\ln x)\geq g\left(\dfrac{m}{x}\right)$ 恒成立。

∵ $\ln x\geq 1,\dfrac{m}{x}>0$,且 $x\geq e$ 时,$y=g'(x)=(x+1)e^x>0$,即 $y=g(x)$ 在 $[e,+\infty)$ 上单调递增。

∴ $\ln x\geq\dfrac{m}{x}$ 恒成立,也即 $m\leq x\ln x$ 恒成立。

令 $h(x)=x\ln x,x\in[e,+\infty)$。

∴ $h'(x)=\ln x+1>0$,$y=h(x)$ 在 $[e,+\infty)$ 上单调递增。

∴ $h(x)$ 的最小值为 $h(e)=e$。

∴ $m\leq e$,m 的最大值为 e。

数学抽象能力的培养需要老师在日常教学中不断地进行渗透,不是集中讲几道练习题学生就能领会了的,另外,还要注意抓住对事物进行抽象的方法,体会抽象的技能,深刻理解进行数学抽象的重要意义,才能逐渐培养学生的抽象思维能力。

1.17 数学运算法则的本质

数学运算是高中数学要求的六个核心素养之一,它反映了数学的基本特征,在《普通高中数学课程标准(2017年版)》中指出:数学运算是指在明晰运算对象的基础上,依据运算法则解决数学问题的素养。主要包括:理解运算对象、掌握运算法则、探究运算思路、选择运算方法、设计运算程序,以及求得运算结果等。

数学运算法则是数学运算过程中需要遵守的一般规则。我们学过的数的运算法则有:

加法交换律:$a+b=b+a$。

加法结合律:$(a+b)+c=a+(b+c)$。

乘法交换律:$a\times b=b\times a$。

乘法结合律:$(a\times b)\times c=a\times(b\times c)$。

加乘分配律:$(a+b)\times c=a\times c+b\times c$。

还学过指数的运算律、对数的运算法则、向量的运算法则、三角函数的运算法则(也就是三角函数的运算公式)、导数的运算法则,以及概率的运算公式,等等,几乎每学习一个新的概念后,都要学习这个概念的运算法则。这些运算法则的本质是什么?对于简单的运算我们几乎不用考虑,但面对复杂的运算时,我们就要思考运算的本质是做什么,这样让我们不至于在利用运算法则计算时迷失方向。

下面以对数的运算法则为例:

若 $a>0$ 且 $a\neq 1, M>0, N>0$,则有

$$\log_a(MN)=\log_a M+\log_a N$$

$$\log_a \frac{M}{N}=\log_a M-\log_a N$$

$$\log_a M^\alpha=\alpha\log_a M$$

以上是对数的运算法则,这些运算法则是怎么来的?为什么会有这些法则?我们来看对数的定义:$a^b=N \Leftrightarrow \log_a N=b$,这个式子给出了指数与对数的互逆运算关系,同时也定义了对数。

这些运算法则是怎么推导出来的呢?我们来看其中的一个。

$a^b=N \Leftrightarrow \log_a N=b$;设 $a^\alpha=M>0, a^\beta=N>0$,则 $\log_a M=\alpha, \log_a N=\beta$,又因为 $a^{\alpha+\beta}=a^\alpha a^\beta=MN$,可知 $\log_a(MN)=\alpha+\beta$,代入 $\log_a M=\alpha, \log_a N=\beta$ 得,$\log_a(MN)=\log_a M+\log_a N$。

由上述推导过程可以看出,运算法则是由定义推导出来的,也就是说,这些运算法则是对数所固有的性质,当对数定义确定以后,这些法则实际上就已经确定了,也就是说定义决定了它所具有的性质,性质和法则是定义的另一种表现形式。这样推导出的运算法则大大地简化了我们的运算,不至于在每次遇到这样的运算时都重新用定义进行推导。所以说运算法则本质是定义的另一种表现。

数学本质上是实现"运算律"的构建,运算律是运算的主要性质,反映了运算的规律性。学习运算律不仅是为了计算简便,更为重要的是发展学生对数与运算意义的理解,培养数学学习的能力。

在解题时,如果题目条件复杂,需要我们用运算进行化简,展现出它的本质来,然后再求解。

例 在 $\triangle ABC$ 中,M 是 BC 的中点,$AM=1$,点 P 在 AM 上且满足 $\overrightarrow{AP}=2\overrightarrow{PM}$,则 $\overrightarrow{PA}\cdot(\overrightarrow{PB}+\overrightarrow{PC})=$ _____。

解析:因为 $\overrightarrow{AP}=2\overrightarrow{PM}$,

∴ $\overrightarrow{PA} = -\frac{2}{3}\overrightarrow{AM}, \overrightarrow{PM} = \frac{1}{3}\overrightarrow{AM}$。

又∵ M 是 BC 的中点，$AM = 1$，

∴ $\overrightarrow{PA} \cdot (\overrightarrow{PB} + \overrightarrow{PC}) = -\frac{2}{3}\overrightarrow{AM} \cdot 2 \times \frac{1}{3}\overrightarrow{AM} = -\frac{4}{9}|\overrightarrow{AM}|^2 = -\frac{4}{9}$。

这道题就是被运算掩盖住的一道题，如果单纯地问 $\overrightarrow{PA} = ?$ 恐怕很容易，但是被运算遮住以后，这道题的难度就增大了。

这里所说的运算法则，更倾向于是一种操作规则，是一种对应。向量的运算相当于一个 $R \times R \rightarrow R$ 的函数，是对数所做的一种处理方式。这其中蕴含着推理和证明，是不同表达方式之间的转化，所以运算也是一种思维与逻辑推理的形式。

运算律并不是为了简便运算，而是因为基本运算律是运算固有的性质，深化了对运算定律本质的理解，深入体会各种运算算法、算理的合理性，加深对各种计算方法的理解，从而拓展运算定律的价值。

1.18　数学更多的是方法论

数学更像哲学中的方法论,告诉人们怎么处理所见到的问题,同时也告诉我们看问题要辩证地看。数学中的加法与减法是互逆运算,所以一旦知道了加法运算,那么减法运算就可以利用加上一个负数得到;同一个数多加几次就是乘法,乘一个数的倒数相当于做除法;同一个数多乘几次就是乘方,乘方的逆运算是开方,等等,希望由这些运算之间的关系启发学生看事物应该从多个角度去看,灵活地去看。数学是活的,不是僵硬的。

学习对数的定义时,定义了 $a^b = N \Leftrightarrow b = \log_a N$,也就是说,为了求幂指数 b,可以采用 $\log_a N$ 这样一个符号来表示,同时也拉近了指数与对数的关系,在对数的初级阶段工具比较匮乏时,对数的很多性质甚至包括运算都是通过指数来解决的。这种现象在学习其他新的概念时也一样会遇到,就是在刚接触到一个概念时,它的性质和运算多是通过定义推导的,当新概念逐渐丰富以后,定义才逐渐退出。

来看一道例题。

已知 $\log_2 3 = a$,$\log_3 7 = b$,用 a,b 表示 $\log_{42} 56$。

解法1:因为 $\log_2 3 = a$,则 $\log_3 2 = \dfrac{1}{a}$。又因为 $\log_3 7 = b$,所以 $\log_{42} 56 = \dfrac{\log_3 56}{\log_3 42} = \dfrac{\log_3 7 + 3\log_3 2}{\log_3 7 + \log_3 2 + 1} = \dfrac{ab+3}{ab+a+1}$。

很多学生解到这里就完了,很可惜,这是一个难得的体会数学的教材。

上面的解法的关键很显然是化成以 3 为底的对数,然后利用同底的对数的运算性质及换底公式解题。既然可以换成以 3 为底的对数,可以换成以 2 为底的对数吗? 我们试一试。

解法2:因为 $\log_3 7 = \dfrac{\log_2 7}{\log_2 3} = \dfrac{\log_2 7}{a} = b$,所以 $\log_2 7 = ab$。

又因为 $\log_2 3 = a$,所以 $\log_{42} 56 = \dfrac{\log_2 56}{\log_2 42} = \dfrac{\log_2 7 + 3\log_2 2}{\log_2 7 + \log_2 3 + 1} = \dfrac{ab+3}{ab+a+1}$。

这个题目在利用第一种解法解完以后,发现 2 和 3 都是对数的底数,既然能用 3 为底解题,利用广义的对称,可以得到利用 2 为底也可以解出本题。

因为题目中出现了以 2 为底和以 3 为底的对数,所以想到都化成以 2 为底或以 3 为底来解决,其本质是化同底,那么化成任意同底的对数可以解题吗? 比如化成自然对数,下面来试试。

解法3:$a = \log_2 3 = \dfrac{\ln 3}{\ln 2}$,$b = \log_3 7 = \dfrac{\ln 7}{\ln 3}$。

$\log_{42} 56 = \dfrac{\ln 56}{\ln 42} = \dfrac{3\ln 2 + \ln 7}{\ln 2 + \ln 3 + \ln 7} = \dfrac{\dfrac{3\ln 2}{\ln 3} + \dfrac{\ln 7}{\ln 3}}{\dfrac{\ln 2}{\ln 3} + \dfrac{\ln 3}{\ln 3} + \dfrac{\ln 7}{\ln 3}} = \dfrac{\dfrac{3}{a} + b}{\dfrac{1}{a} + 1 + b} = \dfrac{ab+3}{ab+a+1}$。

实际上,我们化成任意一个数为底都可以解出这个问题。

要摆正知识在高三最后阶段复习的位置(见图 1-9):

通过对数学知识的理解,让隐藏在知识背后的数学思维呈现出来;

通过解决以知识为载体的数学问题,激发出学生研究问题的意识和能力;

通过对知识之间逻辑关系的思考,从整体上把握所学的数学知识,建立起知识的逻辑。

图 1-9　数学方法论

1.19 余弦定理的引入设计

好的开端是成功的一半,如何设计一节课的引入至关重要。下面以余弦定理为例来看一下如何从数学的角度发现规律。

人教2019A版和B版在引入时都是直接给出问题,然后想办法给出证明,其中少了数学的探索发现的过程,可以简单地做如下设计。

问题1 如图1-10所示,当 a,c 为定值时,求随着角 $B\in[0,\pi]$ 的变化, b 边如何变化?几何画板演示。

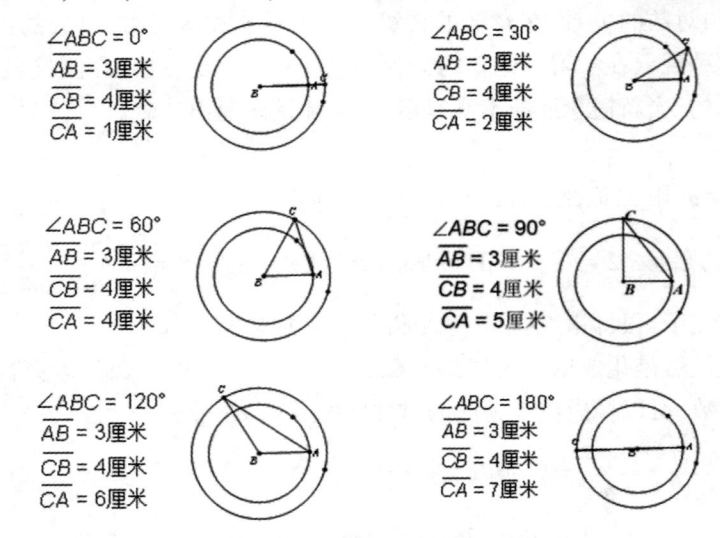

图1-10 余弦定理的公式推导

学生能发现随着角 B 的增大, b 边不断增大,那么具体的数量关系是什么?

特殊值探路:当角 $B=90°$ 时, $b^2=a^2+c^2$,说明式子" $b^2=?$ "中应该有 a^2 和 c^2,至于还有没有其他数值,仍然需要继续探索。

当角 $B=0°$ 时, $b^2=(a-c)^2=a^2+c^2-2ac$。

当角 $B=180°$ 时, $b^2=(a+c)^2=a^2+c^2+2ac$。

至此,探索出式子中一定含有 $a^2,c^2,2ac$。因为随着角 B 的增加, b 边的长度也在增加,所以式子中一定含有角 B 的三角函数,根据三角函数的单调性,应该不是正弦和正切,猜测是余弦的可能性很大。

如果是余弦的话,再回到角 $B=90°$ 时, $\cos 90°=0$,也只有 $2ac\cdot\cos 90°$ 才能使这一项为0。再对照角 $B=0°$ 和角 $B=180°$ 的情形,可得出猜测: $b^2=a^2+c^2-2ac\cos B$,以下可以考虑如何证明,不再赘述。

1.20 上课不能"想当然"

下面讲述笔者失败的、令人遗憾的一节课。

在上"空间中两点间距离"一课时,处理课本例1。

例1 如图1－11所示,已知$ABCD-A_1B_1C_1D_1$是平行六面体,$AD=3$,$AB=4$,$AA_1=5$,$\angle BAD=90°$,$\angle BAA_1=\angle DAA_1=60°$,求$AC_1$的长。

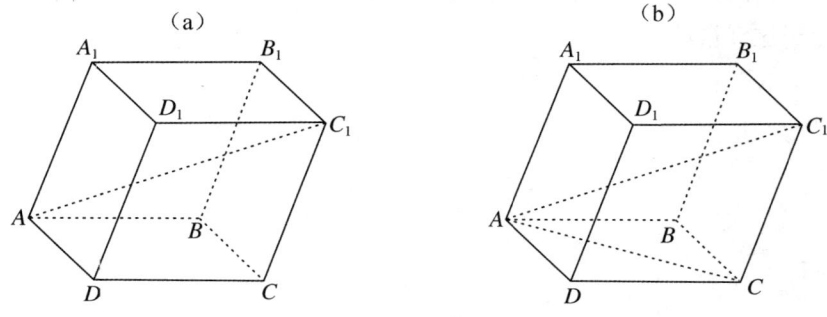

图1－11 例1图

让学生板演,第一位学生采用的封口向量,利用$\overrightarrow{AC_1}=\overrightarrow{AB}+\overrightarrow{BB_1}+\overrightarrow{B_1C_1}$求解,很顺利地解出来了。

第二位同学想采用几何法求解,在图中表示出了三余弦公式(见图1－11(b))。

因为$\angle BAA_1=\angle DAA_1=60°$,所以$A_1A$在底面的射影是底面中$\angle DAB$的平分线,利用三余弦公式$\cos\angle A_1AD=\cos\angle CAD\cos\angle A_1AC$求解,学生写到这里不会写了,笔者想,"这个我会",于是把这项艰巨的任务接了过来。把$\angle A_1AD=60°$,$\angle CAD=45°$代入式子中求出$\angle A_1AC=45°$,然后得到$\angle C_1CA=135°$,在$\triangle C_1CA$中用余弦定理,可以求出AC_1的长。

讲完以后,洋洋得意,以为自己又解决了一个很复杂的问题,而且是用几何法解决的。结果学生说,老师你解错了,底面不是正方形,AC不是角平分线,一看确实是被思维定式左右了,就因为最近刚做了一道这样的题,就想当然地以为底面是正方形,想也没有想,就把题解错了,思维固化了。发现错误以后,有点慌了,能不能解出来呢?试了试别的方法,没做出来,求助学生,学生也没有思路,这道题就僵到这里了,因为上课也不能耽误很长时间,只能和学生说,应该可以解出来,大家可以再想想。

下课后,查找教参,只有一句话,"构造三角形或建立空间直角坐标系都需要做出多条辅助线,都需要一定的知识与能力",看来此题有解,于是重新审视这道题,这个图形是固定的,应该有唯一解。经过几次试解,得到如下解法(见图1－12)。

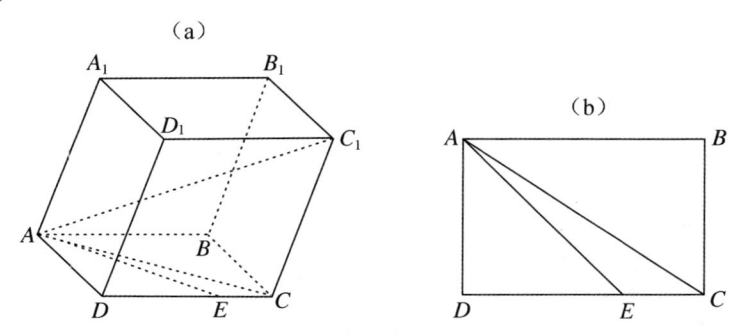

图1－12 平行六面体中的三余弦公式

在线段DC上取点E,并且使$DE=3$,如图1－12(a)所示,连接AE,则$\angle DAE=\angle BAE=45°$。

因为 $\angle A_1AD = \angle A_1AC = 60°$，所以 A_1A 在底面的射影是底面的角平分线，即为 AE。

由三余弦公式 $\cos\angle A_1AD = \cos\angle EAD\cos\angle A_1AE$ 得 A_1A 与底面所成的角等于 $45°$。

在三角形 ACE 中，$AE = 3\sqrt{2}$，$AC = 5$，$CE = 1$，由余弦定理可得 $\cos\angle CAE = \dfrac{7\sqrt{2}}{10}$。

再次使用三余弦公式 $\cos\angle A_1AC = \cos\angle CAE\cos\angle A_1AE$，可得 $\cos\angle A_1AC = \dfrac{7}{10}$。

因为 $AA_1 /\!/ CC_1$，所以 $\cos\angle ACC_1 = -\dfrac{7}{10}$。

在 $\triangle ACC_1$ 中，由余弦定理可得，$AC_1 = \sqrt{85}$。

当解出这道题时，笔者异常高兴，同时也为自己上课准备不充分感到遗憾，如果在课前能预见这些突发的事件，早有准备，就不至于这么被动了。

1.21 直线的平行与垂直

学习完直线方程以后,应该学习利用直线的方程研究直线的几何性质,这时可以向学生灌输解析几何的两大基本问题:一是求曲线的方程,二是利用曲线的方程研究曲线的性质。研究两条直线的位置关系,从纯解析几何的角度说,它就是利用方程解决几何问题,只不过解方程计算量比较大,在实际研究中采用了比较简单的方法,比如数形结合、向量等。利用直线的方程和直线的几何位置的关系,建立方程(数)与几何条件(形)之间的联系,而数与形的切合点就是把几何条件坐标化。

在处理平行时,考虑几何条件坐标化可以有如下思路:(1)利用两直线平行同位角相等,即这两条直线的倾斜角相等,进而转化为倾斜角的正切相等即斜率相等。(2)利用向量求解:两直线平行方向向量平行;两直线平行法向量平行。(3)利用纯解析的方法,两直线平行即两直线无交点,相应的方程组无解。

如图 1-13 所示:若 $l_1 /\!/ l_2$,任意作直线 $m /\!/ x$ 轴,分别交 l_1 与 l_2 于点 A,D,在 l_1 与 l_2 上分别取点 B,E,作 $BC \perp m$ 于 C,$EF \perp m$ 于 F。因为 $l_1 /\!/ l_2$,所以 $\angle BAC = \angle EDF$,从而 $\triangle BAC \backsim \triangle EDF$,故 $\dfrac{BC}{AC} = \dfrac{EF}{DF}$,即 $k_1 = k_2$。

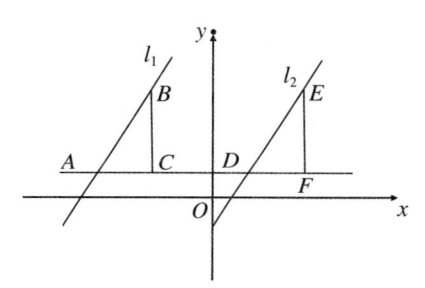

图 1-13 利用三角形相似推导直线平行

在处理两直线垂直时,考虑几何条件坐标化可以有如下思路:(1)利用两直线倾斜角之间的关系求解。(2)利用向量求解:方向向量或法向量都行。(3)利用解析的方法。

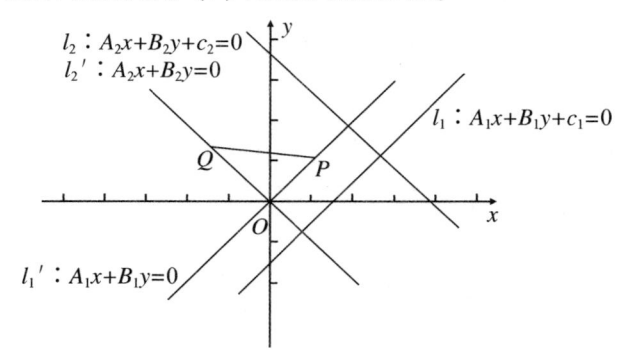

图 1-14 利用平移直线推导垂直

如图 1-14 所示,把直线 l_1 和 l_2 平移到原点,得到直线 l_1' 和 l_2',直线 l_1' 和 l_2' 的垂直条件与直线 l_1 和 l_2 的垂直条件一致。分别在直线 l_1' 和 l_2' 上取点 $P(x_1,y_1)$,$Q(x_2,y_2)$,在 $\triangle OPQ$ 中,用勾股定理证明得 $OP^2 + OQ^2 = PQ^2$,所以 $l_1 \perp l_2$。

也可以在这一步利用向量求解:$\overrightarrow{OP} \cdot \overrightarrow{OQ} = 0$ 即 $x_1 x_2 + y_1 y_2 = 0$。

这节课花大力气把平行与垂直这两个几何条件坐标化,是为以后学习打下基础。在之后的学习中,尤其是到直线与圆锥曲线的位置关系问题时,将会遇到很多的疑难问题,这些问题的难点多在如何把题目中的几何条件坐标化,学生在解题时,如果没有这样的积累与训练,到时解题会非常困难,学生拿到题以后不知道怎么转化,现在的努力是为今后打基础。

数学课上,很多老师只是把结论告诉学生,然后大量地训练。这不是学习数学的正道,现在上新课时,时间很充足,可以发展学生思维,提升学生的数学素养,让学生真正地思考"是什么""为什么",单纯地记结论、多做题,到高三会"找后账"的。到高三时,有很多学生做题做不动,自己不会思考问题,不会分析问题,不知道怎么解决问题,那时再发展学生能力、提高学生思维能力就来不及了。

1.22 点到直线的距离公式

很多老师讲点到"直线的距离公式"这一节课很顺利,学生看看课本,记住公式,开始训练题,把这节课的重点放在了公式的应用上,但笔者认为这节课的重点和难点应该是公式的推导。对于公式的应用,学生在知道公式以后,就能很容易地解题,这个难度不大,自己看课本就能解决,但是公式的推导就不一样了,学生看课本,最多认可课本的解法,但是过后不会留下任何印象,因为学生自己没有经历整个推导过程,不知道在这个过程中有哪些沟沟坎坎。同时,做好知识的推导也是培养学生逻辑思维能力的很好素材,老师应该抓住这样的典型例子,向学生宣讲数学的思想。

对于这节课,笔者有如下不同的设计。

设计一 人教 2019 年 A 版,利用两点间距离公式(见图 1-15)。

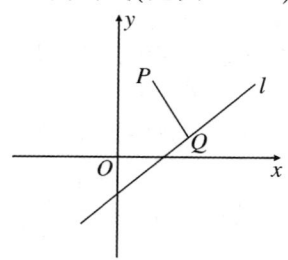

图 1-15 点到直线的距离

过 P 点做直线 l 的垂线垂足为 Q,先求出 Q 点坐标,再利用两点间距离公式求解。这种方法计算量大,思路自然。

设计二 人教 2019 年 B 版

提出问题:如何研究点到直线的距离?

先求特殊点 $P(-1,2)$ 与直线 $l_1:2x+y-5=0$ 之间的距离,然后再研究一般的点与直线的距离。一般情况下,如果直接计算直线与垂线的交点,计算量较大,课本采用了构造两点间距离公式的方法,计算量小、技巧性强,学生不易想到,不能纳入学生的知识体系中,过后还容易忘掉,学习的意义大大地降低。如果一定要用这种方法的话,建议多举几个构造的例子,让学生更多地认识到问题。

另外,该版教材还给出了向量数量积的几何意义解决问题,这对于投影的理解要求较高。但是投影也是学生应该掌握的,已知直线 $l:Ax+By+C=0(A^2+B^2\neq 0),P(x_0,y_0)$,如图 1-16 所示。

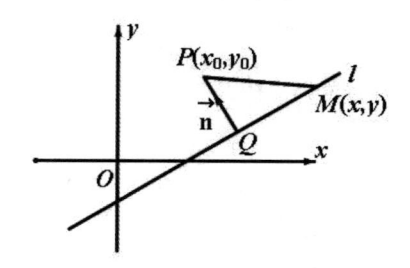

图 1-16 利用向量推导点到直线的距离

设 **n** 是直线 l 的单位法向量,则 $\mathbf{n}=\dfrac{1}{\sqrt{A^2+B^2}}(A,B)$

$\overrightarrow{PQ}$ 是 $\overrightarrow{PM}$ 在 **n** 方向上的投影向量,则有

$$|\overrightarrow{PQ}|=|\overrightarrow{PM}\cdot\mathbf{n}|=\left|(x-x_0,y-y_0)\cdot\dfrac{1}{\sqrt{A^2+B^2}}(A,B)\right|$$

$$=\dfrac{1}{\sqrt{A^2+B^2}}|Ax_0+By_0-Ax-By|$$

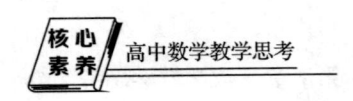

$$= \frac{|Ax_0 + By_0 + C|}{\sqrt{A^2 + B^2}}$$

设计三 利用等面积法(见图1-18)。

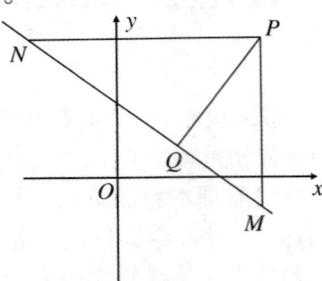

图1-17 等面积法

利用 Rt△PMN 的面积，$|PM| \cdot |PN| = |PQ| \cdot |MN|$ 求解。

设计四 上课所用的设计(见图1-18)。

问题1 求 $P(x_0, y_0)$ 到直线 $Ax + C = 0 (A \neq 0)$ 的距离。求得 $d = \frac{|Ax_0 + C|}{|A|}$。

问题2 求 $P(x_0, y_0)$ 到直线 $By + C = 0 (B \neq 0)$ 的距离。求得 $d = \frac{|By_0 + C|}{|B|}$。

问题3 求 $P(x_0, y_0)$ 到直线 $x - y = 0$ 的距离。求得 $d = \frac{|x_0 - y_0|}{\sqrt{2}}$。

问题4 求 $P(x_0, y_0)$ 到直线 $x - y + 1 = 0$ 的距离。求得 $d = \frac{|x_0 - y_0 + 1|}{\sqrt{2}}$。

问题5 求 $P(x_0, y_0)$ 到直线 $Ax + By + C = 0 (A^2 + B^2 \neq 0)$ 的距离。

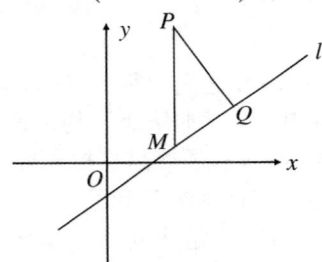

图1-18 归纳点到直线的距离公式

学生先由前几个问题归纳猜想出 $d = \frac{|Ax_0 + By_0 + C|}{\sqrt{A^2 + B^2}}$ 并且用上面解题时用到的方法，学生很自然地就想到了解法，思路很顺畅。

设计五 三角形的高(见图1-19)。

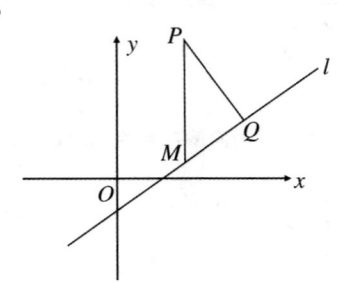

图1-19 构造直角三角形

化斜为直，$PQ = PM\cos\theta$(θ 为直线 l 的倾斜角)。

当然，如果时间允许的话，建议多给学生一些时间，让他们自己探索解题方法，让他们自己经历解题过程，这样学生的收获比单纯的老师讲大得多，学生自己能体会到的数学的解决问题的方法。

1.23 曲线与方程的本质

学校举行赛课时,本来按照进度要讲"曲线与方程"一节,可是很多老师不敢讲,所以只好向后推了一节,讲"椭圆的标准方程"一节。实际上,老师们感到"曲线与方程"一节头绪多且乱,是因为对于这一节课的意义和地位不了解。

当时笛卡尔在创立解析几何时认为几何证明存在很大缺陷,欧氏几何中没有那种普遍适用的证明方法,几乎每一个证明都需要某种新的、技巧性很强的想法。代数的方法具有一般性,其推理程序也是机械化的,它完全受法则和公式的控制。如果把几何问题转化为代数问题,通过代数计算解决几何问题,那么几何问题的难度将大大降低。笛卡尔甚至有更疯狂的想法:任何问题→数学问题→代数问题→方程求解。

因此解析几何是用方程去研究曲线性质的一门学科,用方程研究曲线的几何性质,首先建立曲线与方程之间的一一对应关系。这样才能用方程解决几何问题。

基于这种想法,本节课做了如下的教学设计。

(1)介绍解析几何及笛卡尔。指出其基本方法是坐标法,基本思想是数形结合,基本研究问题的思路是把几何问题转化为代数方程问题。

(2)复习已经学习过的直线与圆,指出:

直线 $l \leftrightarrow$ 二元一次方程 $Ax + By + C = 0(A^2 + B^2 \neq 0)$;

圆 $C \leftrightarrow$ 方程 $(x-a)^2 + (y-b)^2 = r^2$。

提出问题:一般的曲线 C 与方程 $F(x,y) = 0$ 之间是否建立一一对应关系?

(3)特殊的实例,研究曲线与方程的关系。

例1 到两坐标轴距离相等的点的轨迹为曲线 C,则曲线 C 与方程 $x - y = 0$ 之间是什么关系?

曲线 C 上点的坐标 $\rightleftarrows$ 方程 $x - y = 0$ 的解。

指出曲线 C 上点的坐标与方程 $|x| - |y| = 0$ 一一对应。

例2 画出函数 $y = 2x^2(-1 \leq x \leq 2)$ 的图象 C,则曲线 C 与方程 $2x^2 - y = 0$ 之间是什么关系?

曲线 C 上点的坐标 $\rightleftarrows$ 方程 $2x^2 - y = 0$ 的解。

指出曲线 C 上点的坐标与方程 $2x^2 - y = 0(-1 \leq x \leq 2)$ 一一对应。

(4)一般化,得到曲线的方程与方程的曲线的定义。

一般地,在平面直角坐标系中,如果曲线 C 与方程 $F(x,y) = 0$ 之间具有如下关系。

①曲线 C 上点的坐标都是方程的解。

②以方程的解为坐标的点都在曲线上。

则称曲线 C 为方程 $F(x,y) = 0$ 的曲线,方程 $F(x,y) = 0$ 为曲线 C 的方程。

以上两点分别说明了纯粹性和完备性两方面,学生对于纯粹与完备的理解应该很难,也可以理解为"无点不是解""无解不是点",要验证一条曲线是不是方程的曲线需要验证两部分,建立曲线与方程的一一对应。

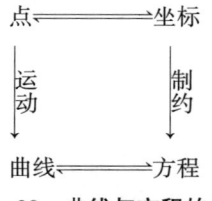

图 1-20 曲线与方程的关系

（5）举例练习，加深理解曲线方程与方程曲线的联系。

（6）应用，利用方程研究曲线的交点问题，进一步加深曲线与方程的对应关系。

这样一节课下来，基本能交代清楚"曲线与方程"一节课的学习目的，学生也能体会到曲线与方程的一一对应，能理解运用方程解决曲线问题的思想，体会出数学的转化，体会出在遇到难以解决的问题时怎么思考问题，这是数学要教给学生的最根本的东西。

教师每天每节课都在讲题，让学生做题。我们这样做的目的是什么？仅仅是知识上的学习，恐怕老师教得累，学生学得苦，完全体会不到学科学习的乐趣在哪里，老师还应该进一步地提炼每一节课的能力提升点在哪里，核心素养提升点在哪里。数学是思维的"体操"，每节课做的"体操"究竟锻炼了学生的哪一部分思维？这是老师应该思考的，应该是每节课前、每节课后都要思考的，如果老师都提炼不出来学生的思维提高点，学生很难有收获，这节课就是一节失败的课。

1.24 "椭圆的标准方程"听课思考

赛课选择的课题是"椭圆的标准方程"第一课,笔者听完以后感慨很多。

上课流程基本一致:椭圆的定义→推导标准方程→举例练习。反思其中几个问题的处理:

(1)对于椭圆定义的理解,多数老师都是直接给出椭圆的定义或让学生自己看课本,没有定义的生成,只有硬性的接受。有的老师拿着细绳(教具)也没有给学生演示,只是随口一说,然后用电脑课件演示,学生没有自己动手的体验。

(2)对于标准方程的推导,老师没有让学生自己动手推导,有的教师得到椭圆定义表达式后,代入坐标,让学生自己看课本;有的老师直接用PPT出示推导过程,一边读一边解释。没有老师想到让学生自己动手推导,没有老师问问学生怎么处理两个根号相加的式子,甚至有一位学生说"两边平方去根号",被老师一句"计算量太大"给熄灭了,学生再也不敢随便说了。推导是本节课的难点,如果只是简单地出示课本的化简思路,利用分子有理化方法,学生是无法想到的,甚至老师也想不到,老师也体会不到这样解题的精妙,老师对着PPT念一遍和不念一样,没有任何效果。

(3)因为本节课是赛课,也得照顾课堂的效果。所以在推导椭圆定义之前的建系、设点、列式等几个环节都是采用的老师引导得到两个根式相加的式子,这是比较好的处理方式,这样处理节省了比较多的时间。

(4)在听完课以后,笔者有一丝忧虑:老师们对于教材的研读不深、不细、不透,没有学习的意识,在备课之前没有大量地阅读以往的文章、教学设计,没有观看一师一优课的视频学习名师的教学。这种意识是教师成长的重要途径。另外,老师们在上课时对于课件、动画等下了大量的功夫,搜索了全网比较好的课件,但欠缺的是教育理念,欠缺的是把学生放在教学中心的理念。心中有学生、心中有学生的学习成长,才能把教育这件事做好。

1. 本节课的简单的教学设计

(1)事先让学生准备好圆形纸片,标出圆心 O 和圆内异于圆心的一点 F,把纸片折起,使圆周上一点 A 与定点 F 重合(如图1-21(a)所示)。重复以上步骤得到图1-21(b)。

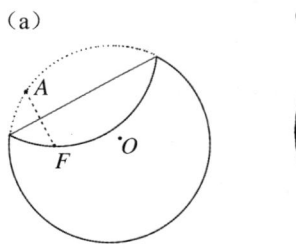

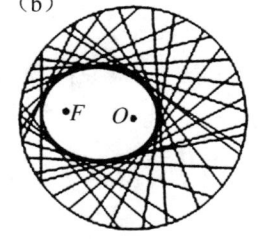

图1-21 折纸游戏

出示上述作图的原理,如图1-22所示,让学生发现椭圆的本质是 $|PO|+|PF|=|PO|+|PA|=|OA|=r$。

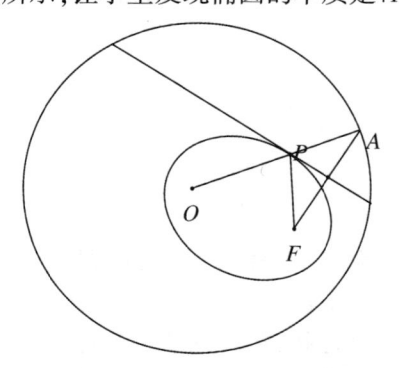

图1-22 椭圆的定义

老师让学生用事先准备好的细绳进行验证,学生自己动手操作,在学生操作的过程中,还发现椭圆的扁圆程度与两圆心之间的距离有关系,还发现如果两个定点的距离和绳长相等的话,得到线段。

到这里,椭圆的定义呼之欲出,学生自己就能给出椭圆准确的定义。

2. 椭圆标准方程的推导

经过建系、设点、列式、代入等几步后,得到:

$$\sqrt{(x+c)^2+y^2}+\sqrt{(x-c)^2+y^2}=2a$$

(1)最先想到的是两边平方,再平方,去根号。具体如下:

$$(x+c)^2+y^2+(x-c)^2+y^2+2\sqrt{(x+c)^2+y^2}\cdot\sqrt{(x-c)^2+y^2}=4a^2$$

移项整理得

$$\sqrt{(x+c)^2+y^2}\cdot\sqrt{(x-c)^2+y^2}=2a^2-(x^2+y^2+c^2)$$

两边再平方得

$$[(x^2+y^2+c^2)+2cx][(x^2+y^2+c^2)-2cx]=[2a^2-(x^2+y^2+c^2)]^2$$
$$(x^2+y^2+c^2)^2-4c^2x^2=4a^4-4a^2(x^2+y^2+c^2)+(x^2+y^2+c^2)^2$$

这里把 $x^2+y^2+c^2$ 看成一个整体,并不把它展开,正好左右两边消去,简化了运算。

$$-4c^2x^2=4a^4-4a^2(x^2+y^2+c^2)$$

进一步整理得

$$(a^2-c^2)x^2+a^2y^2=a^2(a^2-c^2)$$

两边同除以 $a^2(a^2-c^2)$ 得

$$\frac{x^2}{a^2}+\frac{y^2}{a^2-c^2}=1$$

(2)采用移项平方同样可以得到,这里不再赘述。

(3)对于课本采用的分子有理化方法,学生想不到,即使老师强加给学生,学生也很难理解得那么深刻。另外,分母有理化可以采用更清晰的形式。

设 $A=\sqrt{(x+c)^2+y^2}$,$B=\sqrt{(x-c)^2+y^2}$ 则有

$$A+B=2a \quad ①$$
$$A^2-B^2=4cx \quad ②$$

由①②得

$$A-B=\frac{2cx}{a} \quad ③$$

由①③组成方程组得 $A=a+\frac{c}{a}x$,$B=a-\frac{c}{a}x$。

再平方可得标准方程。

(4)采用均值设法,学生也很难想到的,也不宜给学生讲解。主要过程如下:

设 $\sqrt{(x+c)^2+y^2}=a+t$ ①,$\sqrt{(x-c)^2+y^2}=a-t$ ②。

两式平方作差得 $4cx=4at$。

解得 $t=\frac{c}{a}x$。

代入①得 $\sqrt{(x+c)^2+y^2}=a+\frac{c}{a}x$。

两边平方即可求解。

对于以上的几种解法,老师可以根据自己学生的实际情况选择方法,笔者在上课时,选择的是(1)和(2),让学生对比体会运算的技能。数学运算是数学核心素养之一,也是一种特殊的逻辑推理,掌握复杂运算的本质,设计运算程序,寻找运算途径,规范运算过程,合理判断运算过程中的方向选择,这些都需要学生具有敏锐的观察力和对运算可能结果的判断力,在教学中,这一步不能省,不能让学生自己看课本,必须让学生动手,自己体验解题过程中出现的问题,自己思考运算的方向,才能真正地发展学生思维。

1.25 "天上掉下一个"离心率

离心率是刻画椭圆扁圆程度的一个重要的量,纵观各个版本的教材,都是直接给出离心率的定义,冰冷的一句话:"一般地,椭圆的半焦距与半长轴之比 $e = \dfrac{c}{a}$ 称为椭圆的离心率"。这句话怎么来的,为什么这么定义? 定义离心率为 $e = \dfrac{b}{a}$ 不一样可以反映椭圆的扁圆程度吗? $\dfrac{c}{b}$、$\dfrac{b}{c}$ 等量都能反映椭圆的扁圆程度。为什么叫离心率? 究竟是离开哪个"心"? 为什么用 e 来表示呢? 一系列的问题都没有得到回答。老师在上课时多数也是照本宣科地给出定义,然后做题练习,不涉及概念的本质。

数学上每一个概念的得到都有其重要的原因,甚至每个符号的写法都有历史由来,所以,弄清楚离心率的前世今生对于理解这个概念很重要。

离心率,是一个首先在天文学里使用的名词。一开始人们认为太阳是宇宙的中心,一切星球都是按照圆形轨道绕着太阳运行,后来人们发现这些轨道基本上不是圆,太阳的中心总是偏离轨道的中心,偏离的程度决定了轨道的形状(圆的离心率是 0),这个偏离程度叫作偏心率。偏心率就是衡量行星偏离太阳的程度,而行星和太阳之间的距离是在变化的,其中在近日点处离太阳最近,偏离距离为 $a-c$,在远日点离太阳最远,偏离距离为 $a+c$。当然不能用最近和最远距离表示偏心率,因为这两个值不仅和运行轨道的圆扁程度有关,还受轨道大小的影响。于是人们想到了用比值表示偏心率,最后发现 $\dfrac{(a+c)-(a-c)}{(a+c)+(a-c)} = \dfrac{c}{a}$ 的值和椭圆的大小无关,却能很好地刻画椭圆的圆扁程度。于是就用焦点(太阳中心)到轨道中心的距离与半长轴的比来表示轨道的形状,称为离心率。离心率可以理解为在长轴一定的情况下,两焦点离开椭圆中心的程度。

为什么不用 $\dfrac{b}{a}$ 来表示扁圆程度呢? $\dfrac{c}{a}$ 有什么优势吗? 从椭圆的定义来看,$\dfrac{c}{a}$ 也更有先天优势。因为椭圆的定义是"平面内,到两定点距离之和为定值 $2a$ 的点的集合",这里涉及两个量,一个是两定点之间的距离 $2c$,即焦距,一个是到两定点的距离和 $2a$,即长轴长,这两个量是椭圆在定义时就产生的量,而 b 是在推导椭圆标准方程时,为了化简方程形式而引入的量,后来 b 才有了相应的几何意义,所以为了与定义统一,这里采用了 $\dfrac{c}{a}$。

教学设计:

(1)发现不同的椭圆扁圆程度不同,让学生对扁圆程度有感知。然后问"如何用一个量来表示这种不同"。本质上是把扁圆这种"形"转化为"数"。

(2)圆锥曲线在天文学中的应用历史,介绍离心率的来源。

(3)通过几何画板展示,在长轴长一定的情况下,焦距对扁圆程度的影响;在焦距一定的情况下,长轴长对扁圆程度的影响。

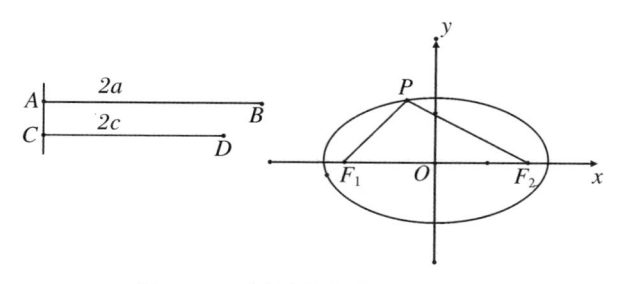

图 1-23 椭圆的性质——离心率

$$PF_1 + PF_2 = AB = 2a$$

$$F_1F_2 = CD = 2c$$

$$2a > 2c$$

$$2a = 5.85 \text{ cm}$$

$$2c = 4.81 \text{ cm}$$

$$\frac{2c}{2a} = 0.82$$

$$e = \frac{c}{a} = 0.82$$

结论:$0 < e < 1$,e 越接近 1,椭圆就越扁。e 越接近 0,椭圆就越接近圆。当 $a = b$ 时,$c = 0$,这是两个焦点重合,图形变成圆,它的方程为 $x^2 + y^2 = a^2$。

(4)探究 a, b, c 与 e 的关系,得到 $e = \dfrac{c}{a} = \sqrt{1 - \left(\dfrac{b}{a}\right)^2}$。

(5)总结结论。

(6)求离心率,关键是建立 a, b, c 的关系。

1.26　在生成中学会知识

——以双曲线的定义为例

笔者原来写过关于双曲线标准方程的文章,再上这节课还是重新思考了一下。对于双曲线的定义,感觉这样设计更好一些。

大体过程是:

(1)通过折纸游戏,让学生发现可以折叠出双曲线,并且明白它的实质:到两定点距离之差是定值,初步感知双曲线的定义。

(2)通过两个圆的问题构造双曲线,几何画板演示,并且让学生自己给出定义及定义所注意的问题。

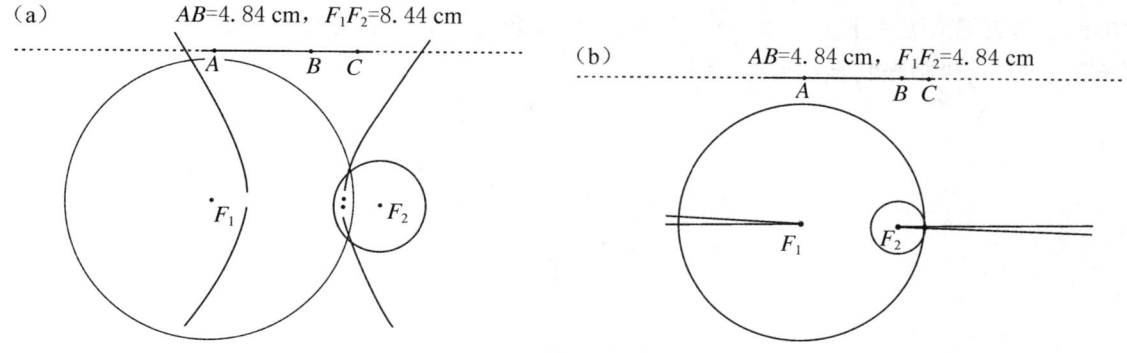

图 1-24　双曲线的形成

通过改变 AB 与 F_1F_2 的长度,让学生观察出:

① $|AB|<|F_1F_2|$:双曲线,而且可以演示去绝对值的情况(见图 1-24(a))。

② $|AB|=|F_1F_2|$:两条射线(见图 1-24(b))。

③ $|AB|>|F_1F_2|$:轨迹不存在。

这样,整个双曲线的概念及需要注意的问题完全可以由学生说出来,概念是探究出来的,不是老师强加给学生的。学生通过观察,学会用数学的眼光观察世界,用数学的思维分析世界,用数学的语言表达世界。

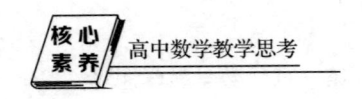

1.27　学生的创造力令人叹服

一直以来,组合数的第二个性质 $C_n^{m+1}+C_n^m=C_{n+1}^{m+1}$ 很好理解,但是不好记忆,容易记混了,解题时现推导又来不及。有没有一个好的记忆的方法,可以牢固地记住呢?笔者问了一下周围的老师,都说没有,自己一时又找不到很好的词语,总感觉有点遗憾。

某天上课,笔者讲完这一性质以后,把这件事情告诉了学生,学生开始七嘴八舌地说了起来,但是总感觉不太满意。这时某同学站了起来,说"母同子差1,人多力量大",然后她解释说,因为 $m\leqslant n$,可以认为 n 是母,m 是子,这个式子的左边两个组合数的下标相等,解释为"母同",上标两个数的差为1,式子的右端组合数的下标在原来的基础上加了1,解释为"人多","力量大"的意思是取左端式子上标最大的那一个。

学生的创造力真的太强大了,只是缺少一个平台,平时老师们给学生的舞台太小,学生没有足够的空间发挥。只要给孩子们一点"阳光",他们就会"灿烂"。

1.28 函数的奇偶性

一位老师要参加说课比赛，说课的课题是"函数的奇偶性"。她事先说了一下教学设计，在引入环节出示了一些对称的图形，然后提出问题：函数是否也具有对称性？

图 1-25 生活中的对称

实际上，函数的奇偶性确实是体现函数的整体特征，函数的对称性。但是教材在处理这部分内容时，并不是由图象到性质，由形到数，看图说话，而是由数到形，由特殊到一般。

按照教材的顺序学习就是很好的选择。先复习关于 y 轴与原点对称的点的坐标的特点，观察特殊函数 $y = x^2$ 与 $y = \dfrac{1}{x}$ 在 $x = -3, -2, -1, 1, 2, 3$ 时，函数值的相等关系，给出一般的定义，再由好解决的偶函数到稍微复杂点的奇函数。

偶函数定义的最本质的特征是当函数的自变量互为相反数时，函数值相等。初期接触到这个定义时，如果直接给出图象特征，学生不能体会到这个本质特征的含义，等遇到问题时，就不能很快地解决了。例如，函数 $y = f(x+2)$ 为偶函数，则 $y = f(x)$ 关于 $x = 2$ 对称。直接从偶函数的定义出发，自变量互为相反数，函数值相等，则得到 $f(x+2) = f(-x+2)$，所以函数 $y = f(x)$ 关于 $x = 2$ 对称，这个问题很容易就解决了，如果利用图象平移解决，解题过程比较麻烦，而且容易出错。

这样的处理顺序，不只在研究函数奇偶性时要注意，到研究圆锥曲线几何性质时也要注意，比如，在研究椭圆的几何性质时，学生已经知道了椭圆的图象，老师在上课时极容易变成看图说话，由图象说性质，这就违背了由方程研究性质的初衷。如果老师上课时不能很好地理解编书者的意图，在以后的学习中，学生就不能很好地解决问题。

例如 2011 年北京高考理科第 14 题。

曲线 C 是平面内与两个定点 $F_1(-1,0)$ 和 $F_2(1,0)$ 的距离的积等于常数 $a^2(a>1)$ 的点的轨迹，给出下列三个结论：

①曲线 C 过坐标原点；

②曲线 C 关于坐标原点对称；

③若点 P 在曲线 C 上，则 $\triangle F_1PF_2$ 的面积不大于 $\dfrac{1}{2}a^2$。

其中，所有正确结论的序号是_____。

如果学生一心想着先画出图象然后再解题，那几乎是死路一条，应该是由方程研究性质。

老师在上课时一定要认真地思考教材，真正地明白教材的意图，不能以自己的理解来揣度教材编写者的意图。

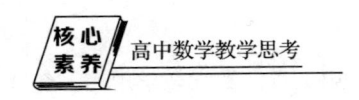

1.29 二项式定理的理解

二项式定理属于很早就进入教材的那部分内容,经过了多个版本,变化不太大,学生学习起来难度也不太大,老师教起来也能得心应手。下面谈谈笔者的一些看法。

1. 定理的引入

首先通过练习复习分步乘法计数。

例1 $(a+b)(c+d)$ 展开式有多少项?指出每一项的特点。

$(a+b)(c+d)(e+f)$ 展开式有多少项?指出每一项的特点。

$(x+y+z)(a+b+c+d+e)$ 展开式有多少项?指出每一项的特点。

例2 $(a+b)^2 = a^2 + 2ab + b^2$,$(a+b)^3 = a^3 + 3a^2b + 3ab^2 + b^3$。让学生观察指数与 n 的关系、字母的排列规律、次数的变化规律。

猜想"$(a+b)^4 = ?$"的展开式有几项,每一项的系数,每一项的次数,字母排列规律,字母的次数变化规律。

进一步猜想 $(a+b)^n = ?$

因为前面例1已经复习了每一项的组成是在每个因式中取一个字母,所以这里学生应该很容易理解。

二项式定理的证明是利用数学归纳法进行的,因为数学归纳法现在的教材不再要求,所以二项式定理的证明也就没有讲。

2. 二项展开式的练习

我们以为把二项式定理给了学生,而且定理本身又这么有规律,学生应该很容易记忆和应用。事实上不像我们想的那样,学生对这个问题的熟悉还是很困难的,建议老师在上这节课时要多观察学生的实际学习进度,来调整自己的教学进度。这里可以多增加一些赋值的应用,增加公式的逆用,让学生不断熟悉公式,为后面的应用打下基础。

3. 特定项

二项式定理一般说来有两个考点,一个是求特定项,一个是赋值法。对于特定项,在学生学习初期要强调利用通项公式求解,可以先不提利用组合的性质解题,等学生将通项公式掌握熟练了以后,再和学生说明如何利用组合求解。

通项公式有它的优点,有些情况下解题还离不开它。例如:在 $(\sqrt{2} + \sqrt[4]{3})^{50}$ 的展开式中,其中有理项有多少项?这道题利用通项公式求解比较方便,先求出:

$$T_{r+1} = C_{50}^r (\sqrt{2})^{50-r} (\sqrt[4]{3})^r = C_{50}^r 2^{\frac{50-r}{2}} 3^{\frac{r}{4}}$$

当 $r = 0, 4, 8, \cdots, 48$ 时 T_{r+1} 为有理数,共有有理项13项,这道题利用组合不太好解。

组合的好处当然更多,例如求 $\left(x^2 + \dfrac{6}{x}\right)^6$ 的展开式中,常数项是什么?

可以直接利用组合求解,把原式看成6个因式相乘,在每个因式中取一个相乘,看怎么组成常数项。这道题在6个因式中两个取 x^2,其余4个取 $\dfrac{2}{x}$ 即可,也就是 $C_6^2 (x^2)^2 \left(\dfrac{2}{x}\right)^4 = 240$。

对于三项式,利用通项公式没法求解了,只能利用组合的性质解。例如 $(2 + x - x^2)^6$ 的展开式中含 x 的项是什么?只需要在6个因式中取一个 x,其余的取常数即可,即 $C_6^1 x^1 C_5^5 2^5$。

所以在上课时这两种方法要兼顾,要先掌握通项公式再学组合性质。

4. 赋值法

笔者以为赋值法是很简单很简单的,但下课后,学生居然说难以理解。这里要多举几个例子说明,可以赋值 $a=1,b=x$,如 $a=1,b=-1$;$a=1,b=3$;$a=1,b=\frac{1}{2}$;$a=1,b=-\frac{1}{2}$;…让学生多练多熟悉。

至于一般的习题这里不再说了,对于稍微复杂一点的题目还是要和学生讲的,例如:若多项式 $x^5+x^{11}=a_0+a_1(x+1)+a_2(x+1)^2+\cdots+a_{11}(x+1)^{11}$,求 $a_2=?$

此题需要在式子的左边构造出 $x+1$,和右边统一。

解:左边变形为 $((x+1)-1)^5+((x+1)-1)^{11}$,$a_2$ 相当于 $(x+1)$ 的系数,即 $C_5^2(x+1)^2(-1)^3+C_{11}^2(x+1)^2(-1)^9=-65(x+1)^2$。

5. 三项式定理

既然有二项式定理,那有没有三项式定理呢?回答是肯定的,老师可以引导有兴趣的学生自己探索。$(a+b+c)^n=\underbrace{(a+b+c)(a+b+c)\cdots(a+b+c)}_{n\text{个}}$,展开式的每一项是由这 n 个因式中各取一个字母组成的,每一项的次数为 n 次,每一项可以记作 $C_n^i a^i C_{n-i}^j b^j c^{n-i-j}$,$i\in[0,n]$,$j\in[0,n-i]$。于是得 $(a+b+c)^n=\sum_{i=0}^{n}\sum_{j=0}^{n-i}C_n^i a^i C_{n-i}^j b^j c^{n-i-j}$。当然还可以和杨辉三角一样弄个三项式系数三棱锥。

有没有 n 项式呢?即 $(a_1+a_2+a_3+\cdots+a_n)^n=?$ 可以引导有兴趣的学生研究,这样的研究才更像数学。

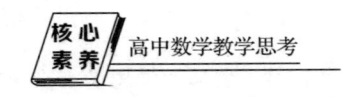

1.30 一个小细节的处理

一位老师上公开课,讲杨辉三角,在研究杨辉三角的性质时在图上画了一道线,如图1-26所示。

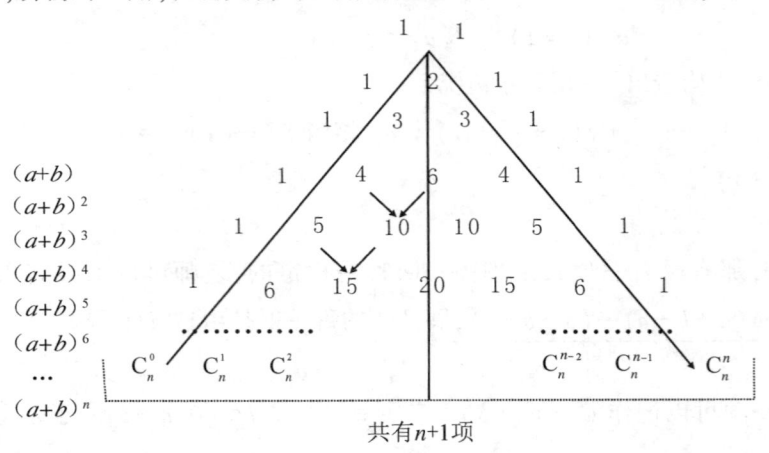

图1-26 二项式系数的性质

这条线简直是神来之笔,一下子把二项式的性质清晰地展现了出来,对称性、增减性,以及有几项是二项式系数最大项,是中间两项还是中间一项,各种性质豁然开朗。有时,我们的教学就需要这样的点睛之笔,一下子把学生的思维激活,一下子说到学生最疑惑的地方,一下子点醒梦中人。这是老师长时间思考的结果,笔者希望老师们能长时间地思考、打磨一节课,不断地提炼每一节课的核心的东西、本质的东西、能一句话就把问题交代清楚。

同样的这节课,有的老师在上课时,对于"当 n 是偶数时,中间一项的二项式系数最大,当 n 是奇数时,中间两项的二项式系数相等且最大"这个性质处理得不恰当。老师在上课时强调比较多的是第多少项二项式系数最大,而没有说明最大的二项式系数是什么,有什么特点。因为这句话没有点明,学生在做练习时就不会解题了。

例 $\left(x-\dfrac{1}{x}\right)^n$ 的展开式中,第6项与第7项的二项式系数相等且最大,则 $n=$?

当时学生在板演时,一直不会转化,最后老师提醒学生"第6项与第7项的二项式系数相等"说明这个二项式展开式共有奇数项,结果学生还是不能说出 n 等于什么,学生在思考 $6+7=13$ 的问题,想建立 13 与 n 的关系,这显然是比较麻烦的处理。如果学生能把题目转化成 $C_n^5=C_n^6$,则能很容易地解出 $n=11$。

所以,老师在备课时,一定要站在学生的角度思考问题,站在怎么把问题能清楚地告诉学生而不是老师自认为很清晰的角度思考问题。

1.31 老师是怎么学习的

新教材上增加了概率的乘法公式、全概率公式和贝叶斯公式,这部分内容笔者虽然上大学时学过,但是时间久远,没有一点印象,只能自己重新学习,每一次学习都学得很乱,不知道它想讲一件什么样的事情,不能从系统的角度把握,不能建立这些知识之间的联系。笔者反复地看课本,看例题,试着自己做课后的练习题,到最后发现不用课本的知识,自己也能把课后的贝叶斯公式的题目做对,这就增加了自信,好研究多了。

对于乘法公式,看课本就是对条件概率公式进行变形,把除法变成乘法,但是还是不能从几何的角度解释这个公式究竟是什么意思。

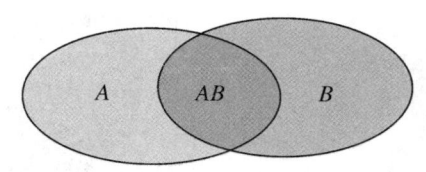

图1-27 条件概率示意图

如图1-27所示,条件概率实际上是$P(AB)$那部分面积占$P(A)$那部分面积的比例,当然也可以用缩减样本点的方法求解。学生明白了这个图,就很容易理解条件概率的求法了,这就是数形结合的威力。当式子变形成$P(AB)=P(A)P(B|A)$时,几何解释为$P(A)$那部分面积乘上面得到的那个比例,就求出了$P(AB)$。实际上是逆运算,还是可以用上面的图解释。

全概率公式是乘法公式的进一步发展,它是将复杂的事情A划分为较简单的$AB_1,AB_2,\cdots,AB_n$再结合加法公式和乘法公式求解,即$P(A)=\sum_{i=1}^{n}P(AB_i)$就是求$P(A)$的面积占整个面积的比例。也可理解为事件$A$的发生有各种可能的原因$B_i$,如果$A$由原因$B_i$引起,则$A$发生的概率为$P(AB_i)=P(B_i)P(A|B_i)$每个原因都可能导致$A$发生,故事件$A$发生的概率是全部原因引起$A$发生概率的总和。

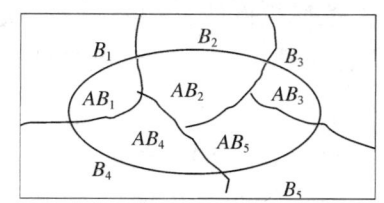

图1-28 全概率公式

虽然笔者第一次教这部分内容,但是这部分内容不难理解,另外,老师们可以想想,我们学一点新东西就觉得难,学生天天学习新的知识,他们的感觉呢?所以,老师要站在学生的角度想问题,站在自己是一位初学者的角度看问题,把自己学习的经验和学生分享。这样,学生的学习与老师的上课就有了切合点。

回顾自己学习的经验,一开始建立不起这些知识的联系,记不住这些复杂的公式,但是,一直向后看,做例题做练习,继续学习下一节,一直向后学,试着建立这些知识之间的联系,试着理解每一部分知识在整个知识体系中的位置和作用,试着画思维导图,等知识体系建立起来以后,整个知识就逐渐透亮起来,脉络越来越清晰。所以有的时候老师们上课拼命地讲,还不如让学生自己看学会得多,老师只需要在学生读不懂时,适时地点拨即可,效果也不会很差。老师要转变"自己讲,学生才能学会"这种观念,要放手给学生,发挥学生的学习主动性,学生的学习效果会更好。

1.32 条件概率的特殊情景

条件概率 $P(B|A)$ 是指已知事件 A 发生的条件下，事件 B 发生的概率。从数的角度来说，条件概率是指 $P(B|A) = \dfrac{P(A \cap B)}{P(A)}$；从形的角度来说，是指如图 1-29(a) 中 $A \cap B$ 占 A 的比例。让学生从形的角度理解比单独地记忆公式要好得多，形的角度更接近条件概率的本质。

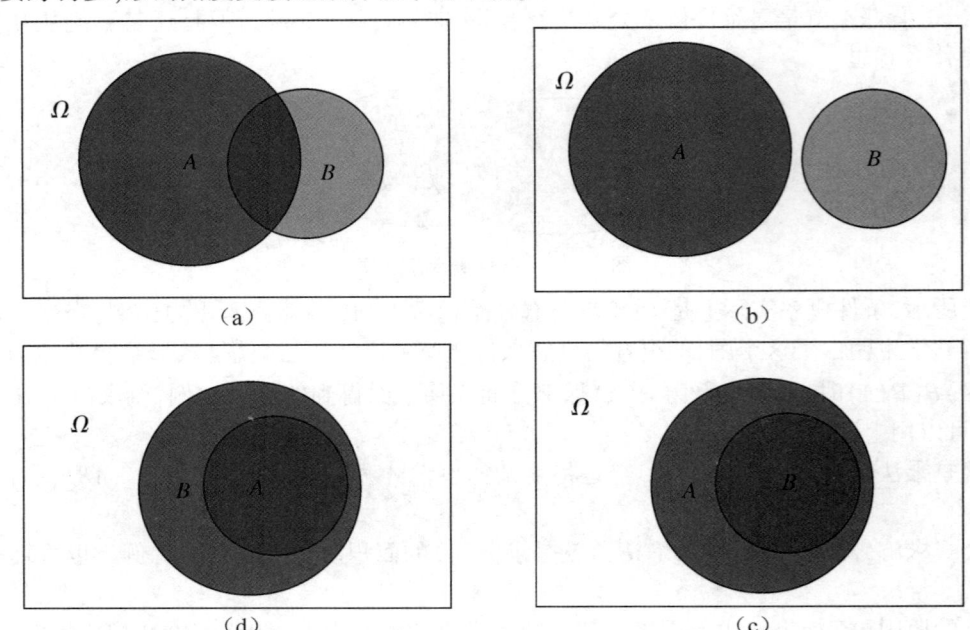

图 1-29 事件的关系

这种形式是条件概率最通用的一种形式，学生也易于理解，但是学完以后，学生还是有疑问的，两个事件的关系除了图 1-29(a) 的形式还有别的形式，如图 1-29(b) 所示，事件 A 与 B 互斥，同样由条件概率的定义及 $P(A \cap B) = 0$ 可得，$P(B|A) = 0$。

如果出现 $A \subseteq B$，如图 1-29(c) 所示，这时 $P(A \cap B) = P(A)$，由条件概率计算公式得

$$P(B|A) = \dfrac{P(AB)}{P(A)} = 1$$

如果出现 $B \subseteq A$，如图 1-29(d) 所示，这时 $P(A \cap B) = P(B)$，由条件概率的计算公式得

$$P(B|A) = \dfrac{P(AB)}{P(A)} = \dfrac{P(B)}{P(A)}$$

这些图形的补充可以使学生全视野地理解条件概率，明白条件概率的本质。

1.33 从形的角度理解全概率公式

条件概率从数的角度看是这样的一个公式：$P(B|A) = \dfrac{P(A \cap B)}{P(A)}$，本质是比例关系，从形的角度理解可以简单地认为是 $A \cap B$ 的面积占 A 的面积的百分比。从形的角度理解更容易让学生接受，比单纯的数的说教要好的多。同时也更容易使学生理解缩减样本空间求条件概率的方法。

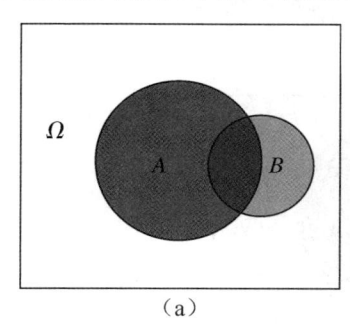

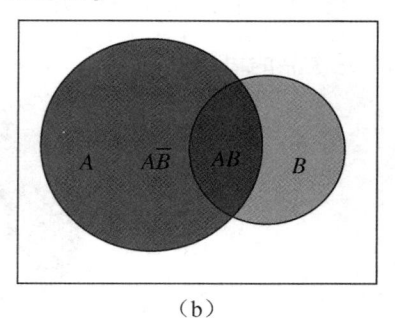

图 1-30 概率公式的图示

乘法公式是在条件概率的基础上对原式子做变形，变成 $P(AB) = P(A)P(B|A)$ 的形式，它的几何意义是求 $A \cap B$ 部分的面积，可以认为是用 A 的面积乘上 $A \cap B$ 占 A 的比例求得的。学生好理解，老师好讲解。

全概率公式可以认为是乘法公式的进一步拓展，比如求 A 的概率，可以认为求图形 A 的面积占整个样本空间的比率，并且把图形 A 分成两部分，一部分是 AB，一部分是 $A\bar{B}$，这两部分的和就是事件 A 发生的概率。即 $A = AB + A\bar{B}$，从形的角度理解全概率公式，学生很容易接受，而且还能得到 $P(B) = P(AB) + P(\bar{A}B)$ 等，知识掌握也就"活"了起来。

学生在实际解题时，可以利用上面的图形去解题，但是，还是不好理解，尤其是牵扯到设事件问题，全概率公式事件多而杂，学生稍微不留神就弄不明白事件之间的关系，从而不会解题。

例1 某次社会实践活动中，甲、乙两个班的同学共同在一个社区进行民意调查，参加活动的甲、乙两班的人数之比为 5:3，其中甲班中女生占 $\dfrac{3}{5}$，乙班中女生占 $\dfrac{1}{3}$，求该社区居民遇到一位进行民意调查的同学恰好是女生的概率。

这是课本上的一道例题，在设计图形说明时，如果设计成图 1-30(b) 的形式，学生不好理解，主要的原因是图 1-30(b) 不能体现出甲班和乙班构成全集即整个概率空间这件事。如果设计成图 1-31 的形式，学生解这道题就很容易，就可以看图说话了。

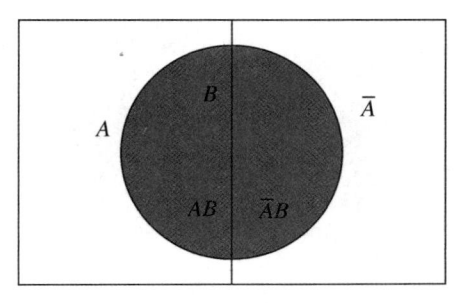

图 1-31 全概率公式

解 设 A 表示抽取甲班的学生，$\bar{A}$ 表示抽取乙班的学生，事件 B 表示恰好是女生。如图 1-31 所示。

事件 B 很显然由两部分组成：AB 和 $\overline{A}B$，即
$$P(B) = P(AB) + P(\overline{A}B) = P(A)P(B|A) + P(\overline{A})P(B|\overline{A})$$
$$= \frac{5}{8} \times \frac{3}{5} + \frac{3}{8} \times \frac{1}{3} = \frac{1}{2}$$

解题时看图说话比单纯的说教要好得多，学生一看图就知道怎么回事了，连纠缠不清的事件关系也显得非常简单。首先求谁的概率，就把谁设成事件 B，其余的事件设成事件 A 和 $\overline{A}$，这两个事件组成整个样本空间。如果是三个事件组成整个样本空间，可以设成 A_1, A_2, A_3 三个互斥的事件，一样很容易解题。

例2 某医院仓库中有10盒同样规格的X光片，已知其中有5盒、3盒、2盒依次是甲厂、乙厂、丙厂生产的，且甲、乙、丙三厂生产该种X光片的次品率依次为 $\frac{1}{10}, \frac{1}{15}, \frac{1}{20}$，现从这10盒中任取一盒，再从这盒中任取一张X光片，求取得的X光片是次品的概率。

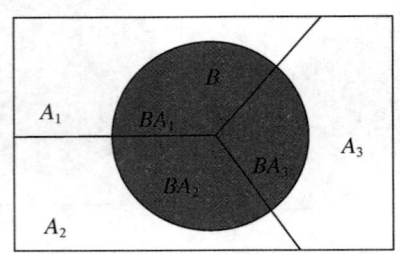

图 1-32 全概率公式

解 如图1-32所示，设事件 B 表示取得的X光片是次品，事件 A_1 表示甲厂生产的X光片，事件 A_2 表示乙厂生产的X光片，事件 A_3 表示丙厂生产的X光片。则有
$$P(B) = P(A_1)P(B|A_1) + P(A_2)P(B|A_2) + P(A_3)P(B|A_3) = 0.08$$

看图说话，题目变得显而易见，数形结合不仅体现在函数和几何的解题过程中，也体现在概率的解题中，直观想象是数学核心素养之一。

有时在教学时，有的老师讲好多遍学生就是不懂，有的老师一句话能点醒梦中人，老师在备课中要仔细研究每一个知识的关键，提炼最核心的那句话。

1.34 看似简单的数列

一开始,数列学习对于学生来说是比较轻松的,但是随着时间的推移、知识的增加,等学生学到等差数列的前 n 项和时就产生了分化,很多知识学生学不会了。可能老师认为很简单的,学生却难以理解。

一开始的学习为什么容易呢?因为学生所想的知识是什么,知识就是什么,不存在再理解的问题,不用很费力就能听懂,做练习还能做对。随着知识加深,知识的变形也多起来,学生逐渐不能理解这个知识是为什么,那个知识是为什么。知识不再是他认为的样子,听课就吃力了,学生逐渐地变成理解不了就先背。有些数学知识需要背诵,但是一定是理解基础上的背诵,不然死记硬背,学生过不两天全忘了,和没有学习一样,学习没有了意义。

在等差数列部分,学生难以理解这几个知识点:

(1)数列分组问题。例如:在等差数列 $\{a_n\}$ 中,若 $S_4=1$,$S_8=4$,求 $a_{17}+a_{18}+a_{19}+a_{20}$ 的值。学生不能理解这些符号的意义、这些式子的意义。

(2)最值问题。例如:已知等差数列 $\{a_n\}$,若 $\dfrac{a_7}{a_6}<-1$,且它们的前 n 项和 S_n 有最大值,则使 $S_n>0$ 的 n 的最大值为多少。对于式子的变形学生不理解。

(3)简单的构造。例如:已知 S_n 是等差数列 $\{a_n\}$ 的前 n 项和,若 $a_1=-2\,014$,$\dfrac{S_{2\,014}}{2\,014}-\dfrac{S_{2\,008}}{2\,008}=6$,则 $S_{2\,019}=$ _____。学生对于数列的整体把握与简单构造不能理解,不能分辨出等差数列。

学生学到这里,知识逐渐变难,可以给学生更多的时间,让学生去反思整理,不能一下子讲得过快、过难。

在学习等比数列时一定要做好铺垫,也就是要系统地让学生复习指数和对数及指数函数和对数函数知识。

学生在学习等比数列时的困难不在于概念与性质本身,而是指数与对数的运算性质,因为等比数列和指数、对数的运算中间间隔时间很长,学生把指数的基本运算法则都忘了,而等比数列涉及大量的指数对数运算,如果不复习的话,学生在学习时会产生天然的恐惧,以后解题时,即便是会做,也不一定能算对。所以在学习等比数列之前要认真地复习指数对数运算,这个不能有任何犹豫。

另外,学习等比数列前要学好等差数列,要给学生梳理知识体系,因为等差和等比数列有相同的学习结构,很多知识和方法可以类比,学好等差数列后,学生再学习等比数列就会自然而然地理解了,这个铺垫要做好。

1.35 数列教学要回归数列的本质

在传统的数列教学中,比较注意基本题型、基本方法的整理总结,然后让学生大量地练习,不停刷题,做得越熟练越好,甚至要求学生几分钟做完一道数列题。这种高强度的刷题现在看来已经严重不符合高考方向,也背离数学核心素养的要求。下面以近几年全国卷的几道高考题为例,来看一下高考方向的转变。

例1 (2021年全国新高考Ⅰ卷17)已知数列$\{a_n\}$满足$a_1=1$,$a_{n+1}=\begin{cases} a_n+1, n\text{为奇数}, \\ a_n+2, n\text{为偶数}。\end{cases}$

(1)记$b_n=a_{2n}$,写出b_1,b_2,并求数列$\{b_n\}$的通项公式;

(2)求$\{a_n\}$的前20项和。

分析:这道题我们一般利用已知的关系得到奇数项的递推关系或偶数项的递推关系,再结合已知数列的通项公式、求和公式等来求解问题。对于大量刷题的学生来说,这道题有点出乎意料,可能一下子懵了,不知道如何下手。

我们先把这个数列写出来,观察一下这个数列究竟是什么数列:

$$a_1=1, a_2=2, a_3=4, a_4=5, a_5=7, a_6=8, a_7=10, a_8=11$$

一口气写了8项,目的是想发现项的规律。第一问让求数列$\{b_n\}$的通项公式,仔细观察发现:$b_1=a_2=2$, $b_2=a_4=5, b_3=a_6=8, b_4=a_8=11$。

从数列$\{b_n\}$的前几项可以发现,数列$\{b_n\}$是首项为2,公差为3的等差数列,下面只需要想办法证明就行了,于是由等差数列的定义可证:

$$b_n-b_{n-1}=a_{2n}-a_{2(n-1)}=a_{2n-1}+1-a_{2n-2}=a_{2n-2}+2+1-a_{2n-2}=3$$

所以得到数列$\{b_n\}$是等差数列。

对于第2问,求数列$\{a_n\}$的前20项的和,我们可以先把数列写出来再找规律:

$$a_1+a_2+a_3+a_4+a_5+\cdots+a_{19}+a_{20}=(a_1+a_3+\cdots+a_{19})+(a_2+a_4+\cdots+a_{20})$$

因为$a_2+a_4+\cdots+a_{20}=b_1+b_2+\cdots+b_{10}$,所以由第1问结论很容易求和,前面一组的和如何求呢?能不能转化成已经求出来的解呢(注意这是上新授课时常用的方法)?也就是能不能把$a_1+a_3+\cdots+a_{19}$转化成$a_2+a_4+\cdots+a_{20}$求解呢?根据已知递推关系:当n为奇数时,$a_{n+1}=a_n+1$,即$a_n=a_{n+1}-1$,于是$a_1+a_3+\cdots+a_{19}=a_2-1+a_4-1+\cdots+a_{20}-1=a_2+a_4+\cdots+a_{20}-10=b_1+b_2+\cdots+b_{10}-10$。

所以$a_1+a_2+a_3+a_4+a_5+\cdots+a_{19}+a_{20}=(a_1+a_3+\cdots+a_{19})+(a_2+a_4+\cdots+a_{20})=2(b_1+b_2+\cdots+b_{10})-10=300$

解完这道题会发现,原来教学时让学生反复训练的方法,并没有在题目中出现。传统的讲课方式应该改变一下了,数学课要真正地体现出数学的本质,体现解决问题的最根本想法,在遇到问题时怎么一步步地转化,这些能力是教学时很容易忽略掉的,老师已经习惯了快速地讲完课程然后开始大量的训练,如果不改恐怕是要吃亏的。

例2 (2020全国新高考1卷18)已知公比大于1的等比数列$\{a_n\}$满足$a_2+a_4=20, a_3=8$。(1)求$\{a_n\}$的通项公式;(2)记b_m为$\{a_n\}$在区间$(0,m](m\in\mathbf{N}^*)$中的项的个数,求数列$\{b_m\}$的前100项和S_{100}。

分析:第一问是基本量的计算,很容易求出$a_n=2^n$,第二问可能有些同学读不懂题了,不知道这是什么意思,实际上,这也是数学试题的一个变化趋势——符号化,虽然抽象但是不难,只要认真读题,是可以读懂的,同时也为老师们教学提了个醒,注意数学的抽象与符号,教学生用数学的语言表达。

读不懂也没关系,下面试试几个特殊的,比如:

$m=1$ 时,记 b_1 为 $\{a_n\}$ 在区间 $(0,1]$ 中的项的个数,因为 $a_n=2^n$,所以 $0<2^n\leqslant 1$ 的 n 的值只有 $n=0$,于是 $b_1=0$,知道了这个以后,将其他的依次列举出来:

$m=2$ 时,$0<2^n\leqslant 2$ 的值为 $n=1$,于是 $b_2=1$。

$m=3$ 时,$0<2^n\leqslant 3$ 的值为 $n=1$,于是 $b_3=1$。

$m=4$ 时,$0<2^n\leqslant 4$ 的值为 $n=1,2$,于是 $b_4=2$。

$m=5,6,7$ 时,$b_5=2,b_6=2,b_7=2$。

$m=8,9,\cdots,15$ 时,$b_8=3,\cdots,b_{15}=3$。

$m=16,17,\cdots,31$ 时,$b_{16}=4,\cdots,b_{31}=4$。

$m=32,33,\cdots,63$ 时,$b_{32}=5,\cdots,b_{63}=5$。

$m=64,65,\cdots,100$ 时,$b_{64}=6,\cdots,b_{100}=6$。

所以数列 $\{b_m\}$ 的前 100 项和 $S_{100}=1\times 2+2\times 4+3\times 8+4\times 16+5\times 32+6\times 37=480$。

这里面并没有用到什么高深的数学知识,甚至小学高年级的学生也能做,但是的确体现了数学的最本质的东西,就是由特殊到一般的方法,就是完全归纳,这是发现新知识的基本途径。

那么原来演练很多的错位相减法、裂项相消法、分组求和等以及各种变到极致的变形,还会考吗? 可能性不大了,即便是考,也不会像原来一样给一道很复杂的裂项相消的式子,经过几次变形才能解出来的题目了。

例3 (2021年全国新高考1卷16)某校学生在研究民间剪纸艺术时,发现剪纸时经常会沿纸的某条对称轴把纸对折,规格为 20 dm×12 dm 的长方形纸,对折一次共可以得到 10 dm×12 dm,20 dm×6 dm 两种规格的图形,它们的面积之和 $S_1=240$ dm^2,对折两次共可以得到 5 dm×12 dm,10 dm×6 dm,20 dm×3 dm 三种规格的图形,它们的面积之和 $S_2=180$ dm^2,以此类推,则对折 4 次共可以得到不同规格图形的种数为_____;如果对折 n 次,那么 $\sum\limits_{k=1}^{n} S_k =$ _____ dm^2。

分析:这同样是一道找规律、发现通项的题目,在求和时用到了错位相减法,错位相减本身并不难,难在规律的探寻,这道题一改原来直接给出通项公式求和的模式,开始关注数列本身的规律。

通过近几年的高考题的分析,教学要真正地研究高考方向,把握好高考脉搏,这样才能理解新课改的要求。

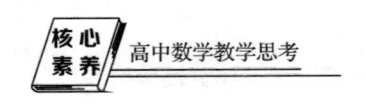

1.36 数列复习

数列怎么复习,把原来做过的题再讲一遍或者改错,还是再做点新题?面对复习课,笔者有点迷茫,不知道该怎么上,不能上成新授课,还得围绕一个中心讲课,思考了一个下午,笔者画了一个数列的思维导图(见图1-33),先理清了数列究竟讲什么、怎么讲的、给我们什么启示。

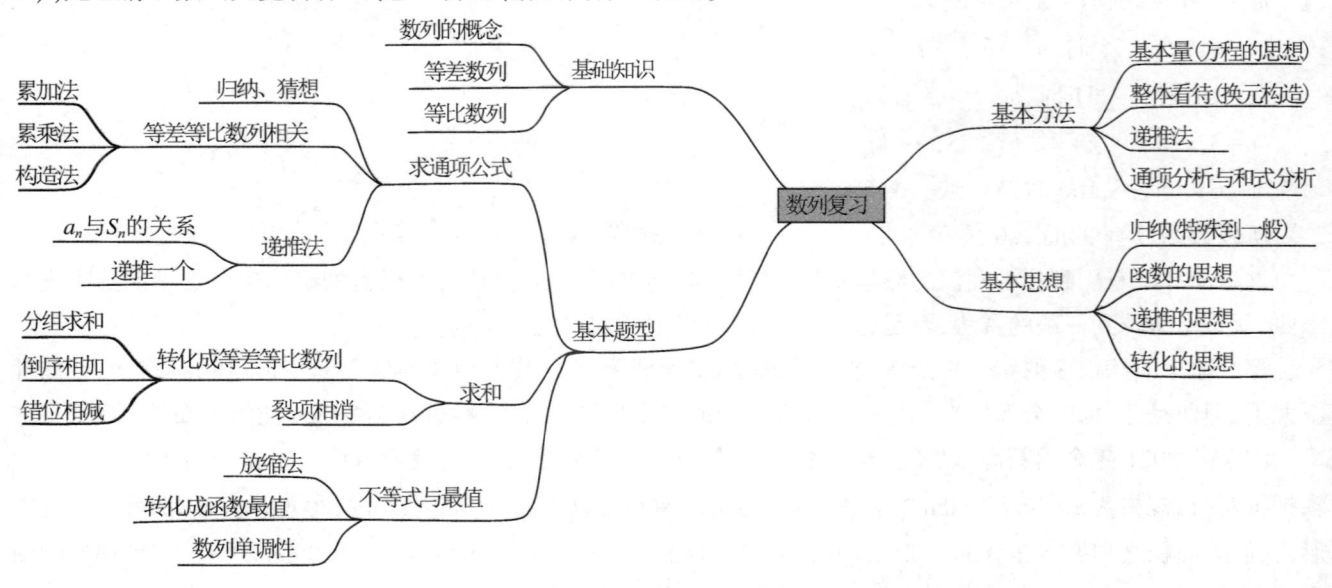

图 1-33 数列思维导图

首先是基础知识,这是数列学习的必备知识,只有掌握了这些知识,才有坐下来讨论其他问题的资本,这些都掌握不了的话,老老实实地学习吧。基础知识很简单,讲了数列的概念,然后学习等差等比数列的通项与求和公式,这也告诉我们,数列真的不难,它是围绕着等差与等比数列展开的,在解题时,如果不会解的话,看看能不能转化成等差或等比数列就行了。

基本题型一般是求通项公式和求和两类,求通项公式分成了三个大的方向,一是归纳、猜想,这是绝不容忽视的一种方法,看似简单,实则包含着有限到无限的数学思想,包含着特殊到一般的数学方法,前面的反思中已经涉及,这里不再展开。二是与等差等比数列相关的方法,包含累加法——等差数列推导通项公式的方法;累乘法——等比数列求通项公式的方法;构造法——想办法把一个式子转化成等差或等比数列的形式。这三种方法直接或间接地与等差等比数列相关,其实平时做的题已经把所学的知识和方法尽可能最大化地运用了。三是递推方法,包含 a_n 与 S_n 的关系和递推一个两种方法,这两种方法都离不开递推,而且在递推后还要借助构造等差或等比数列解题,所以第三个方向需要配合第二个方向来解题。

数列求和包含两个方向的方法,一个方向是与等差等比数列有关的方法,包含分组求和、倒序相加、错位相减等三种方法。分组求和在分组后一般可以直接化成等差等比数列用公式求和,倒序相加在整理后能转化成等差数列求和,错位相减在相减后变成等比数列求和。这三种方法是围绕等差等比数列进行的。唯一和等差等比数列没有关系的方法是裂项相消法,这种方法在小学就学习过,所以这里又拿出来,实际上是复习。数列求和时,特别是高考题,你会发现很多题不是那么简单地套用某一种方法,需要我们进行通项分析与和式分析,找到规律以后解题。

基本方法中的基本量法是处理等差等比数列的根本方法之一,常和方程组配合解题。整体看待(换元)是方程为了构造等差等比数列。递推法不仅是一种方法,还是一种思想,是数列解题时最常用的方法。当然,在解题时函数的方法等其他方法可以随着学习的深入不断添加到解题方法中,使解题的基本方法逐渐丰富。

基本思想只列举了常见的几个思想,它们看似无用,实际上是对前面知识、题型、方法的再抽象,是更高层次上的思想指导,当解题遇到困难、走投无路时,它们能暗暗地帮助指引思考方向。

从不同层次进行复习,只是初步的思考,这里面还得添加相关的例题去说明,这样的复习才更有针对性。

抛开知识、方法,数列的学习能给我们的智力发展带来什么呢？其实很简单,就是解决问题的方法,就是方法论。由特殊到一般把不会的问题转化成已经解决了的问题,数形结合把事情梳理清晰,直观化等数学方法也是我们生活中遇到困难时常常想到的方法。笔者认为这是教师要教数学、学生要学数学的原因。

1.37 由数列的通项公式想到的

求数列的通项公式笔者教过 n 多遍了,每次都是在重复自己的教学。教学过程是一成不变的,告诉学生几种求通项的方法,然后加几道例题,要求学生记模型背方法。到考试时发现,自认为很简单的题目,学生不会做,胡乱做。仔细想想,老师讲题时,学生不理解为什么这么做,他要试验各种做法,然后才能试到正确的解法,这里的问题不在学生,在老师。

例 已知数列 $\{a_n\}$ 满足 $a_1=1, a_n=2a_{n-1}+2^n(n\geq 2)$,求 a_n。

上课时,笔者先让学生做,结果一位同学写成了 $a_n+k=2(a_{n-1}+k)$,然后待定系数,求出 $k=2^n$,然后构造 $\dfrac{a_n+2^n}{a_{n-1}+2^n}=2$,所以得到 $\{a_n+2^n\}$ 为首项是 $a_1+2=3$、公比是 2 的等比数列,从而求得 a_n。这是明显错误的解法,学生竟然不知道。这不能怨学生,而是老师没有把这个问题讲透,使学生以为凡是 $a_n=pa_{n-1}+q$ 的形式都可以用这种方法,而没有注意到式子里的 p 和 q 都为常数,错误地套用已学过的结论,导致出现错误。

这时,如果笼统地对学生说,"你做的不对,正确的做法应该是……"对学生来说没用,下次他们照样出错。他们需要知道他这么做为什么不对,而不是简单地知道什么是对的。实际上,学生的错误出在对于 a_n 和 a_{n-1} 的认识上,a_n 和 a_{n-1} 所对应的数应该随着 n 和 $n-1$ 变化,而不能是一个固定的与 n 相关的一个数。比如,如果 a_n 对应着 a_n+2^n,那么 a_{n-1} 应该对应着 $a_{n-1}+2^{n-1}$,这样统一起来,才有可能构造出等比数列。当然,$a_n=pa_{n-1}+q(p$ 和 q 为常数)时是可以直接构造的,而这道题因为与 2^n 相关,不是常数,所以生搬硬套出错了。

按照学生的做法能不能做出来呢?笔者在下课后试了一下。

一开始,笔者并不知道 a_n 后面要加的这个数是什么,所以只能试。

猜想一:数列构成是 $a_n+k2^n=2(a_{n-1}+k2^{n-1})$,然后展开,比较系数,发现 $k2^n$ 和 $2k2^{n-1}$ 相等,正好消去,直接得到 $\{a_n\}$ 是等比数列,这肯定是错的,说明配凑系数出现了错误,这种方法不对。

猜想二:这个数列要加的数可能和 n 有关。

$a_n+(pn+q)2^n=2(a_{n-1}+(p(n-1)+q)2^{n-1})$,展开,比较系数,得到 $p=-1,q=0$。所以 $a_n-n2^n=2(a_{n-1}-(n-1)2^{n-1})$,即 $\dfrac{a_n-n2^n}{a_{n-1}-(n-1)2^{n-1}}=2$,所以数列 $\{a_n-n2^n\}$ 为首项是 $a_1-2=-1$、公比是 2 的等比数列,易得 $a_n=\left(n-\dfrac{1}{2}\right)2^n$,经过特殊值检验,得到的这个通项公式是正确的。猜想二这种想法对于学生来说是不可能想到的。

学生解题出错,不能把问题全部怪到学生身上,深层次的原因应该是有些问题老师没有讲透,只是让学生记忆一些模型、背诵题型,学生自己解题时,就不知道怎么用、用哪一个。数学课的数学味道在于道理、逻辑的严密,仅仅记忆一些结论,对学生的素养发展有百害而无一利,老师不仅要让学生知其然,还要让学生知其所以然。

1.38　一轮复习中对数的教学的两点思考

对数是一种重要的运算工具,不仅单纯的指数对数运算会用到,在后面的数列、导数中应用也比较多。熟练掌握对数的运算,对于中学生来说非常重要。在一轮复习中,老师在教学时往往是先复习基础知识,把对数的概念、运算法则、换底公式说一遍,然后开始做题。这样的教学在本质上是死记硬背,也就是记住几个公式,然后套公式解题,中间没有思维价值,没有能力培养,学生遇到稍微复杂一点的计算就会无从下手。这样的教学是一轮复习的大忌,现在的高考要求学会必备知识,然后发展关键能力,高考题的命制也非常注重能力立意,注重在知识交汇处命题,注重通性通法……只是告诉学生结论,然后用结论解题,不利于学生能力的培养与发展。

下面以对数概念的复习为例,谈谈数学思维能力的培养。

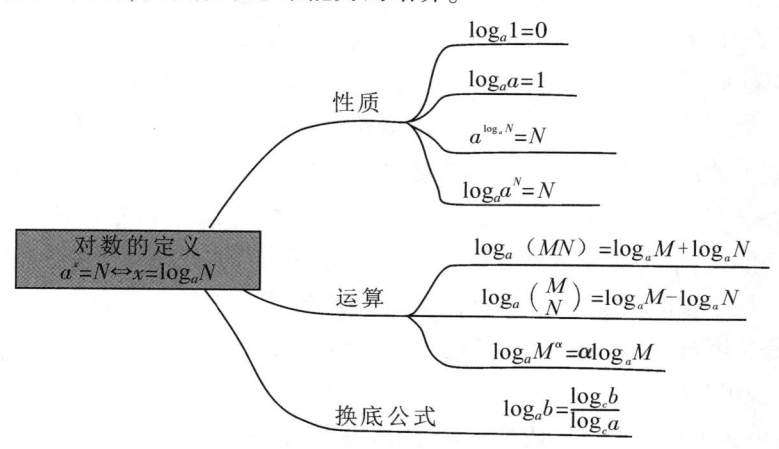

图 1-34　对数知识体系

对数的定义 $a^x=N \Leftrightarrow x=\log_a N$

性质：
- $\log_a 1=0$
- $\log_a a=1$
- $a^{\log_a N}=N$
- $\log_a a^N=N$

运算：
- $\log_a(MN)=\log_a M+\log_a N$
- $\log_a\left(\dfrac{M}{N}\right)=\log_a M-\log_a N$
- $\log_a M^\alpha=\alpha\log_a M$

换底公式：$\log_a b=\dfrac{\log_c b}{\log_c a}$

这个图表基本表现出复习的思路,下面详细说明过程。

先复习指数的图象与性质,以 $y=2^x$ 为例,画出图象,如图 1-35 所示,已知 $2^2=4, 2^3=8$,那么是否存在一个数 x_0,使 $2^{x_0}=7$?

因为 $y=2^x$ 单调递增,所以画出直线 $y=7$,直线和指数图象有一个交点 M,点 M 的横坐标为 x_0,即 $2^{x_0}=7$,存在且只有一个数 x_0,使 $2^{x_0}=7$。

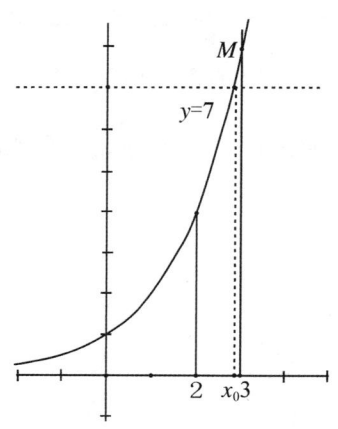

图 1-35　对数的存在性

那么这个数 x_0 等于什么呢?能不能求出具体值来,人们定义 $x_0=\log_2 7$ 就是所求的值,从而由特殊到一般,得到对数的定义:$a^x = N \Leftrightarrow x = \log_a N$。这个定义沟通了指数与对数的相互联系,能把指数问题化成对数解决,同样能把对数问题化成指数解决。

有了对数的定义后,就可以研究对数的性质了,这几个性质的研究也要特别强调定义的运用,如 $a^0 = 1 \Leftrightarrow \log_a 1 = 0, a^1 = a \Leftrightarrow \log_a a = 1$,另外,把 $x = \log_a N$ 代入 $a^x = N$ 中,得到 $a^{\log_a N} = N$,把 $N = a^x$ 代入 $x = \log_a N$ 中,得到 $\log_a a^x = x$,所以这几个性质本质源于定义。

对数的运算法则,如 $\log_a(MN) = \log_a M + \log_a N$ 也是要用定义转化成指数,利用指数的运算性质解决。具体过程如下:设 $x = \log_a M, y = \log_a N$,则利用定义化成指数得 $a^x = M, a^y = N$,由指数的运算性质得 $a^x a^y = a^{x+y} = MN$,再由定义把指数化成对数得 $\log_a(MN) = x + y = \log_a M + \log_a N$。

换底公式 $\log_a b = \dfrac{\log_c b}{\log_c a}$ 也要用到定义证明:设 $\log_a b = x$,则 $a^x = b$,两边取以 c 为底的对数得 $\log_c a^x = \log_c b$,整理得 $x \log_c a = \log_c b$,即 $x = \dfrac{\log_c b}{\log_c a}$,也就是 $\log_a b = \dfrac{\log_c b}{\log_c a}$。

整个这一部分的复习,始终围绕对数的定义展开,有了对数的定义就可以得到对数的性质、运算法则等各种公式,这就是数学,考能力,考由定义向外延展性质的能力。可能数学课上多了以后,教师会认为这些不需要说,那些也不需要讲,好像学生都已经能体会出来一样,实际上不是,这些隐藏在背后的真正数学的东西,需要老师认真给学生讲出来。数学课中有很多机会是可以培养学生自己研究问题的能力的,可能这些机会都被一次次浪费了,没有引起老师的足够重视,老师急匆匆地讲完知识,让学生记住,然后开始大量的解题训练,这不是数学课,这样的数学课没有灵魂,只剩下死记硬背的数学课是没有生命力的数学课。学生这次遇到对数的学习,老师没有培养学生的能力,下次遇到数列、遇到导数、遇到……都没有提炼出数学的东西,如果考试时遇到矩阵、遇到群环域等高中没学过的概念,让学生自己探索性质,对于没有数学思想反思、没有过能力培养的学生来说,这些东西做起来是很困难的,老师们还会抱怨学生怎么这么简单的题都不会解,实际上问题不在于学生,而是老师的教学思想出现了问题。

现在的数学教学是由各种情境抽象出数学概念,然后再由概念研究性质、定理、联系等,这是数学的初级阶段。数学玩的是概念,而不是纯粹的技巧,当能自己定义概念了,然后在此基础上再进行研究,那在这一领域,你就是开山鼻祖了,这是数学的高级阶段。

第二点思考是换底公式的证明。课本在证明时采用的是对 $a^x = b$ 的两边取以 c 为底的对数,而对数函数是后面的内容,利用对数的单调性来对式子两边取对数,这是不妥当的。除了取对数这种方法,还可以利用对数的定义证明。设 $\log_a b = x, \log_c a = y$,则 $a^x = b, c^y = a$,由指数的运算得 $(c^y)^x = b$,即 $c^{xy} = b$,由对数的定义得 $\log_c b = xy = \log_a b \cdot \log_c a$,整理即 $\log_a b = \dfrac{\log_c b}{\log_c a}$。这个证明方法只是用到了对数的定义与指数的运算性质,和前面的解决问题的方法一脉相承。还可以用对数恒等式及指数运算法则证明,设 $x = \log_a b$,则 $a^x = b$,因为 $a = c^{\log_c a}$,所以 $(c^{\log_c a})^x = b$,即 $c^{x \log_c a} = b$,由对数定义得 $x \log_c a = \log_c b$,整理得 $x = \dfrac{\log_c b}{\log_c a}$,即 $\log_a b = \dfrac{\log_c b}{\log_c a}$。

1.39　备考期末考试

1. "人对人"备考——找准最关键的人——边缘生

各组长根据期中考试"上线"人数,确定本组期末"上线"目标及人数,分到每个班级每位任课老师,由相应的任课老师完成学科组任务。这样做主要是激励老师们,让老师们有目标有追求。

各科老师根据目标数列出所教班级学生三次考试的成绩,对成绩排名,找出前 800 名与前 1 500 名边缘生,每学科每班确定 3~4 人,对这些同学采取上课重点检查关注,下课交流学习存在的问题。另外,将边缘生做课代表,各边缘生每次课后与老师交流,领取学习任务,任课老师根据学生特点制订具体可行的帮扶措施,确保边缘生"上线"。

2. "点对点"备考——找准最关键的知识点

各备课组长要将上一年的期末考试题准备好,详细研究出题点,归纳出知识点或题型的细目表,知识点及题型要尽可能详细一些,如果过于笼统,不利于准确反映学生存在的问题。

(1)各任课教师将细目表发给每个学生,学生每天记录各学科学案上错题对应的知识点。在错误点后注明是否改正,下一次再遇到这个点时是否做对,做对划对号,做错划叉号,确保弄准学生出错的知识点。这样做主要是让学生清楚,自己还有哪些知识没有掌握,复习有目标,不在自己已经掌握的知识上花太多的时间,造成重复训练,浪费时间。任课老师一定要跟上检查督促,不能流于形式。任课老师每周要将学生的表格收起来,对照学生出错的知识点,精准备课。对于出错较多且改后仍然出错的学生,老师要面谈了解详细情况。

(2)教师每次测试要针对性地训练学生还没有掌握的知识点。对于重点题型,要求集中突破与分散到试卷突破相结合。先集中突破,使学生基本能掌握,然后再在试卷中训练,看在真正的考试中该题型的掌握情况,对于掌握不理想的知识点,有必要进行二次突破,反复训练的一定不要犹豫,要舍得花时间和气力。不能漫天撒网,知识点突而不破。

3. 教的方式决定了学生学的方式

(1)教学中尽可能地减少死记硬背,尽可能减少长时间的死记硬背,要让学生理解知识的来龙去脉,理解记忆的时间长,效果好,死记硬背仅仅是当时记住,过后很快就忘记了,而且不知道什么时候用、怎么用。时间长了,学生就会认为偏文的学科就是背,这是一种错误的认识。学生必须背诵的,老师要指导背诵方法。没有哪个老师在办公室大声背诵,上课时,老师不拿课本也能讲一节课,老师们是怎么记住的? 理解了,内化了,答题自然知道怎么答,如果让老师们背诵不理解的知识,老师们肯定记不住。单纯地记忆是个枯燥的力气活,需要大量的时间的投入,理解了才是正道。

(2)平时教学、做学案要注意知识的生成过程。知识不是魔术师的帽子,一下子就能变出各种千奇百怪的东西,应该在讲某个知识时,进行事前准备,应该展示知识一步一步的生成过程,也就是说,展示魔术师是怎么设计这个魔术的——魔术揭秘。现在的课堂对于知识生成过程舍不得下力气、花时间,对于一遍一遍的训练、讲解不厌其烦,有些本末倒置。教学是技术活、脑力活,平时教学中思考了多少、下了多大力气,最后都会转化成成绩。

(3)上课要注意学生的体验。现在中学生的生活实践体验太少,从小都是老师说什么就是什么,让干什么就干什么,从不违背,缺少自己的思考。老师上课要让学生有体验,比如语文学习,很多时候要求学生感受作者的什么感情,但是学生没有作者的经历,就很难体验到作者的感情,生活太顺利,生活环境太优越,没有那么多困境体验,所以很多感情是很难体验的,老师要创设情境,让学生体验。

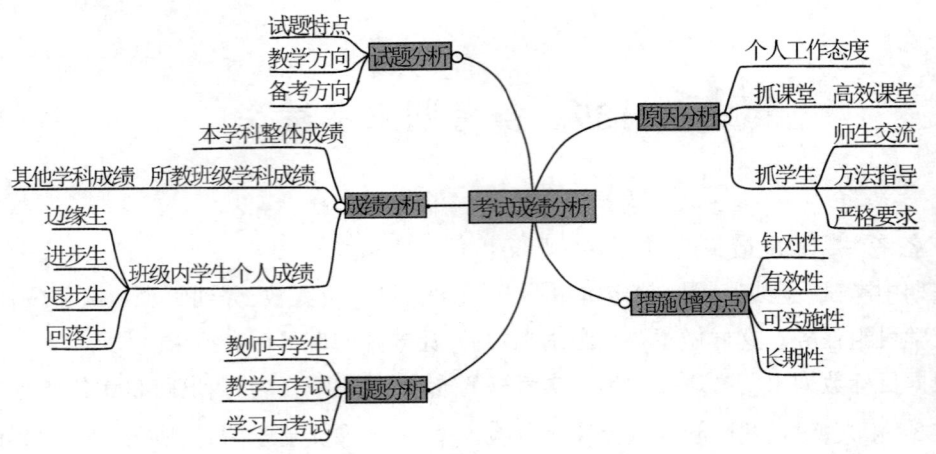

图 1-36 考试成绩分析的几个方面

1.40 拒绝思考有多可怕

笔者某次上课讲函数零点,讲到零点的转化问题,即三个等价关系:

函数$y=f(x)$有零点$\Leftrightarrow$方程$f(x)=0$有实数解$\Leftrightarrow$函数$y=f(x)$的图象与x轴有公共点。

进一步拓展为:方程$f(x)=a$有实数解$\Leftrightarrow$函数$y=f(x)$的图象与$y=a$有公共点(这种方法的主要应用是分离参数);方程$f(x)=g(x)$有实数解$\Leftrightarrow$函数$y=f(x)$的图象与$y=g(x)$有公共点(这个方法的主要应用是构造两个函数解题)。

然后笔者给学生出了一道之前刚做过的题。

例 若函数$y=\mathrm{e}^x-kx$有两个零点,求k的取值范围。

提问一位学生怎么解题,他回答:转化为$y=\mathrm{e}^x$与$y=kx$有两个交点。笔者继续问还有没有其他解法,他表示没有了,笔者又接着提问了两位同学,都说没有其他解法了。于是笔者就有些着急,前面讲过的3种解题的转化思路,怎么没有领会呢?上课拒绝思考是很可怕的,老师上课时,学生认真听讲不是不动脑地被动听讲,而是自己试着判断老师讲这道题是什么意思、老师下一句话要说什么,等等。老师前面讲了三种关系,下面出现一道例题,而且问有几种解题思路,这很显然是对照着前面的三种关系出的题目,不动脑子也应该知道有三种,但是学生不知道,实际上就是没有真听课。

学生没有自己的思考,老师强加给学生的思路在学生那里没有产生思维共振,收效甚微。这也就明确地告诉我们,有时自认为设计得很好的教学过程,可能并没有真正走进学生心里。学生不能体会其中的"奥妙"。另一方面,学生遇到问题拒绝思考,等待老师讲,讲什么就听什么,自己没有主动思考,这个固然有老师方面的原因,但也有学生方面的原因。发展学生的学习积极性需要老师做更细的工作。

1.41　数学究竟教给了学生什么

某次测试的一道信息题,学生出错率很高,引起了笔者的反思。原题如下:

例1　对于函数 $y=f(x)$,若存在 x_0,使 $f(-x_0)=-f(x_0)$,则点 $(x_0,f(x_0))$ 与点 $(-x_0,f(-x_0))$ 均称为函数 $y=f(x)$ 的"准奇点",已知函数 $f(x)=\begin{cases}16-ax,x>0\\6x-x^3,x\leq0\end{cases}$,若函数 $f(x)$ 存在 5 个"准奇点",则实数的取值范围为_____。

大多数学生出现的问题是读不懂题,不知道要干什么,读懂题的学生,不知道怎么转化。这道信息题先给出一个新的定义,只有先读懂定义,才可能进一步地转化。

学生读不懂题,该怎么办,反思教学该怎么教才能锻炼学生这一方面的能力。学生学习课本上的每一个新定义,都是增长自己能力的机会,老师上课不突出或没有反反复复地和学生强调解决问题的过程,只是弄出一些结论让学生记忆、模仿刷题,学生的能力就没有提高的机会。在高一高二新授课有大量的时间培养学生能力的时候选择了刷题,等高三刷题刷不动了,再回想出现了什么问题,再改正就来不及了。在高一高二,一定要讲出发现问题的过程,讲出解决问题的方法,讲出自觉总结经验的能力。

学生遇到陌生情境下的难题最能反映出两年的数学学习究竟教给了学生什么。通过这道题,笔者发现,以前的教学教给学生更多的是记忆与模仿,而探索与发现、分析与解决、总结与归纳等方面明显不足。数学应该教给学生的最重要的东西没有教给学生,反而把学生的思维教得越来越僵化,大脑越来越迟钝,行动越来越迟缓。这是数学教学应该反思的,只反思还不够,还应该改变。

讲完这道题以后,笔者想让学生总结自己的思维方面有什么进步,对于解题方法能不能总结出规律性的东西,结果学生很茫然,没有人回答,提问了几个学生,都回答没有可总结的。这是多么大的失败啊,数学的教学没有在学生的思维上留下痕迹,没有学过数学的人应该有的素养。于是笔者又找了两道题,让学生注意自己解题时是怎么想的、怎么转化的、怎么一步步求解出来的。要回头思考问题解决的过程,再总结方法。

例2　高斯是德国著名的数学家,享有"数学王子"的美誉,以他的名字"高斯"命名的成果达 110 个,其中的一个成果是:设 $x\in\mathbf{R}$,则 $y=[x]$ 称为高斯函数,$[x]$ 表示不超过 x 的最大整数,如 $[1.7]=1$,$[-1.2]=-2$,并用 $\{x\}$ 表示 x 的非负纯小数,即 $\{x\}=x-[x]$,若方程 $\{x\}=1-kx$ 有且仅有 4 个实数根,则正实数 k 的取值范围是_____。

这道题解题时要注意从特殊到一般的方法,先取一些特殊值试试 $\{x\}$ 等于什么,再取区间内的值试试,逐渐地加深对于 $\{x\}$ 表示意义的理解,最后试着画函数的图象,直到解出题。

例3　若函数 $y=f(x)$ 对 $\forall x_1,x_2\in(1,+\infty)(x_1\neq x_2)$,不等式 $\dfrac{f(x_1)-f(x_2)}{x_1^2-x_2^2}<1$ 成立,则称 $y=f(x)$ 在 $(1,+\infty)$ 上为"平方差减函数",则下列函数中是"平方差减函数"的有(　　)

A. $f(x)=-2x+1$　　　　　　　　B. $f(x)=x^2+2x+1$

C. $f(x)=-x^2-\log_2 x$　　　　　　D. $f(x)=x^2-x+\dfrac{2}{x}$

这道题学生在解答时采用的方法是把选项代入不等式 $\dfrac{f(x_1)-f(x_2)}{x_1^2-x_2^2}<1$ 中,然后看是不是成立。这种方法是从选项到结论,验证特殊的函数是不是成立,而实际上可以从条件出发,从一般到特殊去解题。从特殊函数

出发解题不能很好地理解"平方差减函数"的真正意义,从一般到特殊考虑,需要深入理解定义的意义。

简解如下:设 $x_1 > x_2$,不等式 $\dfrac{f(x_1)-f(x_2)}{x_1^2-x_2^2} < 1$ 变形为 $f(x_1)-f(x_2) < x_1^2-x_2^2$,整理得 $f(x_1)-x_1^2 < f(x_2)-x_2^2$,构造函数 $g(x)=f(x)-x^2$ 可解。

通过这样两道题的练习,学生有了一些思考,最后总结出解题方法如下:①深入进去,弄懂题意;②把陌生的转化成熟悉的。常用的方法:数形结合形象化,特殊到一般。

虽然这一道题的讲解过去了,学生也好像总结了方法,但是数学作为一门学科,教给学生的东西并没有真正地走进学生心里,要想真正提升学生的数学核心素养,就要在每一节课中都强化数学能带给学生的东西,这个东西当然不止是知识,更是能力的提升、素养的发展、学生的成长。

1.42 读《给教师的建议》

关于苏霍姆林斯基的《给教师的建议》，笔者一开始不愿意读，觉得外国老头的书有什么可读的，因为文化差异、思维差异、生活习惯差异等，反正不愿意读，某年暑假在收拾旧书时，发现了这本书，拿出来翻了翻，还挺不错，于是读了一遍。读专业性的书籍不像读小说一样那么引人入胜、爱不释手，这种书籍需要静下心来慢慢看仔细想。读后收获巨大，原来，教学中的困惑、各种难题他都深入地思考过，而且给出了很好的解决问题的方法，教学中的各种误区，他都不厌其烦地一一指出。时间过去了半个世纪了，他的思想仍然那么新，他苦口婆心地劝导的问题我们在教学中仍然在犯，他的那些好的方法仍然静静地待在书本上。教师们的教学主要还是受周围的教师的影响，教师们的视界还是很狭窄，看不到外面那个大大的"天"，教师们还是在一天天重复着那个没有进步的自己。

回想起孙维刚老师的教育教学思想，从产生的时间上看，可以认为孙维刚老师是苏霍姆林斯基教学思想的坚定的实践者，而且结合自己的教学实际，进行了变革，取得了巨大成功。现在笔者重读苏霍姆林斯基的书，在书中找到了教学中许多问题的答案。

1. 有体验的课

苏霍姆林斯基非常注重实践体验，带着学生到田野里、小河边观察动物植物，带着学生动手种植植物，观察植物的生长过程，动手嫁接果树，让知识的学习在学生身边，让学生去体验过程。现在的孩子们离生活越来越远了，多少孩子分不清麦苗与韭菜，多少孩子不知道玉米与大豆是怎么结出来的，多少孩子不知道花生是长在树上还是地下……孩子的劳动体验非常少，也少有因劳动而感到快乐的时候。

现在的课堂很多知识是老师灌输给学生的，学生被动地跟在老师的后面，每天要学好多好多知识，在老师几十年的教学看来，概念、定理、方法、规律多么明显，学生为什么就是学不会呢？学生也很困惑，为什么会有这么多知识，这些知识与其他知识有什么联系，怎么就是弄不明白。这里面一个重要的问题是教师的教学缺少了让学生自己去体验这一环节。教师的课堂开始语一般是"今天我们学习均值不等式"，学生马上问"为什么要学均值不等式"，老师不说，学生不知道。然后老师开始讲定理，然后做题。这个过程中，学生作为学习的主人，几乎置身事外，一直是被动地接受各种知识，看着老师各种神乎其神的解题表演，终于有一天看懂了解题过程，但是轮到自己做题还是不会，老师还抱怨一道题都讲了五六遍了，学生就是不会。

孙维刚老师提出：让学生做课堂的真正主人。在课堂上，创造条件，造成学生超前思维、向老师挑战的态势，让学生在思维训练中训练思维。他教数学六年，几乎每道例题、每个定理、每个公式都引导学生自己动手完成，学生争先恐后地展示自己想出来的题目的解法、定理的证法，甚至老师刚写出条件，学生就开始审时度势地猜想定理的结论，老师说上一句话，学生就能猜出下一句话要说什么。所有的定理、公式都是学生自己动手解出来的，由于经历了中间的沟沟坎坎，体会了其中的艰难险阻，所以印象深刻，记忆久远。

让学生体验学习的过程，让学生经历解题的过程，让学生动起来，应该是教学追求的一个"小"目标。这个小目标不是一节两节课就能实现的，不是说说就能实现的，而是长期培养形成的，虽然很难达到孙老师课堂的状态，但是应该有的理念及落实的态度不能少，课堂就是要还给学生，让学生去经历、去发现、去思考。

2. 有思维的课堂

现在的课堂，无论哪个学科，或多或少的都存在着死记硬背的课堂，死记硬背的表现是老师划出该背的知识点，让学生背；老师给出一种解题方法，让学生比葫芦画瓢，简单地模仿；老师总结出漂亮的解题步骤，学生亦步亦趋；老师总结出答题模板，学生死记硬背。有的死记硬背是显性的，有的死记硬背是隐性的，有的是老师知道的,有的是老师不知道的。回想一下自己的课堂有多少是有思维支持的,又有多少是死记硬背的成分。

苏霍姆林斯基非常反对死记硬背,即便是在小学阶段。在《给教师的建议》一书中多次强调一定不能死记硬背,因为死记硬背可能幼稚化学生的思维,让学生不动脑。死记硬背的知识是不长久的,只是短时记忆,要达到长时记忆,中间要经历多次复习,而且不理解的知识即便背过也不能熟练地运用。

数学是思维的"体操",数学的学习应该使学生变得越来越聪明,可是数学课中的死记硬背也不少,老师们要想办法改变应该也不难,要让思维重新回归数学课堂。

3. 让阅读走进数学

苏霍姆林斯基提倡学生阅读,在班级里设有图书角,让学生大量地阅读,这里的"阅读"不是简单的文学作品的阅读,它包含当前学习科目相关的各种书籍,学生在阅读中思考,在阅读中成长。让学生自己挑选喜欢的书阅读,学生的兴趣很容易就培养起来,而且钻研精神也就有了。笔者的班级有一名学生,上课不爱听课,近期发现他在钻研《时间简史》,笔者问他读得懂吗,他说有的懂有的不懂,然后滔滔不绝地给笔者讲他的学习心得。学生在阅读时有那么多读不懂的东西,却能讲出来自己哪里不懂,怎么不懂,但是对于上课的学科学习,就不知道自己哪里会哪里不会,因为他们没进入学习状态,没有思考。学科学习不是学生学不会,是不想学会,是没有沉浸其中。

老师要创造条件让学生自己阅读,在学习某一章知识前,给学生推荐相关的书籍,让他们自己阅读、思考、学习,这样比老师填鸭式的教学要好很多。就像吃饭一样,做四份菜可能都不愿意吃,如果改成自助餐,在六份菜中自己选择,因为是自己选择的,所以会吃得高高兴兴。可能有人认为学生的阅读会耽误教学进度,可是从另外一个角度看,教师讲完了学生不学不更耽误时间吗?再说,学生阅读开拓了视野,提高了解题能力,从长远看,多阅读更好。

学生要阅读,老师更要多学习、读书,否则怎么向学生推荐书籍呢?俞敏洪曾经说过很偏激的一句话:"一群从来不读书的老师在拼命教书",虽然说得有点过,但是老师的阅读量一直被诟病。希望有更多的老师能静下心来,多读些好书。

重读《给教师的建议》还是很有收获的,如果在教学中遇到困惑,建议读一遍,也许能在其中找到答案。

第 2 章 数学教材思考

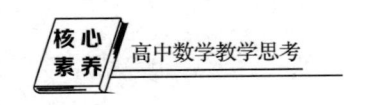

2.1 三角函数在高中数学教材中的演变与启示

三角函数是高中数学中最重要的一部分内容,也是很早就走入数学教材的一部分内容,在各个版本的数学教材中,它都占很大的篇幅和重要的地位,是培养学生数学核心素养的重要载体。三角函数经过几十年的调整,其编排顺序几经修改,越来越合理,越来越易于学生学习。下面以 1996 年版《高级中学数学课本代数上册(必修)》、2004 年版人教社《高中数学 A 版必修 4》、2004 年版人教社《高中数学 B 版必修 4》、2019 年 A 版人教社《普通高中教科书数学必修第一册》,以及 2019 年版人教社《普通高中教科书数学必修第三册》B 版为例,来看三角函数的变化调整及对教学的启示。

1. 三角函数的变化

1) 整体编排顺序的变化

三角函数整体编排顺序发生了很大的变化,1996 年版《代数(上册)》中三角函数占的比重非常大,除第一章讲幂指对函数以外,其余三章都与三角函数有关。其中第二章讲任意角的三角函数的概念和三角函数的图象与性质,第三章讲两角和与差的三角函数和解斜三角形,第四章是反三角函数。它是按照三角函数的定义→图象与性质→两角和与差的三角函数→解三角形的顺序展开的,这个展开顺序也基本上被后续的版本沿用了下来。

2004 年 A 版和 B 版必修 4 的展开顺序没有太大的变化,只是在讲完三角函数的图象和性质后,增加了平面向量的知识,并利用向量的夹角研究两角和与差的余弦,体现了向量的工具性。

2019 年人教 A 版在编排顺序上发生了微小的变化,按照三角函数的定义→图象与性质→两角和与差的三角函数→函数 $y = A\sin(\omega x + \varphi)$ 的顺序展开,把两角和与差的三角函数放在了正弦型函数 $y = A\sin(\omega x + \varphi)$ 的前面,这样的调整突出了三角恒等变换在研究三角函数图象与性质中的应用,不再是孤立地研究恒等变换,另外,A 版教材先研究三角函数再学习平面向量,看似是降低了平面向量在三角中的应用,但是在必修二平面向量部分仍以例题的形式给出了利用向量证明两角和与差的三角函数,这样的编排顺序使整个三角知识显得特别完整并且成体系。

2019 年人教 B 版按照三角函数的定义→图象与性质→平面向量的数量积→两角和与差的三角函数的顺序展开。平面向量分成了两部分学习,略显零碎,不如 A 版知识完整。另外,把三角恒等变换放在 $y = A\sin(\omega x + \varphi)$ 后学习,学习的目的不单是研究图象和性质,还有化简、求值、证明。同时 2019 年人教 B 版中三角函数这一章,教材在正文的每一节都留有 4~7 个空供学生填写,学生在阅读教材时可能没那么流畅,但这 63 个空对学生来说并没有什么大的困难,反而给予了学生更多动手动脑的机会,实时监测了学生自主学习的效果。

2) 细节内容的变化

(1) 弧度制

弧度制的引入主要是建立角度制与弧度制直接的联系,从而建立角就是数的观念。1996 年版对于弧度制的处理比较简单,直接给出了弧度制的定义,紧接着指出规定:正角的弧度数为正数,负角的弧度数为负数,零角的弧度数为零。2004 年 A 版必修 4 首先提出探究问题:一定大小的圆心角 α 所对应的弧长与半径的比值是唯一确定的,与半径大小无关。具体的探究过程没有详细地给出,然后给出 1 弧度的定义,如果没有老师指导,学生直接阅读的话难度偏大。但是课本在旁白处给出了弧度制的发展历史,这一点处理让人眼前一亮,学生能从更深的渊源看弧度制的发展过程,对于理解弧度制很有帮助,而且能启发学生自行查找资料,了解更深更多的数学史的内容。2004 年 B 版必修 4 的处理要稍微细致一点,首先指出度量角除了角度值外还有弧度制,弧度制是根据圆心角、弧长和半径之间的某种关系而引入的,然后通过同心圆的同一个圆心角 α 所对的弧与它所在的圆的半径的比值是一个常数,说明用弧长来度量角的合理性,最后通过弧长公式的变形说明正确性。2019 人教 A 版更具有可读性,首先类比长度、质量都有不同的度量单位制(使学生体会一个量可以用不同的单位制来度量),从而提出问题度量角有两种不同的度量制——角度制和弧度制,然后对初中所学的角度制下的弧长公式 $l = \frac{n\pi r}{180}$ 进行变形,得到 $\frac{l}{r} = n\frac{\pi}{180}$,发现圆心角与弧长和半径的比值的联系,从而引入弧度制。2019 人教 B 版的设计思路和 A 版基本一致,但人教 B 版设置了"情境与问题",并抽象出其数学模型,通过引导学生发现和探究折叠扇打开、合拢的过程中的一些变量和不变量,使学生经历弧度制的产生过程,体会弧度定义的科学性和合理性,从而培养了学生数学抽象和数学运算的核心素养。由这个知识点的变化,能发现教材在处理知识的理念方面发生变化,由 1996 年版的直接给出概念到 2004 年版的更注重数学的研究,再到 2019 年版教材的可读性增大,学生自己通过阅读教材就能学会知识,这些都说明了教材更注重学生的学习体验,数学教材由严肃的知识罗列变成了循循善诱、和蔼可亲的学习帮手。

(2)三角函数的定义

在 2019A 版教材中,对于三角函数的定义有了新的突破,利用单位圆中任意给定的一个角 $\alpha \in \mathbf{R}$,它的终边 OP 与单位圆交点 P 的坐标,无论是横坐标 x 还是纵坐标 y,都是唯一确定的,所以点 P 的横坐标 x、纵坐标 y 都是角 α 的函数。然后定义正弦函数为 $y = \sin\alpha$,定义余弦函数 $y = \cos\alpha$,把横坐标 x 和纵坐标 y 的比值 $\frac{y}{x}$ 叫角 α 的正切。这种定义三角函数的方法在以往的教材中没有出现,这次尝试是很成功的,也是一次很大的突破,很好地体现了单位圆在三角函数中的重要作用,同时给出的定义直接为函数形式,省去了其他教材中把三角函数定义为以角 α 为自变量、以横纵坐标比值为函数值的环节,便于学生理解。建议以后编教材时应用 2019A 版中的三角函数的定义。其他几个版本的教材都是采用将初中所学的直角三角形中三角函数推广到坐标系中研究的方式,好处是符合知识的发展规律。值得注意的是三角函数的坐标定义在 2019A 版教材中是以例题的形式给出的,并没有完全舍去。

(2)单位圆与三角函数线

三角函数线是三角函数中变化最大的一部分知识,首先是三角函数线的编排顺序发生了改变,在 1996 年版的教材中,讲完三角函数的定义后紧接着利用定义直接推出了同角三角函数的关系和诱导公式,三角函数线放在了正弦函数的图象与性质之前讲解,是为了突出它在推导正弦函数图象方面的应用性。在之后的 2004A 版和 B 版及 2019B 版教材中,都把这部分内容放在三角函数的定义以后,利用三角函线推导同角三角函数的关系和诱导公式。这个顺序的调整突出了三角函数定义数与形两方面的结合,增大了三角函数线的应用范围。在 2019A 版教材中没有明确地提出三角函数线的概念,但是后续的知识的推导事实上都应用了三角函数线,比如正弦函数的图象的得到。

三角函数线的定义也在发生变化,在 1996 版和 2004A 版教材中,由于没有引入向量,所以用单位圆中的有向线段来表示三角函数也就是三角函数线,这个处理很明确很简洁。在 2004B 版教材中没有给出有向线段的定义也没有给出有向线段的规定,直接让 $MP = \sin\alpha$,略显唐突,又由角 α 的终边与单位圆的交点 P 向 x 轴与 y 轴射影,交 x 轴于 M 点,交 y 轴于 N 点,利用三角函数的定义得到 $\cos\alpha = OM, \sin\alpha = ON$。然后定义 $\overrightarrow{OM}$、$\overrightarrow{ON}$ 分别是余弦线和正弦线。但是在教材后面的例题:做出 $\frac{2\pi}{3}$ 与 $-\frac{3\pi}{4}$ 的三角函数线时,并没有真正地用向量来定义,而是采用的有向线段,与前面的定义相矛盾,说明 2004 年 B 版有些细节的处理还不是很完备。2019B 版没有 2004B 版的犹豫,很坚定地定义 $\overrightarrow{OM}$ 为角 α 的余弦线,$\overrightarrow{MP}$ 为角 α 的正弦线。实际上引入向量不如原来的有向线段更合理一些,虽然二者都有方向,但是有向线段可以直接等于三角函数值,而向量不能。2019A 版干脆舍去了三角函数线的定义,直接利用角 α 的终边与单位圆的交点 P(x,y),其中 x = cosα, y = sinα。到后面同角三角函数的基本关系、诱导公式、正弦函数的图象等都是利用这一结论解决的,这个结论贯穿了三角函数的始终,应该说这样的改变是相当成功的。

(4)诱导公式的推导

对诱导公式的推导,各版教材的处理几乎一致,都是利用单位圆、对称、旋转等知识来解决的,1996 版教材把诱导公式分成了两部分,把 $\frac{\pi}{2} \pm \alpha, \frac{3\pi}{2} \pm \alpha$ 放到了两角和与差的正余弦部分。几个版本的教材比较而言,2019B 版处理得更细腻。教材中首次引入了"角的旋转对称"的概念,它的引入比较好地解决了 α 和 π - α,α 和 $\frac{\pi}{2} - \alpha$ 终边的对称问题,利于后面诱导公式的证明。

(5)正弦函数的图象与性质

图象和性质是观察函数的两个不同的角度,在研究一个陌生函数时,究竟是先研究图象还是先研究性质,这个要根据实际情况去考虑,如果函数的图象很容易画出来,那么就先研究图象,然后由图象到性质;如果函数的性质可以通过研究解析式得到,先研究性质再研究图象也未尝不可;实际上,对于比较困难的函数,在研究时也可以是边研究性质边画函数图象,用图象推动性质的展开,由性质帮助图象的丰富。在正弦函数的图象与性质这一节,只有 2019B 版教材采用的是先研究性质再研究图象,这是一个很大的改变,甚至可以和后面研究圆锥曲线的性质与图象统一起来。当然,这是从研究函数的角度去看,如果从学生容易接受的角度看,先研究图象可能更好理解一些。

正弦函数的图象的得到,在 1996 版、2004A 版和 2004B 版都是采用平移单位圆中的三角函数线的方法得到的,这也是沿用多年的一贯做法,2019A 版没有专门提出三角函数线的概念,于是用了平移角与单位圆交点纵坐标的方式得到了正弦函数的图象,本质上还是平移正弦线。这样做既没有增加学习的难度,又很好地解决了图象的画法问题。2019B 版虽然讲了三角函数线,但是遗憾的是在这里没有进一步地使用,而是采用的列表—描点—连线的方法得到函数图象,这种方法虽是基本方法,但是不能一种方法包打天下,不如开拓学生的视野,让学生知道做函数图象题除了这个基本方法还有别的方法。另外,既然讲了三角函数线,后面不再运用,终究会有点脱节。

(6)正切函数的性质与图象

正切函数与前面的正弦函数是一样的。1996 版与 2004B 版都是利用正切线由图象到性质,2004A 版在这里的叙述是"从一个新的角度研究正切函数的性质",它先利用周期性研究函数的性质,然后再利用正切线画图象,这个变化能在 2004 年出现,真的难能可贵。2019B 版仍采用由性质到图象的做法,采用描点法得到图象。但是 2019A 版发生了新变化,它没有采用前面使用的由图象到性质,而是使用了边研究性质边画图象的方法。可见 2019A 版处理知识是很灵活的,能根据不同的知识采用不同的方法。这一点还是很值得提倡的,数学是灵活的,不是死板的。

(7)两角和与差的余弦

1996 版先研究的 $\cos(\alpha + \beta)$,利用两点间距离公式推导出结论。2004A 版和 B 版和 2019B 版采用向量的夹角的方法推导出了 $\cos(\alpha - \beta)$ 的公式,其中 2004A 版和 2004B 版先把平面向量全部讲完,然后再利用向量的知识解决 $\cos(\alpha - \beta)$,2019B 版采用分部分讲平面向量,即在必修 2 讲了平面向量的线性运算及坐标运算,在必修 3 讲完三角函数的图象与性质以后又补充了平面向量的数量积,知识显得零碎,整体性不好,给人的感觉是为了推导两角和与差的余弦公式才讲的数量积。2019A 版因为没有学习向量的知识,所以采用了两点间距离公式的方法得到了 $\cos(\alpha - \beta)$。

正弦型函数 $y = A\sin(\omega x + \varphi)$ 的顺序问题在前面已经提到,这里不再赘述。

2. 启示

1）注重内容的整体性

三角函数整章在教材中位置的变化。1996版教材是在讲完幂指对函数以后系统讲三角函数,注重函数内容的连续性,2004A版和2004B版教材三角函数出现在必修4中,当时教材编写时更注重模块化,所以,虽然三角函数比较靠后,但是老师们在实际上课时可以选择上完必修1以后紧接着上必修4,使整个函数体系学起来更加完整。到2019A版教材必修1,这册书都是讲函数体系,而且按照定义→$\begin{cases}图象\\性质\end{cases}$→应用的逻辑顺序展开,便于老师学生的整体把握,三角函数在函数体系下学习,遵循学生发展的客观规律和认知规律,有利于形成完整的函数知识体系。整个第五章都是讲三角函数内容,和其他版本比较,在编排顺序上下了很大的功夫,把三角恒等变换这部分内容调整到了 $y = A\sin(\omega x + \varphi)$ 之前,这样更加突出三角恒等变换的工具性,加强了三角恒等变换与三角函数主体思想之间的联系,增强了三角函数各部分内容之间的整体逻辑关系,便于学生理解,有助于学生的学习。2019B版三角函数出现在必修3,距离必修2讲完幂指对函数,中间间隔着统计与概率和平面向量初步两章内容,感觉整体性和连续性不如2019A版。

2）注重三角函数定义应用贯彻始终

三角函数章内知识的编排顺序也发生了很大的变化,1996版、2004A版和2004B版教材的编排顺序基本一致,但2004版更注重知识的逻辑联系,并且引入了平面向量作为辅助的工具。2019A版充分利用单位圆,以单位圆与角 α 终边的交点坐标 $P(\cos\alpha, \sin\alpha)$ 定义了三角函数,一改原来传统的定义方法,三角函数的这个定义改变应该是以后数学概念变化的方向。三角函数的定义是该章逻辑推理的开始,利用它推导出同角三角函数的基本关系、诱导公式、正弦函数的图象及三角恒等变换。利用一个定义构建了整个三角函数知识体系,逻辑脉络清晰,知识的整体性非常好。

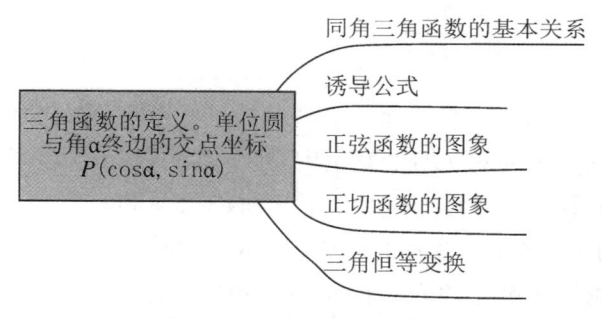

图 2-1 三角函数知识体系

3）关注学生的个性化学习越来越多

1996版教材更注重知识本身的逻辑性与严密性,对于学生的自学阅读考虑得比较少,学生自学难度很大。教材练习题、习题、复习参考题不分层级。到2004版,练习题、习题都分成A、B难度不等的两组,便于学生根据自己的学习情况有选择地选取。另外,课本还增加了探究与发现、思考与讨论、阅读与欣赏及数学建模活动等栏目,阅读性、趣味性有所增加,并且提倡学生讨论与交流,同时还增加了计算机上的练习栏目。2019A版栏目更加丰富,设置了探究、思考、探索与发现等栏目。习题人性化地设置为复习巩固、综合运用、拓广探索等不同层级。2019B版注重情境教学,设置有情境与问题、尝试与发现、探索与研究、拓展阅读、信息技术的应用、数学建模活动,以及课题作业等栏目。这些改变增大了教材的可读性,使学生的学习方式走向多样化,使不同的学生在数学上获得不同的成就,从注重老师的"教"到注重学生的"学"。

4）实践性和应用性增加,更具有时代气息

教材编写或多或少受当时社会、经济、生活的影响,具有明显的时代特征。教材的实践性和应用性逐渐增加,数学作为一种研究世界的工具,越来越显示出它的重要性,1996 版教材中只出现了弹簧振子的运动问题,到 2004 版时,由于经济的发展,观览车作为一个重要的表示三角函数的模型首次出现,并且在 2004B 版出现了五次,同时潮汐、弹簧振子和单摆也出现了,2019 版三角函数这一章,原来的观览车改叫作摩天轮,这样的改动更具有时代的特征,并且出现多次,除了摩天轮模型外,还出现了筒车、活塞运动、音叉及交变电流等模型,在拓展阅读部分出现了信号处理的傅立叶变换。2019A 版专门安排了三角函数的应用一节,详细地展示了大量的应用实例,这些实例都很有时代气息,说明教材由原来的注重单纯的数学知识逐渐转变为注重知识的应用,注重把实际问题通过数学建模抽象成数学问题解决。

5)注重核心素养的培养

2019 年以前的版本对于核心素养的突出不明显,2019 版无论是 A 版还是 B 版都特别注意核心素养的培养。在三角函数一章开始引入时,利用摩天轮模型培养学生把实际问题抽象成数学问题的能力,利用单位圆贯穿整章始终,充分体现了逻辑推理的强大,在诱导公式与恒等变换部分不仅要求学生会计算,更要求学生明白算法算理,理解更深层次上的数学运算。新版教材把核心素养有机地融入知识学习中,起到了润物细无声的效果。

对比几个版本的教材发现,教材的演变越来越关注内容的整体性,越来越突出主线主题,越来越有利于教师的教学,越来越有利于学生的学习,越来越关注学生的个性发展,越来越体现时代特征。不仅关注知识的呈现方式,更关注学生核心素养的养成。

三角函数一章所体现的核心素养由数学抽象、逻辑推理、数学建模、直观想象和数学运算组成。统计 2019A 版和 2019B 版教材中该章所蕴含的素养题目个数(同一题目体现多种数学素养的,将该题的多个素养均统计在内),再除以相应版本中习题总数,从而计算出各个素养在相应版本习题中所占比重,得到表 2-1。

表 2-1　A、B 版本三角函数部分核心素养比重对比

教材版本	数学抽象	逻辑推理	数学建模	直观想象	数学运算	题目总数
2019 人教 A 版	57(26%)	36(16%)	13(6%)	29(13%)	137(63%)	219
2019 人教 B 版	31(17%)	50(27%)	8(4%)	59(32%)	131(72%)	183

通过表格数据可知:①2019 版无论是 A 版还是 B 版都特别注意核心素养的培养;②两个版本在数学运算素养方面的习题占比最高,分别为 63% 和 72%,远高于其他素养的百分比;③相较之下,数学建模素养习题占比较低,A 版和 B 版在数学建模素养方面的习题所占百分比仅有 6% 和 4%。

但人教 A 版教材从分析筒车灌溉时盛水桶的运动规律入手,选择三角函数构建盛水桶运动的数学模型,得到正弦型函数,并设置了摩天轮例题和"三角函数的应用"一节;人教 B 版教材设置了折扇开闭过程、摩天轮模型、弹簧振子简谐运动位移问题,以及物理学交流电问题等情境问题,并设置数学建模活动,课题作业。以上设置让学生经历在实际情境中从数学的视角发现问题、提出问题、分析问题、建立模型、确定参数、计算求解、检验结果、改进模型,最终解决实际问题的步骤,较好地培养了学生的数学建模核心素养,从而弥补了习题在培养数学建模核心素养上的不足。

2.2　为什么学习充要条件

设等差数列$\{a_n\}$的前n项和为S_n,公差为d,已知$a_3=12,S_{12}>0,a_7<0$,求公差d的范围。

解:因为$a_3=12,a_7<0$,可得公差$d<0$。$a_7=a_3+4d=12+4d<0$,解得$d<-3$。

又因为$S_{12}=6(a_3+a_{10})=6(24+7d)>0$,解得$d>-\dfrac{24}{7}$。

综上:$-\dfrac{24}{7}<d<-3$。

有同学提供一种解法如下:

因为$S_{12}=6(a_6+a_7)>0$,又因为$a_7<0$,所以有$a_6>0$。

即转化为$\begin{cases}a_6>0\\a_7<0\end{cases}$求解,解得$-4<d<-3$。

看这两种做法,哪个对,哪个错?为什么?

很显然第一种做法是对原条件做等价变形,不会出错。那么第二种做法错在哪里呢?仔细分析发现:解法一相当于利用$\begin{cases}a_7<0\\a_6+a_7>0\end{cases}$去求公差$d$的范围;解法二利用$\begin{cases}a_6>0\\a_7<0\end{cases}$去求解。问题就出在这两个式子不等价上。由$\begin{cases}a_7<0\\a_6+a_7>0\end{cases}$可以推出$\begin{cases}a_6>0\\a_7<0\end{cases}$,反过来,由$\begin{cases}a_6>0\\a_7<0\end{cases}$不能推出$\begin{cases}a_7<0\\a_6+a_7>0\end{cases}$。也就是说$\begin{cases}a_7<0\\a_6+a_7>0\end{cases}$是$\begin{cases}a_6>0\\a_7<0\end{cases}$的充分不必要条件而不是充要条件,所以第二种解法出错了。

为什么要学习充要条件呢?

我们知道数学是讲究逻辑推理的,逻辑推理主要是演绎推理,而演绎推理在推理过程中要求保持推理的等价性,如果在转化过程中出现不等价转化,可能造成解题出错。学习充要条件是学习规范推理的开始,为以后规范推理提供了理论依据,所以学习充要条件非常必要。

必修一课本学习的量词、充要条件都是为后续学习做准备,起规范推理过程的作用。比如在学习全称量词和存在量词及其否定后,遇到比较难解决的问题时,我们可以利用"全称命题的否定是存在命题,存在命题的否定是全称命题"对问题进行转化,还可以利用"全称命题和存在命题的否定真假相对"对问题进行转化。

2.3 站在系统的高度看三角函数

三角函数是很早就走进高中数学教材的一部分内容,体系比较完整,但是这部分内容也是编排顺序变化最多的一部分内容。

1996 年版《代数上册》三角函数占的比重非常大,除第一章讲幂指对函数以外,其余三章都与三角函数有关。其中第二章讲任意角的三角函数的概念和三角函数的图象与性质,第三章讲两角和与差的三角函数和解斜三角形,第四章是反三角函数。它是按照三角函数的定义→图象与性质→两角和与差的三角函数→解三角形的顺序展开的,这个展开顺序也基本上被后续的版本沿用了下来。

2004 年 B 版必修 4 展开顺序没有太大的变化,但是因为引入了平面向量作为一个工具来研究三角函数,所以在讲完三角函数的图象和性质后,先讲平面向量,再利用向量的夹角来研究两角和与差的余弦,体现了向量的工具性。

2019 年人教 A 版在编排顺序上发生微小的变化,按照三角函数的定义→图象与性质→两角和与差的三角函数→函数 $y = A\sin(\omega x + \varphi)$ 展开,把两角和与差的三角函数放在了正弦型函数 $y = A\sin(\omega x + \varphi)$ 的前面,这样的调整突出了三角恒等变换在研究三角函数图象与性质中的应用,不再是孤立地研究恒等变换,另外,2019A 版教材先研究三角函数再学习平面向量,好像是降低了平面向量在三角函数中的应用,但是在必修二平面向量部分仍以例题的形式给出了利用向量证明两角和与差的三角函数,这样的编排顺序使整个三角函数知识显得特别完整并且成体系。

2019 年人教 B 版按照三角函数的定义→图象与性质→平面向量的数量积→两角和与差的三角函数的顺序展开。平面向量分成了两部分学习,略显零碎,不如 A 版知识更完整。另外,把三角恒等变换放在 $y = A\sin(\omega x + \varphi)$ 后学习,学习的目的不单是研究图象和性质,还有化简、求值、证明。

根据内容的变化,不同版本的教材出现了不同的知识结构。

图 2-2 是 2019 年版人教 A 版三角函数知识展现思路。

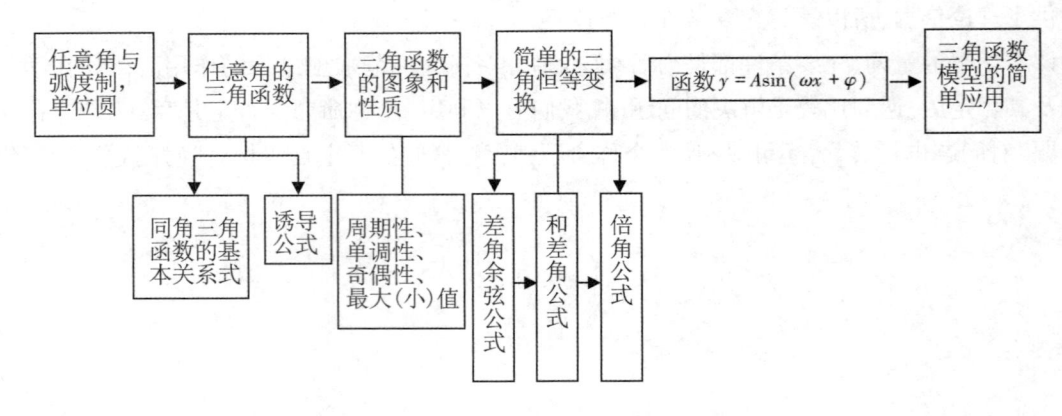

图 2-2 三角函数知识体系

看到这么多变化,思考一下为什么会产生不同的变化呢?是对一个事物的关注角度不同。有人认为三角函数是围绕着已知三角函数值求角展开的,有人认为三角函数是围绕函数展开的,那么三角函数整个知识体系是什么?怎么理解更合理?笔者认为这样理解三角函数更好一些(见图 2-3):

```
任意角的概念 → 弧度制 → 三角函数的定义 → 三角函数的运算 → 三角函数的图象与性质
                              ↗ 坐标定义        ↑ 同角三角函数的基本关系     ↓
                              ↘ 单位圆定义      ↓ 诱导公式  两角和与差的三角函数    应用
```

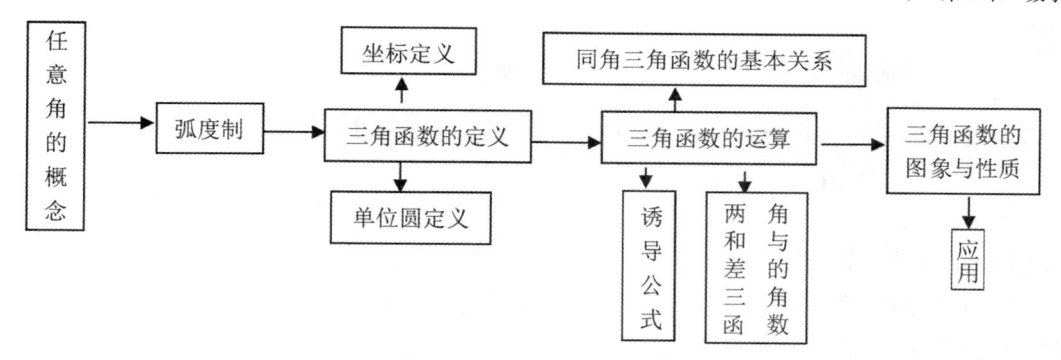

图 2-3 三角函数知识体系改进

这条思路是按照先做铺垫,把角的范围由 0°~360°,通过旋转推广到任意角,然后利用弧度制建立角与数之间的一一对应关系。为什么非得把角化成数呢?我们来看函数的定义:设 A 和 B 是两个非空数集,如果按照某种对应法则,对于集合 A 中的任何一个元素 a,在集合 B 中都存在唯一的一个元素 b 与之对应,那么这样的对应(包括集合 A、B 以及集合 A 到集合 B 的对应关系 f)叫作集合 A 到集合 B 的映射。定义中要求集合 A 和 B 必须是非空数集,所以需要把角转化成数,到这里万事俱备了,可以定义三角函数了。

三角函数的定义原来是有两种形式的,一种是数的形式,就是在坐标系中定义三角函数;一种是形的定义,就是利用单位圆中的三角函数线来定义。2019 年 A 版教材对于三角函数线进行了大胆舍去,用单位圆与角 α 终边交点的坐标($\cos\alpha$,$\sin\alpha$)来定义三角函数。这种定义比三角函数线更便于学生理解,这样的变革是成功的。后面与三角函数运算相关的同角三角函数的基本关系、诱导公式、两角和与差的三角函数公式等都是由单位圆的三角函数定义得出的。

得到三角函数的定义以后,我们并不能马上就研究它的图象和性质,因为我们手头的工具太少,对于三角函数,除了定义,其他的性质了解也太少,需要进一步丰富三角函数的运算,这一点其实和指数、对数函数的学习是一致的,在学习指数函数之前先学习了指数的推广及运算法则,学习对数函数之前先学习了对数的定义及运算法则。这样,同角三角函数的基本关系、诱导公式、两角和与差的三角函数公式一一呈现出来,初步解决了三角函数的运算问题。

这三个运算公式之间是逐步加深的关系,同角三角函数研究的是一个角 α 的各种运算,牵扯到的角最少,运算最简单,诱导公式中出现了两个角,其中一个是特殊角 $\frac{k}{2}\pi(k\in\mathbf{Z})$,一个角是一般角 α,运算稍显复杂,但是它的解决问题的思路是不变的,就是把两个角化成一个角 α,然后利用同角关系解题。两角和与差的三角函数是诱导公式的更一般化,也可以说诱导公式是两角和与差的三角函数的特殊情况,也就是把诱导公式中的其中一个特殊角 $\frac{k\pi}{2}$ 换成更一般的角 β,这样原来的诱导公式 $\frac{k\pi}{2}\pm\alpha$ 的运算就变成了 $\alpha\pm\beta$,得到了更一般的公式,当然,在数学上,我们已知两个角的三角函数的运算,对于三个角的可以转化成两个角的,更多角的计算都可以转化为两个角的运算,到此,三角函数的运算关系基本建立,对于三角函数有了更深的理解,为以后研究三角函数的图象与性质奠定了基础。

三角函数的图象与性质研究的基础是定义与运算,在此基础上展开对图象与性质的研究。三角函数的图象与性质的研究原来是先画函数的图象,然后由图象研究性质,现在逐渐在改变原来的做法,认为应该先由解析式的特点去研究函数的性质,再由性质画函数的图象,2019 年人教 B 版教材多采用这样的研究顺序。其实图象和性质是函数两个并列的研究对象,在研究时,应该本着哪一个好研究先研究哪一个的原则展开,也可以一边画图象一边研究性质,一边研究性质一边丰富图象,让二者相互结合,灵活地研究函数。

有了三角函数的图象与性质,可以更好地研究三角函数的其他各类性质,可以研究解三角形,可以解决实际问题,可以自行建模解题,等等。这些都是三角函数作为一个工具的应用。

这样梳理下来能发现,看似庞杂的三角函数,实际上和指数函数、对数函数一样,都有其内在的规律。学习要不断地思考和研究,让自己学有所得。

2.4 立体几何的三个基本事实

立体几何中逻辑推理开始的三个基本事实,这三个基本事实也是三个公理,这是立体几何逻辑推理体系的基础,立体几何其他的定理、性质是建立在这三个公理的基础上。为什么是三个公理?而不是四个,也不是两个呢?这三个公理说明了事物的哪些方面呢?

我们知道一个公理体系具有很严格的逻辑关系。德国数学家希尔伯特提出了建立公理体系的原则,这个原则是任何一个公理体系在建立时都要考虑的三个方面。第一个原则是共存性,在这个公理系统中,各个公理是共存相容的,不是相互矛盾的;第二个原则是独立性,公理体系中的每一个公理之间都是相互独立的,而不依赖于其他公理,这就要求系统中的公理数目尽可能地少,不能存在多余的公理,这一条也保证了公理的简单性;第三个原则是完备性,即公理体系中的这些公理能足以证明其他的所有的命题,而不依赖于产生新的公理。这三条原则是数学中很重要的三条原则,也就是人们常说的公理化方法。欧氏几何产生到现在2000多年,体系已经很完备了。课本提出的三个基本事实,应该具备上述公理体系的特点。下面来分析一下这三个基本事实。

基本事实1 过不在一条直线上的三点,有且只有一个平面。

这条基本事实讲的是确定一个平面的条件,这个基本事实放在第一位是很符合逻辑的,立体几何主要研究对象是点、线、面,其中点、线在初中已经研究过了,高中主要研究平面的性质,所以有必要先介绍平面是什么,怎么确定一个平面。这样引出基本事实1,说明如何确定一个平面,平面的概念清楚了,后面再研究就没有障碍了。基本事实1是研究的基础,原来的教材把这个基本事实放在了第三个位置上,与原来教材的处理相比,现在的教材处理得更合乎逻辑。

基本事实2 如果一条直线上的两点在一个平面内,那么这条直线就在这个平面内。

这条基本事实主要是讲直线在平面内的判定依据,直线上有无数个点,判断直线在平面内,不可能一一进行判定,这里采用以少驭多的方法,因为两点确定一条直线,所以选择直线上的两点在一个平面内来判断直线在平面内。它的作用好像是判定点在平面内,实际上是说明直线和平面位置关系的,要说明直线在平面内需要证直线上的两点在平面内,若直线不在平面内,则直线上只有一点在平面内(直线与平面相交)或直线上所有点都不在平面内(直线与平面平行)。这个公理把直线与平面的位置关系交代得非常清楚。

基本事实3 如果两个不重合的平面有一个公共点,那么它们有且只有一条过该点的公共直线。

这个基本事实是说明两个平面位置关系的,如果两个平面有一个公共点,那么它们就有且只有一条过公共点的公共直线,如果两个平面一个公共点也没有,那么这两个平面平行。如果两个平面有三个不共线公共点,那么这两个平面重合。这样,这个基本事实交代清楚了两个平面的位置关系。

立体几何主要的研究对象是点、线、面。这三个基本事实主要是研究点线面的位置关系的。

基本事实1 确定一个平面 → 基本事实2 直线与平面的位置关系
→ 基本事实3 两个平面的位置关系

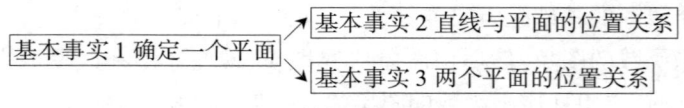

图2-4 三个基本事实的关系

站在这样一个角度来看,三个公理的基本关系就比较清晰了,有人可能也有疑问,为什么没有涉及两个点、点与直线、两条直线的位置关系,因为这些位置关系在平面几何部分已经研究过了,有些关系还能继续使用,所以没有作为公理提出。当然,有些公理在平面和空间不完全一样,像平行公理,所以课本在后面继续提出来基本事实4。

2.5 空间向量的几点思考

1. 空间向量应该在类比中学习

空间向量是学生在学习了平面向量以后学习的知识,在内容上与平面向量高度类似,所以在学习中要时时类比平面向量的知识。

整体结构上,平面向量按照"向量的概念→几何运算→平面向量基本定理→坐标运算→应用"展开,空间向量的展开顺序和平面向量基本一致。平面向量在解决平面几何问题时,利用平面几何定理解决的还是比较多,很多问题没有那么难,但是空间向量就不同了,它是作为解决立体几何问题的重要工具出现的,所以它的应用在课本上大篇幅出现。

在应用上,平面向量主要解决平面几何的问题,另外在三角函数和平面解析几何中也有应用,应用分散在不同章节中,而空间向量主要解决立体几何的问题,应用主要集中在该章节中,解决问题的方式基本一致,要么选基底要么建系。空间向量的应用更为广泛,它不仅可以解决证明位置关系问题,还可以解决计算角和距离等问题。在用向量解决这些问题时,除了要引导学生学会将立体几何问题中"形"的思维转化为"数"的运算,从而运用数形结合的思想将抽象的空间位置关系的判断和角度、距离等度量问题转化为具体的代数运算,有效地降低了解决许多立体几何问题的困难程度,增强了学生学好数学的自信心,还要渗透定理体系的证明,培养学生空间想象能力,不能让学生的视野狭窄,遇到问题只会想向量。定理体系解决问题很多时候可以培养学生的空间想象能力。因为定理体系知识是在高一学习的,学生很多已经遗忘,老师要帮助学生系统地进行复习,不要用到哪个知识只讲哪个知识,这样不利于学生整体上把握学习。

另外,还有一点新变化,原来空间向量只是解决正规的证明、计算问题,像平行、垂直、异面直线所成的角、线面角及二面角等问题,现在课本上出现了用向量证明异面直线、证明两条直线不平行、求解异面直线的距离等原来课本上没讲过的问题,这样做的目的是充分展现向量的应用的广泛性,展现向量作为一种工具是可以解决立体几何的多数问题,体现了新课程改革以来,对向量部分的重视程度。所以在向量应用方面,要开拓视野,不能仅仅局限于常用问题,对于其他问题也要不断地渗透探索。

2. 先学坐标再学坐标系

课本在"空间向量的坐标与空间直角坐标系"这一节先讲的是空间中向量的坐标及运算,然后才讲的空间直角坐标系,这一点看起来很别扭,没有坐标系哪来的坐标啊。实际上,这是对向量的坐标认识不到位导致的。向量坐标的定义"一般地,如果空间向量的基底$\{e_1, e_2, e_3\}$中,e_1, e_2, e_3都是单位向量,而且这三个向量两两垂直,就称这组向量基底为单位正交基底;在单位正交基底下向量的分解称为向量的单位正交分解,而且,如果$p = xe_1 + ye_2 + ze_3$,则称有序实数组(x,y,z)为向量p的坐标,记作$p = (x,y,z)$,其中x,y,z都称为p的坐标分量。"从定义可以看出,这个时候的向量坐标还不是真正意义的坐标系中的坐标,它实际上是向量的一组线性表示的系数,它是可以脱离坐标系而存在的。这是对向量本质的认识上升了一个层次,为大学学习n维向量埋下了伏笔,到n维向量时,它的本质也是一个数组$(a_1, a_2, \cdots, a_n)$。

但空间向量的坐标和坐标系中的坐标之间的联系需要建立,于是,课本在建立空间直角坐标系以后指出"如果指定空间中的单位向量e_1, e_2, e_3的始点都在原点O,且它们的方向分别与x轴、y轴、z轴的正方向相同,则$\{e_1, e_2, e_3\}$是单位正交基底,且向量$\overrightarrow{OP}$的坐标与P点的坐标相同,即$\overrightarrow{OP} = xe_1 + ye_2 + ze_3 = (x,y,z) \Leftrightarrow P(x, y, z)$;反之,如果$\{e_1, e_2, e_3\}$是单位正交基底,则任意选定一点作为原点$O$,并使得$x$轴、$y$轴、$z$轴的正方向分别与$e_1, e_2, e_3$的方向相同,则可以建立空间直角坐标系,其中向量$\overrightarrow{OP}$的坐标与$P$点的坐标仍然相同。"这样建立

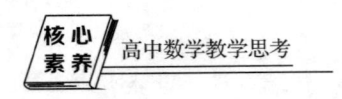

了有序数组与空间中一点之间的联系,也就是建立了向量的坐标与空间中点的坐标之间的联系。

3. 为什么直角坐标分为左手系和右手系,为什么我们建立坐标系时建议利用右手系呢?

从本质上说,无论是右手系还是左手系都一样,因为不建立坐标系,直接选择基底一样可以计算,只不过这样计算量大、太复杂而已,所以选左手系或右手系只是大多数人的一种习惯而已。就像在平面直角坐标系中,我们规定直线向右的方向是 x 轴正方向一样,更多的是一种多数人的习惯。另外,在解题时选择统一的坐标系也便于发现解题过程中出现的错误。

计算机 3D 多采用左手系,左手系坐标的一个好处就是在正常视点下大部分 z 值是为正的。如果把右手系看成现实世界的话,那么左手系就是镜中世界,二者是镜面对称的关系。

4. 神奇的法向量

向量作为一个研究几何的重要工具,需要建立向量自身元素与几何元素之间的联系:P 点$\Leftrightarrow$位置向量 $\overrightarrow{OP}$;直线$\Leftrightarrow$直线的方向向量 $\boldsymbol{v}$;平面$\Leftrightarrow$平面的法向量 $\boldsymbol{n}$。

在这个对应转化关系中,前两个很容易想到,平面的法向量是不容易想到的,因为说到平面,我们最先想到的是两条相交直线确定一个平面,如图 2-5 所示,两个不共线的向量 $\overrightarrow{MA}$ 和 $\overrightarrow{MB}$ 有公共点 M,这两个向量所在的直线确定平面 α,用两个向量表示平面也是很自然的。

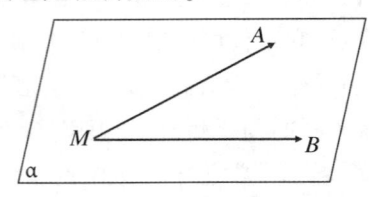

图 2-5 两个向量表示平面

我们可以用这两个向量去研究线与面的平行与垂直,随着研究的进一步发展,当研究面面平行和垂直时,两个向量带来了很大的不便与困难,也就是说用两个向量来和平面建立联系是不恰当的。

两个向量有点多了,能不能减少为一个向量? 一个向量与平面的特殊位置关系常见的是平行和垂直,如图 2-6 所示,向量 $\overrightarrow{AB}$ 所在的直线与面 α 平行,因为面 α 可以围绕着 CD 转动,要确定平面需要再引入一条直线,这样问题和上面两个向量的问题一样了,这种转化方式失败了。

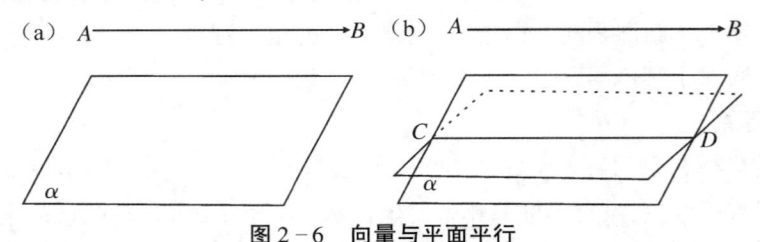

图 2-6 向量与平面平行

如果引入的一条直线与平面垂直,这时平面可以平行移动,如图 2-7(b)所示,如果过直线上的一个点与直线垂直的平面有且只有一个,因此利用与平面垂直的向量来表示平面就非常合理,而且表示平面的向量只有一个,用起来很方便。原来遇到的平面平行问题可以利用法向量的平行解决,面面垂直的可以利用法向量垂直解决,点面距也可以利用法向量。至此,法向量的引入完美地解决了立体几何中所有的需要,法向量的发现堪称神奇。

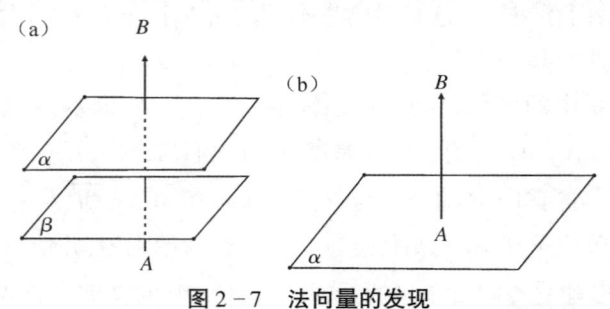

图 2-7 法向量的发现

5. 所有角距离的计算最终都转化为定义解决

在立体几何中几乎所有的角和距离的计算最终都转化为定义,无论是几何法还是向量法。比如二面角问题,二面角的定义的核心是棱上一点双垂线,单纯的利用定义可以解出一些问题,利用三垂线定理求二面角时关键是找出其中一个半平面的一条垂线,然后由垂足向棱作垂线,再连接端点和交点,可以利用三垂线定理得到棱上一点的双垂线。垂面法在得到棱和一个面垂直以后,一样是棱上一点的双垂线,一样是定义。用向量求二面角的根据是两个半平面的法向量求解,仍然是棱与两个法向量所在的直线垂直,本质还是定义。

立体几何的角最终解决都是转化成线线角。异面直线所成的角通过作平行线转化成相交直线所成的角;线面角通过作垂线转化成斜线和射影所成的角;二面角转化成半平面内垂直于棱的射线所成的角。这些常见的角为什么转化成线线角来解决呢? 实际上这也是立体几何解决问题的一条基本原则——把空间问题转化为平面问题,然后在平面内解决,也就是把三维问题向低维度二维转化,再利用二维平面的知识求解。

6. 面积射影定理

如果二面角 $\alpha-AB-\beta$ 的大小为 θ,$SS'\perp$ 面 $S'AB$,$\triangle S'AB$ 与 $\triangle SAB$ 有公共边 AB,则这两个三角形的面积之比为 $\cos\theta$,即 $\cos\theta = \dfrac{S_{\triangle S'AB}}{S_{\triangle SAB}}$。

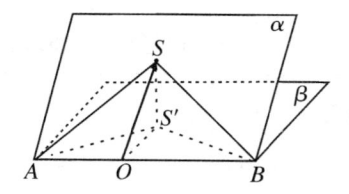

图 2-8 面积射影定理

它是求二面角时常用的一种方法,经常被称为面积射影定理,这个定理怎么证明,课本上没有给出一般的证明方法,只是给出特殊三棱锥的证明,对于数学老师来说,应该知道这个定理是怎么证明的,它的证明用到了积分的知识,有兴趣的老师可以试试。

2.6 空间向量与立体几何整体框架

立体几何这一部分可以改成用向量研究立体几何，整体框架很清晰。

1. 空间向量

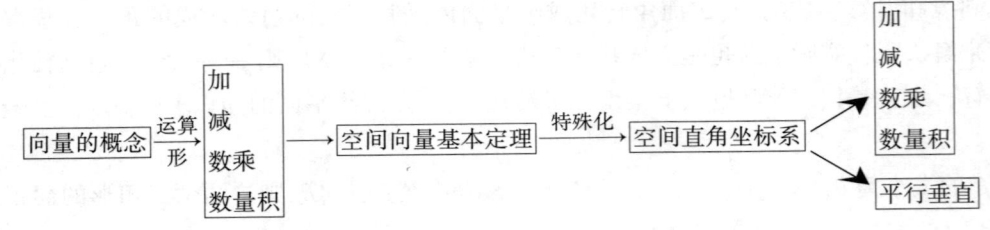

图 2-9 空间向量知识体系

2. 空间向量与立体几何

表 2-2 立体几何与空间向量对应

	立体几何	空间向量
立体几何基本元素	点	位置向量 $\overrightarrow{OP}$
	直线	方向向量 v
	平面	法向量 n
位置关系	线线平行	方向向量 $v_1 \parallel v_2$
	线面平行	方向向量与法向量 $v \perp n$
	面面平行	法向量 $n_1 \parallel n_2$
	线线垂直	方向向量 $v_1 \perp v_2$
	线面垂直	方向向量与法向量 $v \parallel n$
	面面垂直	法向量 $n_1 \perp n_2$
度量关系	异面直线所成的角 θ	$\cos\theta = |\cos\langle v_1, v_2 \rangle|$
	线面角 θ	$\sin\theta = |\cos\langle v, n \rangle|$
	二面角 θ	$\cos\theta = \pm |\cos\langle n_1, n_2 \rangle|$
	点面距	$d = |\overrightarrow{AP} \cdot n_0|$

本章是建立立体几何与空间向量的对应关系，这样立体几何问题都可以利用向量解决，在教学中要注意和学生讲清楚，这种对应思想也是在利用工具解决问题时常用的思想，是数学中考虑问题常用的方法。

立体几何问题用向量解决时要注意不能只局限在上面的几类问题上，有时一些不常见的问题也可以用向量解决，例如课本上提到的解决两条异面直线之间距离的方法。在遇到不好解决的问题时，用向量方法解决就是一个很好的思考方式，这里体现了向量的工具性，但是，也不能把向量神化，因为有些问题用几何法很容易解决，用向量却很麻烦，解决具体问题时要学会选择。

2.7 直线方程中的向量

解析几何的核心思想是用代数方程的方法去解决几何问题,在新教材人教 A 版和 B 版中不约而同地大量使用平面向量来解决直线的斜率、研究直线方程、解决两直线的位置关系、求点线距离等问题,可以说在"直线及其方程"这一单元,向量无处不在。向量的确是一个很好的工具,但是任何工具都有优点和缺点,不分重点地引入这么多向量,是否会弱化解析几何解决问题的基本思想呢? 向量在直线这一章大行其道,无所不能,但是到了圆与圆锥曲线这一部分,又消失得无影无踪,好像向量从来没有来过,由此可以知道,向量是个好工具,但当前来说不是普适性的工具,用它来研究圆锥曲线,现阶段有难度。解析几何的基本思想是用方程研究曲线,向量无论是方向向量还是法向量,都是一个坐标,它们严格来说是数,但是解决解析几何问题的不止是坐标,最终还得落脚到方程,通过方程解决问题。大量地使用向量会冲淡学生对解析几何基本思想的深刻理解,会认为解析几何就是向量的运算,对解析几何的认识出现偏差。

解析几何的两个基本问题是:求曲线的方程和利用方程研究曲线的几何性质。

在最新版人教 A 版和 B 版都使用了大量的篇幅研究向量在解析几何中的应用,而 2020 北师大版在处理上没有这么激进,处理方式和 2004 人教版类似,只是提到直线的方向向量,不做过多的解读,在后续的知识学习中,涉及向量运用的也很少。

建议老师在上课时,注意方程方法的渗透,不能讲课时用向量,解题用方程,不能让学生认识上出现混乱。大学解析几何大量地使用向量去思考解决问题,是基于学生高中已经对解析几何有了深刻的认识。在高中阶段,学生刚接触到解析几何,应该更多地体会它的基本思想,不能跑偏了。

因为向量的大量使用,建议教材把"直线的倾斜角与斜率"改成"直线的方向",虽然没有直线的方向的概念,但这样更恰当,然后从倾斜角、斜率、方向向量、法向量和直线上两点的坐标等不同的角度去研究直线的方向。把直线的方向从这么多角度去说明是一件很好的事情,虽然学生一下子学习直线的这么多角度,但是它并不难理解。建议在后面解决两直线的位置关系时尽可能少地使用向量。

2.8 直线的倾斜角与斜率

通过两点可以确定一条直线,通过一点和一个方向也可以确定一条直线,过两点时可以由两点确定一个方向,所以这二者在本质上是统一的。

怎么表示直线的方向?这个问题如果真放给学生去回答的话,学生可能会直接引入斜率,因为在初中学习一次函数 $y = kx + b$ 时,其中定义 k 为直线的斜率,虽然斜率的更深的意义学生不太了解,但是这个概念学生是知道的,而且学生还会利用直线上的两点求直线的斜率。

例如直线上两点为 $A(x_1,y_1)$,$B(x_2,y_2)$,一次函数解析式为 $y = kx + b$,则有
$$y_1 = kx_1 + b; y_2 = kx_2 + b$$
两式相减得 $y_1 - y_2 = k(x_1 - x_2)$ 整理可求 k。

这些知识是学生已经掌握的。如果真让学生自己研究直线的方向,学生极有可能向斜率发展。其实这部分知识也是教材中最纠结的一部分内容,人教社2004A版先讲倾斜角再讲斜率,2004B版则先讲斜率再讲倾斜角,苏教版2004版先讲斜率再讲倾斜角,2020北师大版先讲倾斜角再讲斜率。按照倾斜角到斜率的顺序讲,比较符合知识的逻辑顺序,按照先斜率再倾斜角符合学生的认知水平。

实际上,确定一条直线的方向,可以选择两点也可以选择一个方向。选择倾斜角是确定直线方向中最直接的方式,可以说倾斜角是直线方向的"形",斜率是直线方向的"数",数与形之间是怎么联系起来的呢? 通过 $k = \tan\alpha$ 联系起来。另外,有直线上的两个点也就有了直线的方向,两点怎么确定直线的方向呢? 它与倾斜角和斜率有什么区别?

这节课可以设计如下问题串来推动整节课的进行。

引入1:在平面直角坐标系中,经过一点 P 可以做多少条直线(见图 2-10)? (无数条。)

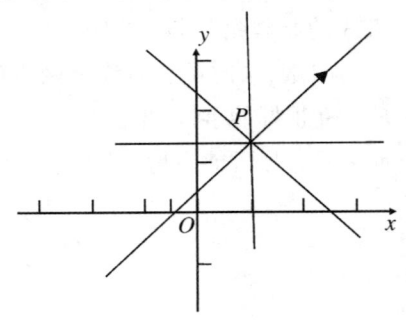

图 2-10 过定点的直线有无数条

这些直线的区别是什么? (方向不同。)

引入2:确定一条直线的条件:(1)两点确定一条直线(见图 2-11(a))。(2)一定点和一个方向确定一条直线(见图 1-11(b))。本节课重点研究直线的方向。

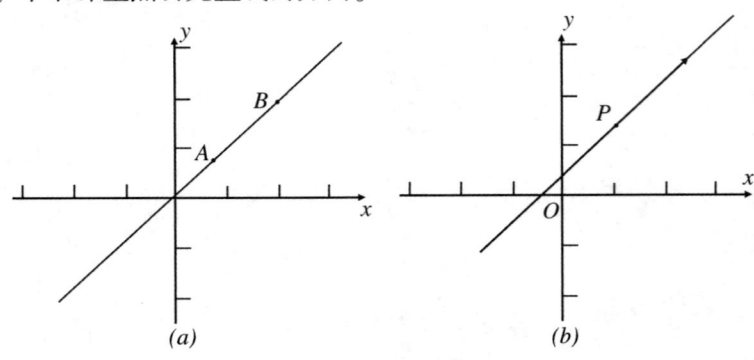

图 2-11 确定直线的条件

问1:如何研究直线的方向,使直线的形态与这个量能一一对应?出示图2-12,引出倾斜角,倾斜角的定义、范围,并让学生动手在图形中标注出倾斜角,加深对倾斜角的理解。

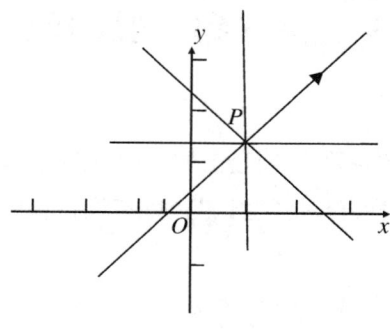

图2-12 倾斜角

问2:角是一种图形,倾斜角也是一个图形,如何"数"化?

提示:两点确定一条直线,两点也可以确定一个方向,它们有什么联系?

由特殊到一般,先给学生出示几个特殊点,让学生指出倾斜角,再提问一般情况下,如何建立两点坐标与倾斜角之间的联系,得到 $\tan\alpha = \dfrac{y_2 - y_1}{x_2 - x_1}$。引入斜率的定义。

问3:倾斜角与倾斜角正切(斜率)的关系是什么?研究正切函数在 $[0,\pi)$ 上的图象。

问4:方向向量也能表示直线的方向,直线的方向向量与斜率之间是什么关系呢?

整个这节课大体上按这样一个想法推进,有逻辑性。

本节课讲的是同一个事情的两种不同的表现形式。

这节课也体现出对应思想:

直线的倾斜程度 ——→ 倾斜角 —数化→ 斜率

整个解析几何的再改造思路:不再引入倾斜角和斜率的概念,以方向向量为工具研究整个解析几何。

直接把本节课的课题改成"直线的方向向量",与前面学习的平面向量中的方向向量结合起来,通过一点和一个方向确定一条直线(见图2-13),然后推导直线的方程。

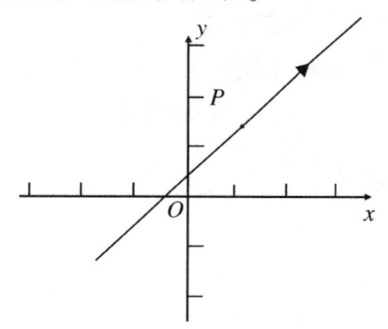

图2-13 直线的方向向量

设直线 l 的方向向量 $v = (a,b)$,并且过点 $P(x_0,y_0)$,求直线的方程。

解 设直线上任意一点 $Q(x,y)$,则 $\overrightarrow{PQ} = (x-x_0, y-y_0)$。

$\overrightarrow{PQ}$ 与 v 平行,可得 $a(y-y_0) = b(x-x_0)$。

整理得 $bx - ay + ay_0 - bx_0 = 0$。

再用方向向量研究直线平行与垂直很容易,用方向向量研究点线距离也不困难。

如果建立向量体系的解析几何很容易推得各种结论,而且和大学解析几何一脉相承,那么解析几何的知识体系就会更加完整。

2.9 特殊到一般的泛滥

2019人教B版教材中特殊到一般的题目有点泛滥成灾了,尤其是解析几何部分非常多。

(1)在研究两条直线的相交、平行与重合时,"尝试与发现"栏目:已知直线 $l_1:x-y+1=0$,直线 $l_2:x+y+3=0$,判断 l_1 与 l_2 之间的关系。

(2)研究点到直线的距离公式时,"尝试与发现"栏目:求 $P(-1,2)$ 到直线 $l_1:2x+y-5=0$ 的距离。

(3)研究圆的标准方程时,"尝试与发现"栏目:求圆心坐标为 $(1,2)$,半径为2的圆的方程。

(4)研究圆的一般方程时,"尝试与发现"栏目:把圆的标准方程 $(x-1)^2+(y-2)^2=9$ 展开,得到的方程形式是什么样的?

(5)研究直线与圆的位置关系时,"尝试与发现"栏目:判断直线 $l:y=-x+5$ 与圆 $x^2+y^2=12$ 的位置关系。

(6)研究圆与圆的位置关系时,"尝试与发现"栏目:判断圆 $x^2+y^2=2$ 与圆 $(x-2)^2+y^2=1$ 的位置关系。

……

从出现的这些情况看,这是教材有意为之,想强化由特殊到一般的思想。但是特殊到一般属于归纳,属于合情推理,结论是否正确还得进一步证明。出现太多的特殊到一般会给学生一个假象,就是什么题都能推出一个一般的结论。大胆的猜想不错,胡乱的瞎想就不对了,合情推理,推理也得合情。

有一些没有必要由特殊到一般,由特殊到一般既提供不了解题思路,也提供不了解题方法。比如(3)和(4),问题很简单,完全没有必要弄个特殊例子,这样反而是重复训练。

数学思想方法的学习不是每天必吃的大餐,而是在学习过程中不断反思总结出来的有用的方法,如果一个例子的选择不典型、没营养,这样的大餐即便天天吃,也不能强壮学生的数学思想。

数学思想需要渗透到日常教学中,需要体会它的精妙,不是不分轻重的大水漫灌,这样会适得其反。

建议可以保留第(1)问,第(2)问提供的解题思路不能在一般解题中使用,实际解题时采用的是构造两点之间的距离,建议去掉。第(3)(4)(5)(6)问因为问题简单,建议去掉这样的提问。

2.10 随机变量的定义

在新教材中,随机变量的定义发生了变化,它是这样定义的:"一般地,如果随机试验的样本空间为 Ω,而且对于 Ω 中的每一个样本点,变量 X 都对应有唯一确定的实数值,就称 X 为一个随机变量。"这个定义和原来的定义相比更加贴近概念的本质,更加数学化,当然也更加难理解,学生读完定义以后不知道它想表达什么意思。如果按照由特殊到一般的设计教学,学生自己也难以总结出这个概念。

对比原来教材的概念,发现原来教材的概念说得不是那么抽象,还好理解一些。原来的 2004 版课本是这样定义的,"在随机试验中,试验可能出现的结果可以用一个变量 X 来表示,并且 X 是随着试验结果的不同而变化的,我们把这样的变量 X 叫作一个随机变量。"这个概念相对来说还比较好理解。老师可以通过例子让学生不断地加深对这个概念的理解。

比较教材的变化,从学生学习这个角度来说,能用最简单的最好理解的话把一件事情交代清楚是最好的。教参中不仅介绍了这个概念怎么讲,还要老师引导学生类比函数理解随机变量,然后介绍它们的区别与联系。把随机变量认作一种映射,一种把样本点映射成实数的映射,样本空间相当于函数的定义域,随机变量的取值范围相当于函数的值域。对于这说法,笔者是不认可的。从分布列来说,随机变量就相当于函数的自变量,它的取值范围是函数的定义域,随机变量取每一个值时的概率相当于函数的值域。现在把这个函数的自变量又看成一个函数,以后遇到分布列时,学生会很难理解原来学的是什么。

这节课的教学建议由特殊到一般,先给学生举例子,让学生能感觉到随机变量是什么。可能一开始学生不能用数学的语言把它表达出来,这没关系,以后不断接触到随机变量,学生会自然而然地知道这是个什么东西。就像你问很多老师什么是随机变量,他们可能回答不出来,但是这不影响他们在具体问题中应用它解题。随机变量的概念并不像函数的概念那样必须用准确的语言表达出来,只要知道它是什么就行了。

举例如下:

例 1 某足球队在 5 次点球中,射进的球数的取值范围,可以把这些取值用一个变量 X 来表示。

例 2 从 10 张标号分别为 $1,2,\cdots,10$ 的卡片中随机取 1 张,所得卡片标号的取值范围,可以把这些取值用一个变量 Y 来表示。

例 3 同时抛 5 枚硬币,正面朝上的硬币数为 Z,Z 的取值范围是什么?

问:你能由上面的例子总结归纳出以上例子的共同特征吗?

总结随机变量的定义,这时总结出的定义更像老教材上的随机变量的定义。

然后再研究事件的关系、随机变量取值时的概率,研究这些概率的性质。

数学的概念应该是自然而然产生的,学生能自己总结的、理解的,老师不能一上来就板起脸孔。数学教学既要注意其科学性,也要注意可接受性。让数学走进孩子们的世界,让孩子们喜欢数学,数学也应该做些事情,数学老师也应该做些事情。

2.11　用最简单的例子讲最简单的数学

课本在引入一些概念时采用的例子有时显得过于啰嗦,有时太专业,有时有些例子太过生硬,离学生的实际接受区间太远。

教材在讲授离散型随机变量的均值时,情境与问题是这样引入的。

"一家投资公司在决定是否对某创业项目进行资助时,经过评估后发现,如果项目成功,将获利 5 000 万元;如果项目失败,将损失 3 000 万元,设这个项目成功的概率为 p,而你是投资公司的负责人,如果仅从平均收益方面考虑,则 p 满足什么条件时你才会对该项目进行投资? 为什么?"

这个问题的引入,是为了说明可以利用随机变量的概率求均值,原来求均值的方法是 $\bar{x} = \dfrac{x_1 + x_2 + x_3 + \cdots + x_n}{n}$,现在知道了概率,能不能利用概率求均值,这两种求法有什么联系? 随机变量的均值实际上是说明这个问题的,课本在处理时也是按照这样的方法处理的,题目的情境也很好,也能说明数学在实际生活中的应用,但是用这个例子说明概率与均值的联系确有些欠妥。课本在解题时有这么一句话"注意到成功的概率为 p,指的是如果重复这个创业项目足够多次(设为 n 次),那么成功的次数可以用 np 来估计,而失败的次数可以估计为 $n - np$,这里的重复这个创业项目足够多次,对于一个只想自己解题的学生来说,他是不可能想到的,原来还能重复这个创业项目 n 次? 是怎么想到重复这个项目的呢? 如果投资失败了,他还会重复吗? 这个问题有点脱离学生的实际,学生不好想。

这个例子就是为了说明离散型随机变量均值的求法,何必举这么复杂的例子呢? 等学生学习了均值的求法以后再出现这个例子不更好吗? 下面给一个平淡无奇的例子。

从甲、乙两名选手中选拔一人参加射击比赛,现对他们的射击水平进行测试,两人在相同的条件下个射击 10 次,命中环数如下:

甲的环数	8	9	10
命中次数	2	4	4

乙的环数	8	9	10
命中次数	3	5	2

若仅从平均水平的角度考虑,你会选谁去参赛?

这个例子既贴近学生生活实际,又能说明问题,为什么不用呢?

我们需要在情境中学习数学,但不是一切情境都能很好地诠释我们想要表达的意思。在选择情境时,要使情境贴近学生实际,尽可能地易于学生接受。

2.12 超几何分布的几点思考

超几何分布是一种非常常见的分布形式,也是特征很明显的一种分布列,教材在处理时有两点让老师们在上课时感觉十分别扭,可能编书的老师没有感觉到,也可能是故意为之,但是老师在用教材时,特别不好用。

1. 参数范围的界定

在新教材中这样处理参数范围的"X 能取不小于 t 且不大于 s 的所有自然数,其中 s 是 M 与 n 中的较小者,t 在 n 不大于乙类物品件数(即 $n \leq N-M$)时取 0,否则 t 取 n 减乙类物品件数之差($t=n-(N-M)$),"这一串要求直接把学生搞蒙了,老师也蒙了,这个东西上课时要是详细地给学生推导出来的话,大约需要 10 分钟,而且没有具体的实例,仅仅是字母的意思,很难理解,不仅老师上课不给学生讲,就是老师自己认真学习的比例也很小,不足 10%,所以教材中出现的这一段参数的说明意义不大,编者把数学变得专业且严谨,结果老师、学生并不领情,说明教材在这部分内容处理上有些脱离教学实际,学生接受一个知识是逐步深入的,是由实例到抽象的,建议通过实例抽象出超几何分布的特征与定义,不必详细地推导这个定义。

反观 2004 版教材,这里处理地相对来说要好得多,"一般地,设有总数为 N 件的两类物品,其中一类有 M 件,从所有的物品中任取 n 件($n \leq N$),这 n 件中所含这类物品件数 X 是一个离散型随机变量,它取值为 m 时的概率为 $P(X=m) = \dfrac{C_M^m C_{N-M}^{n-m}}{C_N^n}$($0 \leq m \leq l$,$l$ 为 n 和 M 中较小的一个)"。这个处理好理解,唯一的缺点是不如新教材更严谨。

教学是站在学生角度看世界,把复杂的世界以最简单的语言告诉学生,而不是弄得神乎其神,把学生从数学世界中吓走。

不仅这个问题,教材在这部分情境与问题的设计也明显得有点与教学脱节,很多问题处理冗长复杂,把本来很简单的一个问题讲地特别多,特别复杂,讲到最后学生老师都不看教材了,教材不就失去意义了吗?

2. 2019 年人教 B 版选择性必修第二册第 77 页例 4 的处理问题

例 4 袋中有 8 个白球、2 个黑球,从中随机地连续抽取 3 次,每次取 1 个球。

(1)若每次抽取后都放回,设取到黑球的个数为 X,求 X 的分布列;

(2)若每次抽取后都不放回,设取得黑球的个数为 Y,求 Y 的分布列。

对于第(1)问,每次取出后放回,则每次取出黑球的概率相同,是 3 次独立重复试验,则取到的次品数 X 服从二项分布没有问题,第(2)问的问题就比较多了,不放回地取,第一次取到黑球的概率为 $\dfrac{1}{5}$,第二次取到黑球的概率则可能变为 $\dfrac{2}{9}$ 或 $\dfrac{1}{9}$(依第一次取到白球还是黑球而不同),第三次取到黑球的概率则可能变为 0、$\dfrac{1}{8}$ 或 $\dfrac{1}{4}$(依前两次取到白球还是黑球而不同),取到次品的概率不断变化。老师在教学中遇到的困难比较多,课本说"若每次抽取后都不放回,则随机抽取 3 次可看成随机抽取 1 次,但 1 次抽取了 3 个",这种说法显然是站不住脚的,学生在自己解题时,完全不是这样思考的,他们是严格按照题意 1 次 1 个抽取,抽了 3 次,并且其中有顺序,要按照排列做。

这道例题的出发点是好的,是想把二项分布与超几何分布放到一起对比学习,但是,二项分布与超几何分布的基本特征是不同的,一个是独立重复,一个是分两类一把抓,放到一道题中就会把题目弄得四不像。不如老老实实地设计成两道题。

这类问题在课后练习 A 组第 5 题中同样出现了一次,看来编者对这类题还是情有独钟的。

2.13 站在系统的角度看概率

概率知识分布于人教 B 版(2019)必修第二册和选择性必修第二册,给人的感觉很零碎,能不能把概率知识系统起来呢?这个问题笔者思考了有一段时间,一天突然有了点心得,得到了如图 2-14 所示的概率知识结构图。

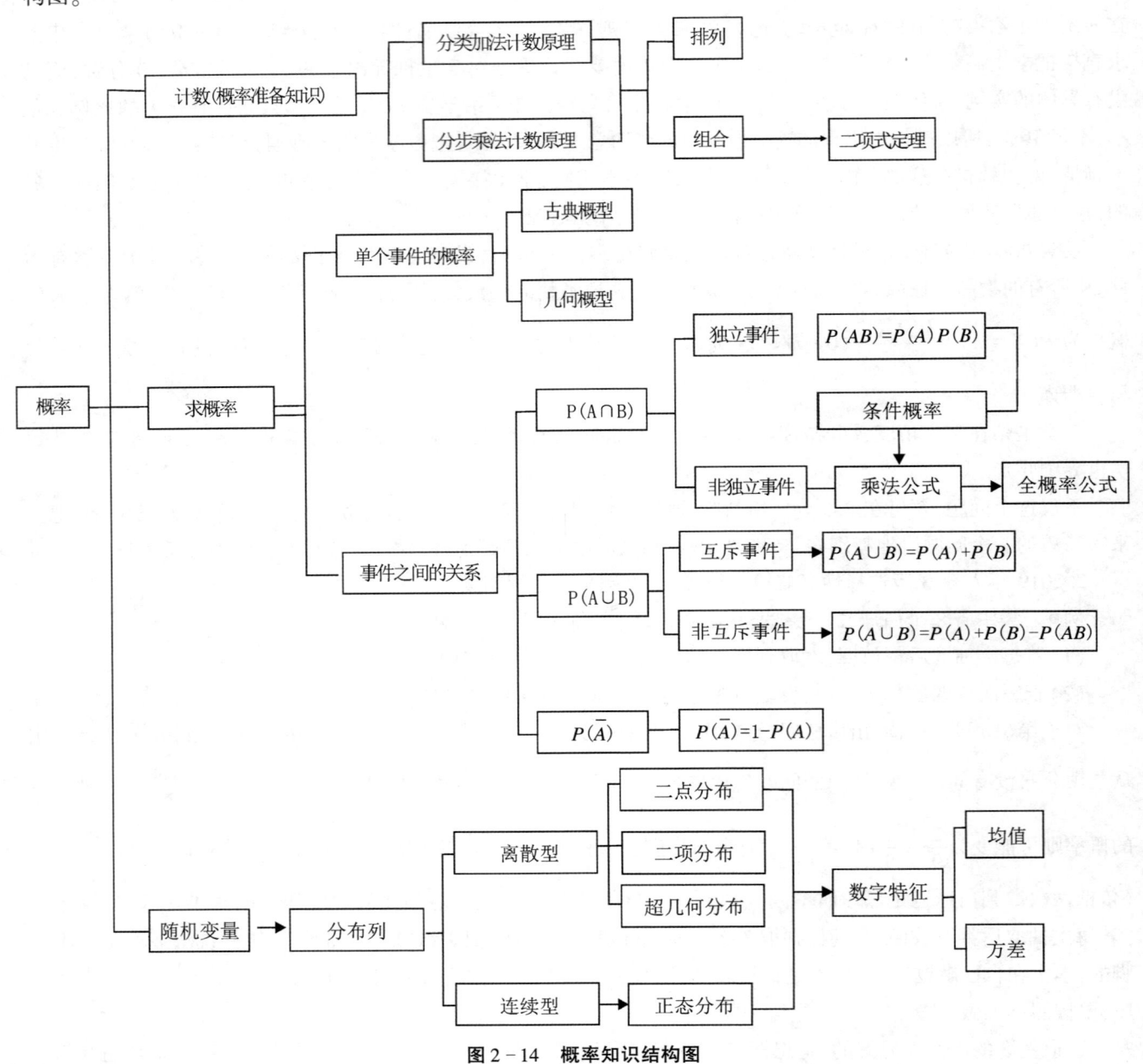

图 2-14 概率知识结构图

在这个知识结构图中概率部分是主体,对于概率的认识是站在求单个事件的概率和求事件之间关系的概率两个方面展开的,单个事件的概率是最简单的概率,以古典概型和几何概型为代表,特别是古典概型,是后面求单个概率最常用的方法。在两个事件的"交""并""补"中应用很多。多个事件的概率是以事件的关系为线索设计的,其中重点在事件的"交",当两个事件是相互独立的事件时,两个事件的"交"很好计算,当两个事件不是独立事件时,可以利用乘法公式求两个事件的"交"。乘法公式的得到是由条件概率推出来的,因此必须先学习条件概率,另外,条件概率和事件的独立性有密切的联系,两个事件是否独立可由条件概率判断。因此推理的开始是学习条件概率,然后学乘法公式,再学全概率公式和贝叶斯公式,这样思路很顺畅。

对于事件的"并",教材主要讲的是互斥事件的"并",对于一般事件的"并"涉及很少,这一点也可以展开研究,但是没意思。对于互斥事件的特殊情况,对立事件也可以认为这是在讲事件的"补",这样好理解一些。

求完事件的概率,下面求更高级的,求一大堆概率,这一大堆概率有内在的联系,也就是随机变量的分布列。离散型随机变量的分布列实际上是离散型的函数,满足函数的一切条件,从函数的角度看离散型随机变量的分布列,离散型随机变量的分布列简直是太小儿科了,它比一次、二次函数简单多了。高中阶段学的特殊的分布列有三个:两点分布、二项分布和超几何分布。连续型随机变量只学习了正态分布,正态分布是在日常生活中应用最广泛的分布。这部分内容课本上的处理是用二项分布接近正态分布,它更想去说明正态曲线的产生过程,而老教材在处理时,从正态分布在日常生活中的应用出发来引入正态曲线,相比而言,用后一种方法更好一些,因为二项分布的接近并不能从根本上得到曲线,最后只能说可以得到,道理上欠缺完整性。

2.14 等额本息还款法的几种理解

在数列应用中,利率问题是常见问题之一,课本在处理这部分内容时采用了全新的讲解方式,引入了现值与未来值的概念。如果记现在的 A_0 元相当于 n 年后的 A 元,银行的年利率为 $r(r>0)$ 且每年结算一次利息,则 $A_0(1+r)^n=A$,一般称 A_0 为 A 的现值,而 A 为 A_0 的未来值。这一概念和经济学的定义一致。

课本用它解决等额本息还款法时,采用了把未来值全部转化成现值的方法。

设贷款时的资金 A_0 为现值,且每一期还钱数为 x 元,并且假设现在把每一期的钱已经准备好了,只等着到时候拿出来还款了。则:

第 1 期所还钱的现值为 $\dfrac{x}{1+r}$ 元。

第 2 期所还钱的现值为 $\dfrac{x}{(1+r)^2}$ 元。

……

第 m 期所还钱的现值为 $\dfrac{x}{(1+r)^m}$ 元。

最后还款的现值之和等于 A_0 元,所以有

$$\frac{x}{1+r}+\frac{x}{(1+r)^2}+\cdots+\frac{x}{(1+r)^m}=A_0$$

由此可解出每期还款数为 $x=\dfrac{A_0 r(1+r)^m}{(1+r)^m-1}$。

这种方案有这种方案的好处,但是也有事先约定,即每一期的钱已经准备好了,只等着该还款的时候拿出来还款了。如果这个约定学生不知道的话,还是不好理解。

方法二:把每一期所还的钱换算成未来值。

设贷款时的资金 A_0 为现值,且每一期还钱数为 x 元,资金 A_0 的未来值为 $A_0(1+r)^m=A$。则

第 1 期所还钱的未来值为 $x(1+r)^{m-1}$ 元。

第 2 期所还钱的未来值为 $x(1+r)^{m-2}$ 元。

……

第 m 期所还钱的未来值为 x 元。

则每一期所还钱的未来值之和等于资金 A_0 的未来值 A。

所以得 $x(1+r)^{m-1}+x(1+r)^{m-2}+\cdots+x=A_0(1+r)^m$。

利用等比数列求和可得,每一期还款数为 $x=\dfrac{A_0 r(1+r)^m}{(1+r)^m-1}$。

方法三:按照每一期欠款数求解解题。

设贷款时的资金 A_0 为现值,且每一期还钱数为 x 元。

第 1 期剩余欠款为 $a_1=A_0(1+r)-x$ 元。

第 2 期剩余欠款为 $a_2=a_1(1+r)-x=A_0(1+r)^2-x(1+r)-x$ 元。

第 3 期剩余欠款为 $a_3=a_2(1+r)-x=A_0(1+r)^3-x(1+r)^2-x(1+r)-x$ 元。

……

第 m 期剩余欠款为 $a_m=a_{m-1}(1+r)-x=A_0(1+r)^m-x(1+r)^{m-1}-\cdots-x(1+r)-x$ 元。

因为 $a_m=0$,所以有

$$x(1+r)^{m-1}+x(1+r)^{m-2}+\cdots+x=A_0(1+r)^m$$

同理可解。

这种方法,虽然学生好理解,但是计算较复杂。
在教学中,老师可以根据自己学生的特点来选择解题方法。

2.15　等额本金还款法吃亏吗

例　自主创业的大学生张华向银行贷款20万元,跟银行约定按照等额本金还款法分10年还款,贷款的年利率为5%,请问这种还款方法公平吗?

这是课本一道例题的改编。

解　按照等额本金还款法,每年需要还款2万元,10年还清,下面按计算每期还款的未来值的方法求解。

第1年还款金额为 $a_1 = 2 + 20 \times 5\%$；第1年还款金额的未来值为 $a_1(1+5\%)^9$。

第2年还款金额为 $a_2 = 2 + 18 \times 5\%$；第2年还款金额的未来值为 $a_2(1+5\%)^8$。

第3年还款金额为 $a_3 = 2 + 16 \times 5\%$；第3年还款金额的未来值为 $a_3(1+5\%)^7$。

……

第10年还款金额为 $a_{10} = 2 + 2 \times 5\%$；第10年还款金额的未来值为 $a_{10}(1+5\%)^0$。

下面计算每期还款的未来值之和:

$$S_n = a_1(1+5\%)^9 + a_2(1+5\%)^8 + a_3(1+5\%)^7 + \cdots + a_{10}(1+5\%)^0$$

即

$$S_n = (2+20\times5\%)(1+5\%)^9 + (2+18\times5\%)(1+5\%)^8 + (2+16\times5\%)(1+5\%)^7 + \cdots + 2(1+5\%)^0$$

利用错位相减法求和得

$$S_n = 3(1+5\%)^9 + 2.9(1+5\%)^8 + 2.8(1+5\%)^7 + \cdots + 2.1(1+5\%)^0 \quad ①$$

两边同时乘 $1+5\%$ 得

$$(1+5\%)S_n = 3(1+5\%)^{10} + 2.9(1+5\%)^9 + 2.8(1+5\%)^8 + \cdots + 2.1(1+5\%)^1 \quad ②$$

② - ①得

$$S_n = 20 \times 1.05^{10}$$

下面计算20万元10年后的未来值:

$$A = 20(1+5\%)^{10}$$

二者正好相等,所以等额本金还款法是公平的。

课本上提出等额本金还款法的计算方法,并没有涉及这种方法的公平性,仔细读是能发现这个漏洞的,处处留心皆学问。

第 3 章　数学解题思考

3.1 解多个三角形问题常用策略

在解三角形时经常会遇到多个相互联系的三角形求解问题，这类问题用平常的方法求解很难建立所给条件之间的联系，本书从边、角、平面几何三个角度给出了此类问题的解题方法。

在解三角形中，有一类问题题目给出的条件较多且出现在不同的三角形中，学生在解题时可能不知道在哪个三角形中用正弦还是余弦定理。这时，需要仔细分析题目给出的条件，尽可能地建立多个三角形之间的联系，它们之间的联系包含边之间的联系和角之间的联系，其中边之间的联系包括边相等、2倍、比例关系等。角之间的联系包括外角等于不相邻的两个内角之和、平行线造成的角相等或互补、角互余等。另外，利用好平面几何的知识，通过作辅助线将不同三角形中的量集中起来也可以达到简化运算的目的。下面以具体例子说明：

例1 如图 3-1 所示，在 $\triangle ABC$ 中，$C = \dfrac{\pi}{3}$，$BC = 4$，点 D 在边 AC 上，$AD = DB$，$DE \perp AB$，E 为垂足，若 $DE = 2\sqrt{2}$，求 $\cos A$ 的值。

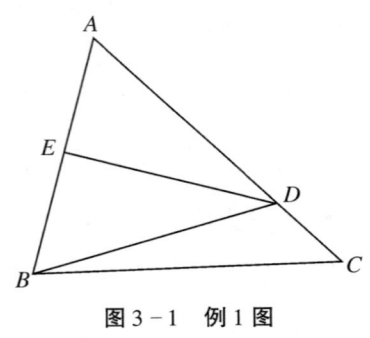

图 3-1 例1图

解法一：在 $\triangle ABC$ 中，$\because DE \perp AB$，$DE = 2\sqrt{2}$，$\therefore AD = \dfrac{2\sqrt{2}}{\sin A}$。

$\therefore BD = AD = \dfrac{2\sqrt{2}}{\sin A}$。

$\because AD = BD$，$\therefore A = \angle ABD$，$\therefore \angle BDC = A + \angle ABD = 2A$。

在 $\triangle BCD$ 中，由正弦定理得 $\dfrac{BD}{\sin C} = \dfrac{BC}{\sin \angle BDC}$，

即 $\dfrac{\frac{2\sqrt{2}}{\sin A}}{\frac{\sqrt{3}}{2}} = \dfrac{4}{\sin 2A}$，整理得 $\cos A = \dfrac{\sqrt{6}}{4}$。

评注：在本题中边角条件分在 $\triangle BDC$ 和 $\triangle ADE$ 中，需要在两个三角形中分别利用正余弦定理解题。而建立起两个三角形之间联系的是 $AD = BD$，$\angle BDC = 2A$。抓住边角之间的联系就可以顺利地解题了。

解法二：

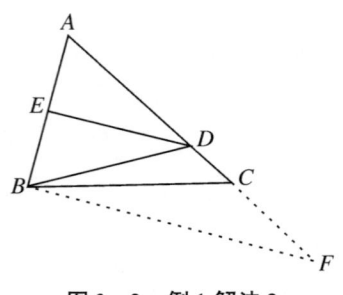

图 3-2 例1解法2

如图 3-2 所示过点 B 作 $BF // ED$，交 AC 的延长线与点 F，在 $\triangle BCF$ 中，$BC = 4$，$BF = 2ED = 4\sqrt{2}$，$\angle BCF = 120°$。由正弦定理得：$\dfrac{BF}{\sin 120°} = \dfrac{BC}{\sin F}$，计算得：$\sin F = \dfrac{\sqrt{6}}{4}$。又因为 $BF // ED$，所以 $\angle AED = \angle ABF = 90°$，从而 $\cos A = \sin F = \dfrac{\sqrt{6}}{4}$。

评注：此解法注意平面几何的知识的运用，通过作辅助线将题目中的量集中在同一个三角形中，使题目变得简单。

例 2 如图 3-3 所示，在 $\triangle ABC$ 中，$\angle BAC = 120°$，$AB = 2$，$AC = 3$，若点 D、E 都在边 BC 上，且 $\angle BAD = \angle CAE = 30°$，求 $\dfrac{BD \cdot BE}{CD \cdot CE}$ 的值。

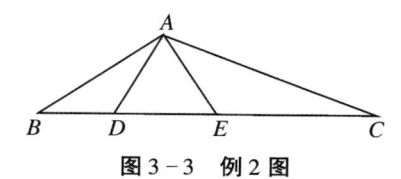

图 3-3 例 2 图

解法一：在 $\triangle ABD$ 中，由正弦定理有 $\dfrac{2}{\sin\angle ADB} = \dfrac{BD}{\sin 30°}$，$BD = \dfrac{1}{\sin\angle ADB}$。

在 Rt$\triangle ABE$ 中，$BE = \dfrac{2}{\sin\angle BEA}$。

在 Rt$\triangle ADC$ 中，$CD = \dfrac{3}{\sin\angle ADC}$。

在 $\triangle AEC$ 中，由正弦定理有 $\dfrac{CE}{\sin 30°} = \dfrac{AC}{\sin\angle AEC}$，$CE = \dfrac{3}{2\sin\angle AEC}$，

所以 $\dfrac{BD \cdot BE}{CD \cdot CE} = \dfrac{4\sin\angle ADC \cdot \sin\angle AEC}{9\sin\angle ADB \cdot \sin\angle BEA}$。

又因为 $\sin\angle ADC = \sin\angle ADB$，$\sin\angle AEC = \sin\angle BEA$，

所以 $\dfrac{BD \cdot BE}{CD \cdot CE} = \dfrac{4}{9}$。

评注：在四个三角形中用正弦定理解题，数据多且复杂，解题时本着分别利用相互互补的四个角把四条边表示出来，然后代入式子求解。主要是抓住角之间的联系。

解法二：

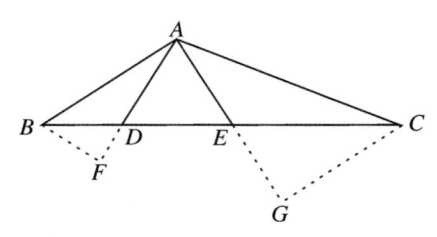

图 3-4 例 2 解法 2

如图 3-4 所示，过点 B 作 AD 的垂线交 AD 的延长线于点 F，在 Rt$\triangle ABF$ 中，$AB = 2$，$\angle BAF = 30°$，可得 $BF = 1$。又因为 $\angle BAF = \angle FAC = 90°$，所以 $BF // AC$，于是有 $\dfrac{BD}{CD} = \dfrac{BF}{CA} = \dfrac{1}{3}$。

同理，过点 C 作 AE 的垂线交 AE 的延长线于点 G，在 Rt$\triangle ACG$ 中，$AC = 3$，$\angle CAE = 30°$，可得 $CG = \dfrac{3}{2}$。又因为 $\angle BAE = \angle CGA = 90°$，所以 $CG // AB$，于是有 $\dfrac{BE}{CE} = \dfrac{AB}{CG} = \dfrac{4}{3}$。

从而有 $\dfrac{BD \cdot BE}{CD \cdot CE} = \dfrac{4}{9}$。

评注：此解法通过作辅助线，运用平行线分线段成比例定理和直角三角形巧妙地将比例式子转化，在思维

上值得借鉴。另外,此题还可以利用面积法等方法求解,也很容易得出答案。

总之,多个三角形中应用正余弦定理解题属于难度较大的题目,解题时如果能从多个角度思考问题,也可以化复杂为简单,顺利把问题解决。

3.2 妙用方差的非负性质解题

我们知道一组数据 $x_1, x_2, x_3, \cdots, x_n$ 的方差公式为 $S^2 = \dfrac{1}{n}\sum\limits_{i=1}^{n}(x_i - \bar{x})^2 = \dfrac{1}{n}\left[\sum\limits_{i=1}^{n}x_i^2 - \dfrac{1}{n}\left(\sum\limits_{i=1}^{n}x_i\right)^2\right]$，当且仅当 $x_1 = x_2 = \cdots = x_n$ 时，$S^2 = 0$。

在解题时如果能利用方差的非负性，可使问题迎刃而解。

例1 已知 $a, b, c \in \mathbf{R}^+, a + b + c = 1$，求证：$\sqrt{3a+1} + \sqrt{3b+1} + \sqrt{3c+1} \leqslant 3\sqrt{2}$。

证明：视 a, b, c 为一组数据，则由方差计算公式得

$$S^2 = \dfrac{1}{3}\left[(3a+1) + (3b+1) + (3c+1) - \dfrac{1}{3}(\sqrt{3a+1} + \sqrt{3b+1} + \sqrt{3c+1})^2\right]$$

$$= \dfrac{1}{3}\left[6 - \dfrac{1}{3}(\sqrt{3a+1} + \sqrt{3b+1} + \sqrt{3c+1})^2\right] \geqslant 0$$

$\therefore \sqrt{3a+1} + \sqrt{3b+1} + \sqrt{3c+1} \leqslant 3\sqrt{2}$。

例2 已知 $0 \leqslant \theta \leqslant \pi$，求函数 $y = \sqrt{1 - \cos\theta + \sin\theta} + \sqrt{\cos\theta + 2} + \sqrt{3 - \sin\theta}$ 的最大值。

解：视函数式中的三项为三组数据，由方差的公式可得

$$S^2 = \dfrac{1}{3}\left[(1 - \cos\theta + \sin\theta) + (\cos\theta + 2) + (3 - \sin\theta) - \dfrac{1}{3}y^2\right] = \dfrac{1}{3}\left(6 - \dfrac{1}{3}y^2\right) \geqslant 0$$

解得 $y^2 \leqslant 18$。

又 $\because y \geqslant 0, \therefore y \leqslant 3\sqrt{2}$。故 $y_{\max} = 3\sqrt{2}$。

取得等号的条件为 $1 - \cos\theta + \sin\theta = \cos\theta + 2 = 3 - \sin\theta$，即 $\theta = \dfrac{\pi}{2}$。

例3 （2003年全国高中数学联赛13）设 $\dfrac{3}{2} \leqslant x \leqslant 5$，证明不等式 $2\sqrt{x+1} + \sqrt{2x-3} + \sqrt{15-3x} < 2\sqrt{19}$。

证明：$y = \sqrt{x+1} + \sqrt{x+1} + \sqrt{2x-3} + \sqrt{15-3x}$

视上式为四组数据的和，由方差的公式可得

$$S^2 = \dfrac{1}{4}\left[(x+1) + (x+1) + (2x-3) + (15-3x) - \dfrac{1}{4}y^2\right] = \dfrac{1}{4}\left[(x+14) - \dfrac{1}{4}y^2\right] \geqslant 0$$

解得 $y^2 \leqslant 4(x+14)$，故 $y \leqslant 2\sqrt{19}$。

$\because \sqrt{x+1}, \sqrt{2x-3}, \sqrt{15-3x}$ 不能同时相等

$\therefore 2\sqrt{x+1} + \sqrt{2x-3} + \sqrt{15-3x} < 2\sqrt{19}$。

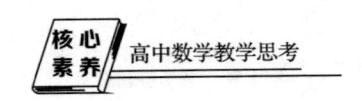

3.3 巧同构,妙解题

同构式是指表达式除了变量不同,结构完全相同。同构式在高中数学中应用非常广泛,在函数、导数、解析几何及数列等方面都有涉及。解同构型的题目要求学生有较强的观察能力,能观察出式子的特点,对特征不明显的式子还要求有较强的变形能力。下面就近几年高考中出现的几道题目来看一下同构式的应用。

例 1 (2020 年高考全国新课标 Ⅱ 理科 11)若 $2^x - 2^y < 3^{-x} - 3^{-y}$,则( )

A. $\ln(y-x+1) > 0$ B. $\ln(y-x+1) < 0$

C. $\ln|x-y| > 0$ D. $\ln|x-y| < 0$

解:注意到式子的结构特点,对原式变形得:$2^x - 3^{-x} < 2^y - 3^{-y}$,式子左右两端结构相同,因此令 $f(t) = 2^t - 3^{-t}$,可知 $f(t)$ 为 **R** 上的增函数,所以 $x < y$。

从而 $y - x > 0$,$y - x + 1 > 1$,可得 $\ln(y - x + 1) > 0$,所以 A 正确。

点评:本题考查对数式的大小的判断问题,解题关键是通过构造函数的方式,利用函数的单调性得到的大小关系,考查了转化与化归的数学思想。

例 2 (2020 年高考全国新课标 Ⅰ 理科 12)若 $2^a + \log_2 a = 4^b + 2\log_4 b$,则( )

A. $a > 2b$ B. $a < 2b$ C. $a > b^2$ D. $a < b^2$

解:由题意得 $2^a + \log_2 a = 4^b + 2\log_4 b = 2^{2b} + \log_2 b$。

设 $f(x) = 2^x + \log_2 x$,则 $f(x)$ 为增函数,

所以 $f(a) = 2^a + \log_2 a = 2^{2b} + \log_2 b < 2^{2b} + \log_2 2b = f(2b)$,

所以 $f(a) < f(2b)$,所以 $a < 2b$。

点评:本题主要考查函数与方程的综合应用,涉及构造函数,利用函数的单调性比较大小,是一道中档题。

例 3 (2020 年高考山东 21)已知函数 $f(x) = ae^{x-1} - \ln x + \ln a$,若 $f(x) \geq 1$,求 a 的取值范围。

解:$f(x) = ae^{x-1} - \ln x + \ln a = e^{\ln a + x - 1} - \ln x + \ln a \geq 1$ 等价于 $e^{\ln a + x - 1} + \ln a + x - 1 \geq \ln x + x = e^{\ln x} + \ln x$。

令 $g(x) = e^x + x$,上述不等式等价于 $g(\ln a + x - 1) \geq g(\ln x)$,

显然 $g(x)$ 为单调增函数,则 $\ln a + x - 1 \geq \ln x$,即 $\ln a \geq \ln x - x + 1$。

令 $h(x) = \ln x - x + 1$,则 $h'(x) = \dfrac{1}{x} - 1 = \dfrac{1-x}{x}$。

$h(x)$ 在 $(0,1)$ 上单调递增,在 $(1, +\infty)$ 上单调递减。

$h(x)_{\max} = h(1) = 0$,$\ln a \geq 0$,$a \geq 1$,所以 a 的取值范围是 $[1, +\infty)$。

点评:本题的解题关键是发现函数结构上的特点,把 e 的指数整理出来,尝试在后面的式子中构造出 $\ln a + x - 1$,这样就能同构出函数 $g(x)$,从而使问题顺利解决。

例 4 (2018 年上海高考 12)已知常数 x_1、x_2、y_1、y_2 满足:$x_1^2 + y_1^2 = 1$,$x_2^2 + y_2^2 = 1$,$x_1 x_2 + y_1 y_2 = \dfrac{1}{2}$,则 $\dfrac{|x_1 + y_1 - 1|}{\sqrt{2}} + \dfrac{|x_2 + y_2 - 1|}{\sqrt{2}}$ 的最大值为_____。

解:点 $A(x_1, y_1)$,$B(x_2, y_2)$。

因为 $x_1^2 + y_1^2 = 1$,$x_2^2 + y_2^2 = 1$,所以 A,B 两点在圆 $x^2 + y^2 = 1$ 上。

$$\cos \angle AOB = \frac{\overrightarrow{OA} \cdot \overrightarrow{OB}}{|\overrightarrow{OA}| \cdot |\overrightarrow{OB}|} = x_1 x_2 + y_1 y_2 = \frac{1}{2}, \therefore \angle AOB = \frac{\pi}{3}。$$

所求的 $\frac{|x_1+y_1-1|}{\sqrt{2}} + \frac{|x_2+y_2-1|}{\sqrt{2}}$ 的几何意义即 A、B 两点到直线 $x+y-1=0$ 的距离之和，显然当 A,B 在第三象限，且 AB 所在直线与直线 $x+y-1=0$ 平行时距离之和最大。

再设 $A(\cos\theta, \sin\theta)$，则 $B\left(\cos\left(\theta+\frac{\pi}{3}\right), \sin\left(\theta+\frac{\pi}{3}\right)\right)$，

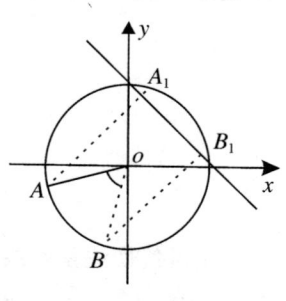

所以有

$$\frac{|x_1+y_1-1|}{\sqrt{2}} + \frac{|x_2+y_2-1|}{\sqrt{2}} \leq \frac{1}{\sqrt{2}}\left[1-\cos\theta-\sin\theta+1-\cos\left(\theta+\frac{\pi}{3}\right)-\sin\left(\theta+\frac{\pi}{3}\right)\right] = \frac{1}{\sqrt{2}}\left[2-\left(\frac{3}{2}+\frac{\sqrt{3}}{2}\right)\cos\theta-\left(\frac{3}{2}-\frac{\sqrt{3}}{2}\right)\sin\theta\right] = \frac{1}{\sqrt{2}}[2+\sqrt{6}\sin(\theta+\varphi)] \leq \frac{1}{\sqrt{2}}(2+\sqrt{6}) = \sqrt{2}+\sqrt{3}$$

所以最大值为 $\sqrt{2}+\sqrt{3}$。

点评：由于题中所给的前两个条件 $x_1^2+y_1^2=1, x_2^2+y_2^2=1$ 结构相同，所以可以得到 A,B 两点在圆 $x^2+y^2=1$ 上，又由于 $\frac{|x_1+y_1-1|}{\sqrt{2}} + \frac{|x_2+y_2-1|}{\sqrt{2}}$ 中两个式子结构相同，可以得到它的几何意义是点到直线的距离之和。

例5 （2019 全国Ⅲ理科 21）已知曲线 $C: y=\frac{x^2}{2}$，D 为直线 $y=-\frac{1}{2}$ 上的动点，过 D 作 C 的两条切线，切点分别为 A,B，证明：直线 AB 过定点。

证明：设 $D\left(t,-\frac{1}{2}\right), A(x_1,y_1)$，则 $y_1=\frac{1}{2}x_1^2$。

又因为 $y=\frac{1}{2}x^2$，所以 $y'=x$。则切线 DA 的斜率为 x_1。

故 $y_1+\frac{1}{2}=x_1(x_1-t)$，整理得 $2tx_1-2y_1+1=0$。

设 $B(x_2,y_2)$，同理得 $2tx_2-2y_2+1=0$。

$A(x_1,y_1), B(x_2,y_2)$ 都满足直线方程 $2tx-2y+1=0$，

于是直线 $2tx-2y+1=0$ 过点 A,B，所以直线 AB 的方程为 $2tx-2y+1=0$，

即 $2tx+(-2y+1)=0$，所以直线 AB 恒过定点 $\left(0,\frac{1}{2}\right)$。

点评：直线 DA 的方程 $2tx_1-2y_1+1=0$，直线 BD 的方程 $2tx_2-2y_2+1=0$ 也有类似的形式，从而同构出直线 AB 方程 $2tx-2y+1=0$，最后求出它所过的定点。

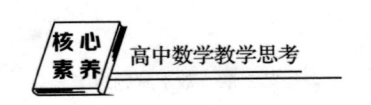

3.4 差量代换在解题中的应用

差量代换法是解决竞赛问题经常用的方法,它能使原式的形式变简单,从而找到解决办法,常见的差量代换形式有:当 $a \geq b \geq c > 0$,可令 $x = a - b, y = b - c, z = c$;三个参数相关的可作差量代换,可为 $x = b + c - a, y = c + a - b, z = a + b - c$。

例1 设 a, b, c 是 $\triangle ABC$ 的三边长,求证:$\dfrac{a}{b+c-a} + \dfrac{b}{c+a-b} + \dfrac{c}{a+c-c} \geq \dfrac{b+c-a}{a} + \dfrac{c+a-b}{b} + \dfrac{a+b-c}{c}$。

证明:设 $x = b + c - a, y = c + a - b, z = a + b - c$,则 x, y, z 均为正数,且 $a = y + z, b = x + z, c = x + y$,原不等式可变形为

$$\frac{y+z}{x} + \frac{z+x}{y} + \frac{x+y}{z} \geq 4\left(\frac{x}{y+z} + \frac{y}{x+z} + \frac{z}{x+y}\right)$$

因为 $\left(\dfrac{1}{y} + \dfrac{1}{z}\right)(y+z) \geq 4$,所以 $\dfrac{1}{y} + \dfrac{1}{z} \geq \dfrac{4}{y+z}$,

可整理为 $\dfrac{x}{y} + \dfrac{x}{z} \geq \dfrac{4x}{y+z}$。

同理得 $\dfrac{y}{z} + \dfrac{y}{x} \geq \dfrac{4y}{z+x}, \dfrac{z}{x} + \dfrac{z}{y} \geq \dfrac{4z}{x+y}$。

以上三式相加,不等式可证,当且仅当 $a = b = c$ 时取等号。

例2 已知 $a \geq b \geq c \geq 0$,且 $a + b + c = 3$,证明 $ab^2 + bc^2 + ca^2 \leq \dfrac{27}{8}$,并确定等号成立的条件。

证明:设 $x = a - b, y = b - c, z = c$,则 $x \geq 0, y \geq 0, z \geq 0$。
$a = x + y + z, b = y + z, c = z, a + b + c = x + 2y + 3z = 3$,于是有
$ab^2 + bc^2 + ca^2 \leq \dfrac{27}{8}$

$\Leftrightarrow 8(x+y+z)(y+z)^2 + (y+z)z^2 + z(x+y+z)^2 \leq (x+2y+3z)^3$

$\Leftrightarrow 8xy^2 + 10z^2x + 18xyz + 8y^3 + 27yz^2 + 25y^2z + 10z^3 + zx^2 \leq x^3 + 8y^3 + 27z^3 + 12xy^2 + 6x^2y + 36y^2z + 54yz^2 + 27z^2x + 9zx^2 + 36xyz$

$\Leftrightarrow 0 \leq x^3 + 17z^3 + 4xy^2 + 6x^2y + 11y^2z + 27yz^2 + 17z^2x + 8zx^2 + 18xyz$

由 $x \geq 0, y \geq 0, z > 0$ 可知 $0 \leq x^3 + 17z^3 + 4xy^2 + 6x^2y + 11y^2z + 27yz^2 + 17z^2x + 8zx^2 + 18xyz$ 显然成立。

等号当且仅当 $x = y = z = 0$ 即 $a = b = \dfrac{3}{2}, c = 0$ 时成立。

3.5 利用圆的性质解三角形

圆具有非常优良的平面几何性质,利用这些性质去解决三角形中的问题能使原本复杂的计算问题变得简单。有意识地在解题中渗透圆的性质解题可以开拓学生的思维视野。

三角函数的几何属性主要是通过单位圆得到的,三角函数和圆具有密不可分的联系,在解题时如果能恰当地引入圆,然后利用圆的几何性质解题,可以使题目难度大大降低。下面以解三角形为例谈谈圆的妙用。

视角1 利用相交弦定理

例1 证明余弦定理。

我们知道利用圆证明正弦定理是常见的解题方法,其实也可以通过构造圆证明余弦定理。

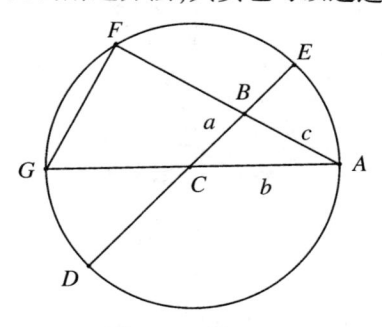

图 3-6 例 1 图

如图 3-6 所示,在三角形 ABC 中,证明 $a^2 = b^2 + c^2 - 2bc\cos A$。

证明:以 C 为圆心,b 为半径作圆 C,延长 AC、AB 与圆 C 交于 G、F 两点。

在 Rt△AFG 中,可得 $AF = 2b\cos A$,所以 $BF = 2b\cos A - c$。

由相交弦定理可得 $BA \cdot BF = BE \cdot BD$,

即 $c \cdot (2b\cos A - c) = (b - a)(a + b)$,

化简得 $a^2 = b^2 + c^2 - 2bc\cos A$。

视角2 利用圆的切线的性质

例2 已知△ABC 中,$AB = 1$,$BC = 2$,求角 C 的取值范围。

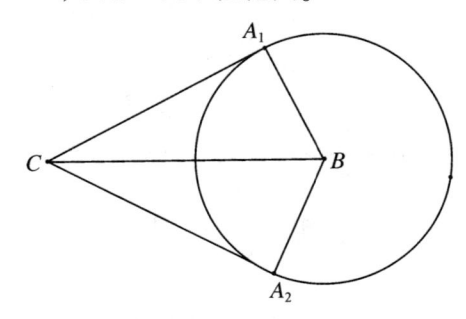

图 3-7 例 2 图

解 以 B 为圆心,1 为半径作圆 B。

由图 3-7 可知,当 A_1C、A_2C 为圆 B 的切线时,角 C 最大。

因为 $AC \perp AB$,所以 $C = \dfrac{\pi}{6}$ 为最大值,

因此角 C 的取值范围为 $\left(0, \dfrac{\pi}{6}\right]$。

视角 3 利用圆的同弧所对的圆周角相等

例 3 已知 $\triangle ABC$ 中，角 A, B, C 所对的边分别为 a, b, c，$A = \dfrac{\pi}{6}$，$a = 1$，D 为 BC 的中点，求中线 AD 的最大值。

解：如图 3-8 所示，$BC = 1$，$A = \dfrac{\pi}{6}$。在 $\triangle ABC$ 中，由正弦定理 $2R = \dfrac{a}{\sin A}$ 可得 $\triangle ABC$ 外接圆的半径 $R = 1$。

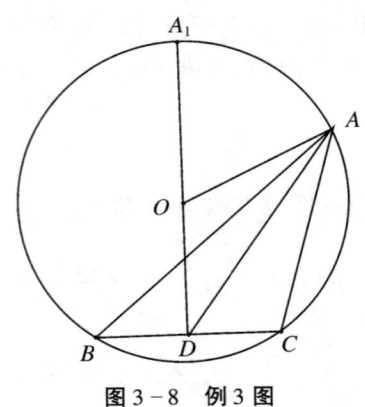

图 3-8 例 3 图

因为 BC 为定值，所以点 A 在圆上运动时，角 A 的大小保持不变即 $A = \dfrac{\pi}{6}$。

连接 OD，由垂径定理知 $OD \perp BC$，可计算得 $OD = \dfrac{\sqrt{3}}{2}$。

在 $\triangle OAD$ 中，$AD \leqslant OA + OD$，

所以当点 A 在圆上运动到点 A_1 时，取等号，此时 AD 最大，AD 最大值为 $1 + \dfrac{\sqrt{3}}{2}$。

视角 4 利用圆的切割线定理

例 4 已知 $\triangle ABC$ 中，$AB = AC = \sqrt{3}$，D 是 BC 上的一点，且 $AD = 1$，求 $BD \cdot DC$ 的值。

解：以 A 为圆心，1 为半径作圆 A 交 BC 于点 E，交 AC 于点 F，交 CA 延长线于点 P。如图 3-9 所示。

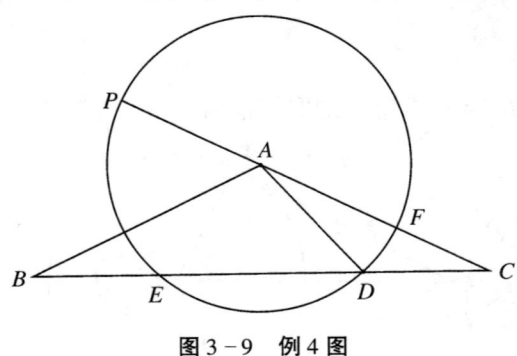

图 3-9 例 4 图

由对称性可知，$BE = CD$。

由切割线定理得 $CD \cdot CE = CF \cdot CP = (CA - AF) \cdot (CA + AP) = (CA - AD) \cdot (CA + AD)$，

所以 $BD \cdot DC = CD \cdot CE = (\sqrt{3} - 1) \cdot (\sqrt{3} + 1) = 2$。

视角 5 利用等弧圆心角是圆周角的 2 倍

例 5 在 $\triangle ABC$ 中，求证：$\sin 2A + \sin 2B + \sin 2C = 4\sin A \cdot \sin B \cdot \sin C$。

证明 设 $\triangle ABC$ 的外接圆半径为 1，当 $\triangle ABC$ 为锐角（非锐角类似讨论）三角形时，如图 3-10 所示，则

$\angle BOC = 2\angle A, \angle AOC = 2\angle B, \angle AOB = 2\angle C$。

从而有 $BC = 2\sin A, AC = 2\sin B, AB = 2\sin C$。

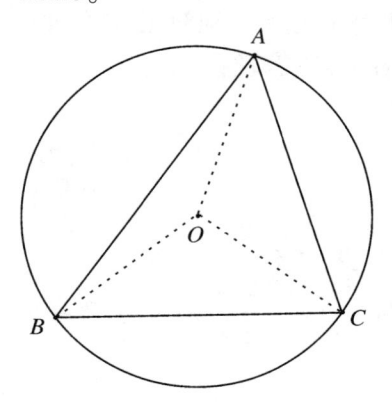

图 3-10　例 5 图

因为 $S_{\triangle BOC} = \frac{1}{2}\sin 2A, S_{\triangle AOC} = \frac{1}{2}\sin 2B, S_{\triangle AOB} = \frac{1}{2}\sin 2C$,

所以 $S_{\triangle ABC} = \frac{1}{2}BC \cdot AC \cdot \sin\angle BCA = \frac{1}{2}2\sin A \cdot 2\sin B \cdot \sin C = 2\sin A \cdot \sin B \cdot \sin C$。

又因为 $S_{\triangle BOC} + S_{\triangle AOC} + S_{\triangle AOB} = S_{\triangle ABC}$,

所以 $\sin 2A + \sin 2B + \sin 2C = 4\sin A \cdot \sin B \cdot \sin C$。

视角 6　构造隐圆

例 6　已知 $\triangle ABC$ 中, 角 A, B, C 所对的边分别为 a, b, c, 记 $\triangle ABC$ 的面积为 S, 且 $4a^2 = b^2 + 2c^2$, 求 $\frac{S}{a^2}$ 的最大值。

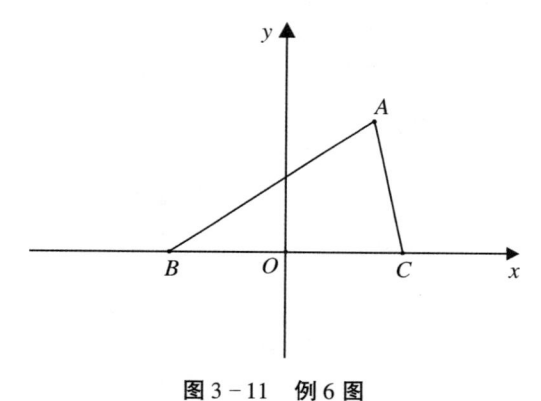

图 3-11　例 6 图

解: 以 BC 为 x 轴, BC 的中点 O 为坐标原点建立坐标系, 如图 3-11 所示。

由题意知 $BC = a$, 所以 $B\left(-\frac{a}{2}, 0\right), C\left(\frac{a}{2}, 0\right)$。

设 $A(x, y)$ 则 $AB^2 = c^2 = \left(x + \frac{a}{2}\right)^2 + y^2, AC^2 = b^2 = \left(x - \frac{a}{2}\right)^2 + y^2$,

代入 $4a^2 = b^2 + 2c^2$ 并整理可得 $\left(x + \frac{a}{6}\right)^2 + y^2 = \frac{10}{9}a^2$。

因为 $S = \frac{1}{2}ah_a$, 当 h_a 最大即 y 最大时, S 最大。

由圆的方程知 $y = \sqrt{\frac{10}{9}a^2 - \left(x + \frac{a}{6}\right)^2}$, 当 $x = -\frac{a}{6}$ 时, $y_{\max} = \frac{\sqrt{10}}{3}a$,

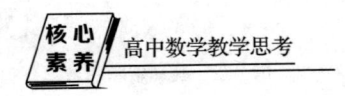

所以 S 的最大值为 $S=\dfrac{1}{2}ah_a=\dfrac{\sqrt{10}}{6}a^2$，$\dfrac{S}{a^2}$ 的最大值为 $\dfrac{\sqrt{10}}{6}$。

在解题时有意识地考虑圆的几何性质，可以大大地简化运算，使原本复杂的题目变得简单。同时，也建立起了圆与三角函数之间的密切联系，拓宽了解题思路。

3.6 消元法解题初探

消元法是指将关系式中的若干个元素,通过有限次的变换消去其中的某些元素,从而使问题获得解决的一种解题方法。消元的目的是减少变量的个数,简化形式,便于计算。消元法在函数、导数、不等式、解析几何、向量和三角函数等知识中经常用到。它是高中数学中经常用的基本解题方法之一。

消元法是指将关系式中的若干个元素,通过有限次的变换消去其中的某些元素,从而使问题获得解决的一种解题方法。消元的目的是减少变量的个数,简化形式,便于计算。消元法在函数、导数、不等式、解析几何、向量和三角函数等知识中经常用到。消元法与其说是一种解题方法、解题技巧,不如说是一种思想方法更确切些。在中学阶段常用的消元方法有代入消元、加减消元、整体消元、同构消元和常数消元等。

1. 代入消元法

例1 已知正数 a,b,满足 $\dfrac{2}{a}+\dfrac{1}{b}=1$,则 $\dfrac{4}{a-2}+\dfrac{3}{b-1}$ 的最小值为多少?

解:由已知得 $a=\dfrac{2b}{b-1}>0$,代入得 $\dfrac{4}{a-2}+\dfrac{3}{b-1}=2(b-1)+\dfrac{3}{b-1}\geq 2\sqrt{6}$。

当且仅当 $2(b-1)=\dfrac{3}{b-1}$ 时取等号,即 $b=1+\dfrac{\sqrt{6}}{2},a=2+\dfrac{2\sqrt{6}}{3}$ 时取等号。

所以原式的最小值为 $2\sqrt{6}$。

例2 函数 $f(x)=\ln x+x^2-ax$ 有两个极值点 m,n 且 $m\in\left[\dfrac{1}{2},1\right]$,求 $f(m)-f(n)$ 的范围。

解 可得 $f'(x)=\dfrac{2x^2-ax+1}{x}$,所以 m,n 是 $2x^2-ax+1=0$ 的两根

则 $m+n=\dfrac{a}{2},mn=\dfrac{1}{2}$,进一步可得 $n=\dfrac{1}{2m},a=2(m+n)=2m+\dfrac{1}{m}$,

代入下式得

$$f(m)-f(n)=\ln m+m^2-am-(\ln n+n^2-an)=\ln(2m^2)-m^2+\dfrac{1}{4m^2}$$

令 $t=m^2\in\left[\dfrac{1}{4},1\right]$,设 $g(t)=\ln 2t-t+\dfrac{1}{4t}$,

求导得 $g'(t)=\dfrac{-(2t-1)^2}{4t^2}\leq 0$,

所以 $g(t)$ 在 $\left[\dfrac{1}{4},1\right]$ 单调递减,$g(t)_{\max}=\dfrac{3}{4}-\ln 2,g(t)_{\min}=\ln 2-\dfrac{3}{4}$。

所以 $f(m)-f(n)$ 的范围是 $\left[\ln 2-\dfrac{3}{4},\dfrac{3}{4}-\ln 2\right]$。

2. 加减消元法

例3 已知 $\cos A=\cos x\sin C,\cos B=\sin x\sin C$,求 $\sin^2 A+\sin^2 B+\sin^2 C$ 的值。

解:由已知两式移项平方得 $\dfrac{\cos^2 A}{\sin^2 C}=\cos^2 x,\dfrac{\cos^2 B}{\sin^2 C}=\sin^2 x$,

两式相加得 $\dfrac{\cos^2 A}{\sin^2 C}+\dfrac{\cos^2 B}{\sin^2 C}=1$,

即 $\cos^2 A + \cos^2 B = \sin^2 C, 1 - \sin^2 A + 1 - \sin^2 B = \sin^2 C$,

所以 $\sin^2 A + \sin^2 B + \sin^2 C = 2$。

3. 整体消元法

例4 (2018年浙江22)已知函数 $f(x) = \sqrt{x} - \ln x$，若 $f(x)$ 在 $x = x_1, x_2 (x_1 \neq x_2)$ 处导数相等，证明：$f(x_1) + f(x_2) > 8 - 8\ln 2$。

证明：函数 $f(x)$ 的导函数 $f'(x) = \dfrac{1}{2\sqrt{x}} - \dfrac{1}{x}$，由 $f'(x_1) = f'(x_2)$ 得，$\dfrac{1}{2\sqrt{x_1}} - \dfrac{1}{x_1} = \dfrac{1}{2\sqrt{x_2}} - \dfrac{1}{x_2}$，因为 $x_1 \neq x_2$，所以 $\dfrac{1}{\sqrt{x_1}} + \dfrac{1}{\sqrt{x_2}} = \dfrac{1}{2}$。

由基本不等式得 $\dfrac{1}{2}\sqrt{x_1 x_2} = \sqrt{x_1} + \sqrt{x_2} \geq 2\sqrt[4]{x_1 x_2}$。

因为 $x_1 \neq x_2$，所以 $x_1 x_2 > 256$。

由题意得

$$f(x_1) + f(x_2) = \sqrt{x_1} - \ln x_1 + \sqrt{x_2} - \ln x_2 = \dfrac{1}{2}\sqrt{x_1 x_2} - \ln(x_1 x_2)$$

设 $g(x) = \dfrac{1}{2}\sqrt{x} - \ln x$，则 $g'(x) = \dfrac{1}{4x}(\sqrt{x} - 4)$，

所以函数 $g(x)$ 在 $[256, +\infty)$ 上单调递增，

故 $g(x_1 x_2) > g(256) = 8 - 8\ln 2$，

即 $f(x_1) + f(x_2) > 8 - 8\ln 2$。

例5 已知 a, b, c 均为正数，且 $ab = 1, a^2 + b^2 + c^2 = 4$，求 $ab + bc + ca$ 的最大值。

解：由已知得 $a^2 + b^2 = 4 - c^2$，所以 $a + b = \sqrt{a^2 + b^2 + 2ab} = \sqrt{6 - c^2}$。

又因为 $a^2 + b^2 = 4 - c^2 \geq 2ab = 2$，所以 $0 < c^2 \leq 2$。

设 $ab + bc + ca = f(c) = 1 + \sqrt{c^2(6 - c^2)} = 1 + \sqrt{-(c^2 - 3)^2 + 9} \leq 1 + 2\sqrt{2}$，

所以当 $c^2 = 2, ab + bc + ca$ 的最大值为 $1 + 2\sqrt{2}$。

4. 比例消元法

例6 解方程组 $\begin{cases} 3x = 5y \\ 2x - 3y = 1 \end{cases}$

解：设 $\begin{cases} 3x = 5y \quad ① \\ 2x - 3y = 1 \quad ② \end{cases}$

由①式得 $\dfrac{x}{5} = \dfrac{y}{3} = k$，

即 $x = 5k, y = 3k$，代入②式得 $k = 1$，

所以方程组的解为 $\begin{cases} x = 5 \\ y = 3 \end{cases}$。

5. 构造消元法

例7 若实数 m, n, l 满足 $m - n = 8, mn + l^2 + 16 = 0$，求证：$m + n + l = 0$。

证明：将已知条件转化为

$$m + (-n) = 8, m \cdot (-n) = l^2 + 16$$

故 m, $-n$ 是一元二次方程 $x^2 - 8x + l^2 + 16 = 0$ 的两根,

所以 $\Delta = (-8)^2 - 4(l^2 + 16) = -4l^2 \geq 0$。

从而只能是 $l = 0$, $\Delta = 0$,

所以方程有两个相等的实根, 即 $m = -n$, 因此 $m + n + l = 0$。

例8 求二元函数 $f(u, v) = (u - v)^2 + \left(\sqrt{2 - u^2} - \dfrac{9}{v}\right)^2$ 的最小值。

解: 该二元函数可以看成 $A(u, \sqrt{2 - u^2})$, $B\left(v, \dfrac{9}{v}\right)$ 两点之间距离的平方。A 在半圆 $x^2 + y^2 = 2 (y \geq 0)$ 上, B 在双曲线 $xy = 9$ 上。

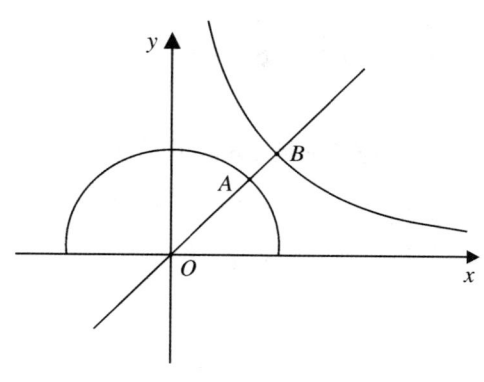

图 3-12 例8图

由图 3-12 易知, 最小值即点 $A(1, 1)$ 与 $B(3, 3)$ 之间的距离, 此距离长为 $2\sqrt{2}$。所以函数的最小值为 8。

6. 常数消元法

例9 设双曲线的顶点是椭圆 $\dfrac{x^2}{3} + \dfrac{y^2}{4} = 1$ 的焦点, 该双曲线又与直线 $\sqrt{15}x - 3y + 6 = 0$ 交于 A, B 两点, 且 $OA \perp OB$ (O 为原点), 求此双曲线的方程。

解: 易知椭圆的焦点为 $(0, \pm 1)$, 以此为顶点的双曲线方程可设为

$$y^2 - mx^2 = 1 \quad ①$$

$$\sqrt{15}x - 3y = -6 \quad ②$$

由 ①×36 - ②² 得 $9y^2 + 2\sqrt{15}xy - (12m + 5)x^2 = 0$。

设双曲线与直线交点坐标 $A(x_1, y_1)$, $B(x_2, y_2)$,

则 $\dfrac{y_1}{x_1}$, $\dfrac{y_2}{x_2}$ 是方程 $9\left(\dfrac{y}{x}\right)^2 + 2\sqrt{15}\dfrac{y}{x} - (12m + 5) = 0$ 的两个根。

又由 $OA \perp OB$ 及韦达定理得 $-1 = \dfrac{y_1 y_2}{x_1 x_2} = -\dfrac{12m + 5}{9}$, 解得 $m = \dfrac{1}{3}$。

所以双曲线的方程为 $y^2 - \dfrac{x^2}{3} = 1$。

7. 换元消元法

例10 实数 x, y 满足 $x^2 - y^2 = 1$, 求 $\dfrac{1}{x^2} + \dfrac{2y}{x}$ 的取值范围。

解: 设 $x = \dfrac{1}{\cos\theta}$, $y = \tan\theta$, 则有

$$\dfrac{1}{x^2} + \dfrac{2y}{x} = \cos^2\theta + 2\tan\theta\cos\theta = 1 - \sin^2\theta + 2\sin\theta = -(\sin\theta - 1)^2 + 2$$

又因为 $\sin\theta \in (-1,1)$，所以取值范围为 $(-2,2)$。

8. 主元消元法

例 11 已知 $3x-4y-z=0$，$2x+y-8z=0$，求 $\dfrac{x^2+y^2+z^2}{xy+yx+2zx}$ 的值。

解：把 x,y 作为主元，z 作为已知实数。

$$\begin{cases} 3x-4y=z \\ 2x+y=8z \end{cases}, \text{解得} \begin{cases} x=3z \\ y=2z \end{cases}。$$

代入原式得

$$\frac{x^2+y^2+z^2}{xy+yx+2zx}=\frac{9z^2+4z^2+z^2}{6z^2+2z^2+6z^2}=1$$

9. 齐次消元法

例 12 若不等式 $x^2-2y^2 \leqslant cx(y-x)$ 对任意满足 $x>y>0$ 的实数 x,y 恒成立，求实数 c 的最大值。

解：原式可变形为 $c \leqslant \dfrac{x^2-2y^2}{x(y-x)}=\dfrac{1-2\left(\dfrac{y}{x}\right)^2}{\dfrac{y}{x}-1}$。

设 $t=\dfrac{y}{x} \in (0,1)$，则有

$$f(t)=\frac{1-2t^2}{t-1}=2(1-t)+\frac{1}{1-t}-4 \geqslant 2\sqrt{2}-4$$

当且仅当 $t=1-\dfrac{\sqrt{2}}{2}$ 时取等号，c 的最大值为 $2\sqrt{2}-4$。

例 13 若已知 a,b,c 均为正数，且 $a^2=ab+bc+ca$，求 $\dfrac{2b+3c}{a}$ 的最小值。

解：由 $a^2=ab+bc+ca$ 得 $\dfrac{b}{a}=\dfrac{a-c}{a+c}$，代入 $\dfrac{2b+3c}{a}$ 得

$$\frac{2b+3c}{a}=2\frac{a-c}{a+c}+3\frac{c}{a}=2\frac{1-\dfrac{c}{a}}{1+\dfrac{c}{a}}+3\frac{c}{a}$$

令 $t=\dfrac{c}{a}>0$ 则有

$$f(t)=\frac{2(1-t)}{1+t}+3t=3(t+1)+\frac{4}{t+1}-5 \geqslant 4\sqrt{3}-5$$

所以原式的最小值为 $4\sqrt{3}-5$。

3.7 解三角形的本质

最近笔者一直在思考各部分知识最本质的东西是什么。解三角形已经讲了很多遍了,做了太多太多的习题,但还是仅仅停留在整理题型及每一种题型的解法上,换句话说,停留在"术"这个层面上,还远远没有到"道"的层面上,没有透过一道道的题发现这些题后面更本质的东西。那么解三角形更本质的是什么呢？思考了一段时间,笔者认为应该回到最基本的问题思考,解三角形最基本的问题是什么？当然是解三角形求边角关系了,解三角形需要几个条件,一个三角形中的基本条件是三边 a,b,c 和三角 A,B,C 等六个条件,按照边角分类可以有以下四种情况:第一种情况是已知三边,这时三角形确定,可以用余弦定理求解。第二种情况是已知一边和两角,这时三角形确定,可以求解。第三种情况是已知两边和一角,这时又分已知两边及其中一边的对角,可以用正弦定理求解;如果已知两边及其夹角,可以用余弦定理求解。第四种情况是已知三角,这时三角形不确定,不可解。综上所述,可解的三角形的情况实际上就是这么三种情况。我们学习的正余弦定理完全覆盖了这三种情况,说明这两个工具定理进行是很强大的,所以要引导学生对这两个定理深入研究并熟练应用。

学生做的题千变万化,学生做这些题除了练习熟练度外,还能练习什么？透过这些题能看到更本质的东西是什么？如图 3-13 所示

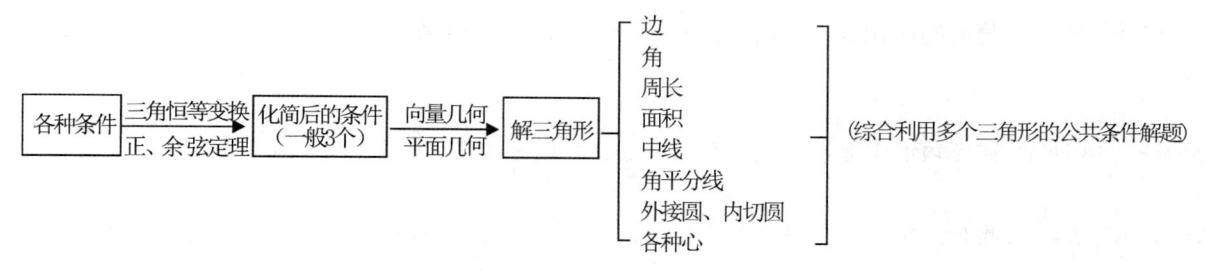

图 3-13 解三角形基本解题思路

我们遇到的千题万题,看似很复杂的条件,多数都需要利用三角恒等变换和正余弦定理进行化简,化简成最简单的条件,然后再解三角形。

例1 （2019 年全国新课标Ⅲ）$\triangle ABC$ 的内角 A,B,C 的对边分别为 a,b,c,已知 $a\sin\dfrac{A+C}{2}=b\sin A$。

(1)求 B；(2)若 $\triangle ABC$ 为锐角三角形,且 $c=1$,求 $\triangle ABC$ 面积取值范围。

解 (1)根据题意 $a\sin\dfrac{A+C}{2}=b\sin A$,由正弦定理得 $\sin A\sin\dfrac{A+C}{2}=\sin B\sin A$,因为 $0<A<\pi$,故 $\sin A>0$,消去 $\sin A$ 得 $\sin\dfrac{A+C}{2}=\sin B$。$0<B<\pi,0<\dfrac{A+C}{2}<\pi$。

故 $\dfrac{A+C}{2}=B$ 或者 $\dfrac{A+C}{2}+B=\pi$,而根据题意得 $A+B+C=\pi$,故 $\dfrac{A+C}{2}+B=\pi$ 不成立,所以 $\dfrac{A+C}{2}=B$。

又因为 $A+B+C=\pi$,代入得 $3B=\pi$,所以 $B=\dfrac{\pi}{3}$。

(2)因为 $\triangle ABC$ 是锐角三角形,由(1)知 $B=\dfrac{\pi}{3}$,$A+B+C=\pi$ 得到 $A+C=\dfrac{2}{3}\pi$,故 $\begin{cases}0<C<\dfrac{\pi}{2}\\0<\dfrac{2\pi}{3}-C<\dfrac{\pi}{2}\end{cases}$,解得 $\dfrac{\pi}{6}<C<\dfrac{\pi}{2}$。

又应用正弦定理得 $\dfrac{a}{\sin A} = \dfrac{c}{\sin C}, c = 1$。

由三角形面积公式得

$$S_{\triangle ABC} = \dfrac{1}{2} ac \cdot \sin B = \dfrac{1}{2} c^2 \dfrac{a}{c} \cdot \sin B = \dfrac{1}{2} c^2 \dfrac{\sin A}{\sin C} \cdot \sin B = \dfrac{\sqrt{3}}{4} \cdot \dfrac{\sin\left(\dfrac{2\pi}{3} - C\right)}{\sin C}$$

$$= \dfrac{\sqrt{3}}{4} \cdot \dfrac{\sin\dfrac{2\pi}{3}\cos C - \cos\dfrac{2\pi}{3}\sin C}{\sin C} = \dfrac{\sqrt{3}}{4} \cdot \left(\sin\dfrac{2\pi}{3}\dfrac{1}{\tan C} - \cos\dfrac{2\pi}{3}\right) = \dfrac{3}{8}\dfrac{1}{\tan C} + \dfrac{\sqrt{3}}{8}$$

又因 $\dfrac{\pi}{6} < C < \dfrac{\pi}{2}, \tan C > \dfrac{\sqrt{3}}{3}$，故 $\dfrac{\sqrt{3}}{8} < \dfrac{3}{8}\dfrac{1}{\tan C} + \dfrac{\sqrt{3}}{8} < \dfrac{\sqrt{3}}{2}$，

故 $\dfrac{\sqrt{3}}{8} < S_{\triangle ABC} < \dfrac{\sqrt{3}}{2}$。

故 $S_{\triangle ABC}$ 取值范围是 $\left(\dfrac{\sqrt{3}}{8}, \dfrac{\sqrt{3}}{2}\right)$。

点评：这道题第一问给的 $a\sin\dfrac{A+C}{2} = b\sin A$ 这个条件实际上就是相当于给了 $B = \dfrac{\pi}{3}$，只不过需要进行运算才能得到。第二问条件相当于知道三个：$B = \dfrac{\pi}{3}, \dfrac{\pi}{6} < C < \dfrac{\pi}{2}, c = 1$，求三角形的面积。因为三个条件中 $\dfrac{\pi}{6} < C < \dfrac{\pi}{2}$ 是一个范围，所以三角形的面积也不确定，是一个范围，我们可以用函数的最值考虑，也可以考虑图形特点去解题。

如图 3-14 所示，在三角形中能确定的只有 $B = \dfrac{\pi}{3}, c = 1, \dfrac{\pi}{6} < C < \dfrac{\pi}{2}$ 不确定，由 A 点向 BC 作垂线，垂足为 C_1，这时 $\angle AC_1 B = \dfrac{\pi}{2}$，此时三角形面积最小为 $\dfrac{\sqrt{3}}{8}$，当 C 点沿着 BC 再向右移动可以到 $C_2, C_3 \cdots$ 一直到 C 点，这时 $\angle C = \dfrac{\pi}{6}, \angle BAC = \dfrac{\pi}{2}$ 达到临界值，此时三角形面积最大为 $\dfrac{\sqrt{3}}{2}$，所以三角形面积的范围为 $\left(\dfrac{\sqrt{3}}{8}, \dfrac{\sqrt{3}}{2}\right)$。

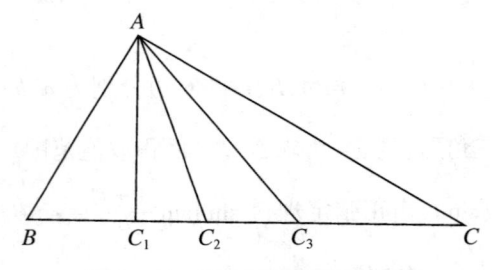

图 3-14 三角形动态变化过程

这种方法实际上是把这些条件展示在图形中产生的效果，无论哪一种方法，只是一个事物的两种表现形式，本质是不变的，明白本质以后，再看到复杂的问题，学生不再感到恐慌。

例 2 （2017 年全国 3 卷）$\triangle ABC$ 的内角 A, B, C 的对边分别为 a, b, c，已知 $\sin A + \sqrt{3}\cos A = 0, a = 2\sqrt{7}, b = 2$。

(1) 求 c；

(2) 设 D 为 BC 边上一点，且 $AD \perp AC$，求 $\triangle ABD$ 的面积。

解：(1) 因 $\sin A + \sqrt{3}\cos A = 0 \therefore \sin A = -\sqrt{3}\cos A \therefore \tan A = -\sqrt{3}$。

$\because A \in (0, \pi) \therefore A = \dfrac{2\pi}{3}$。

由余弦定理得 $a^2 = b^2 + c^2 - 2bc\cos A$，

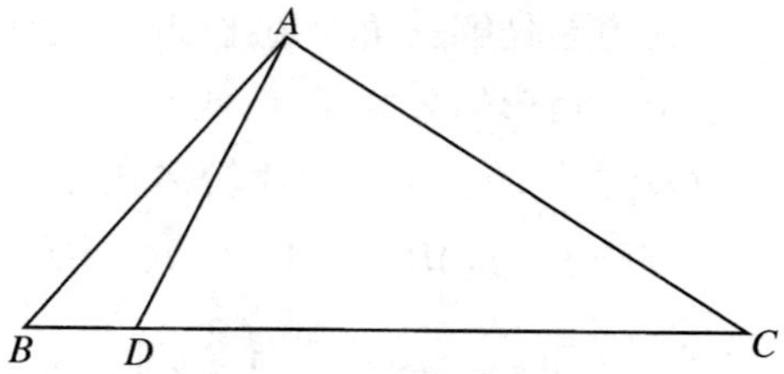

代入 $a=2\sqrt{7}, b=2$ 得 $c^2+2c-24=0$,

解得 $c=-6$(舍)或 $c=4$。

$\therefore c=4$

(2)由(1)知 $c=4$, $\therefore c^2=a^2+b^2-2ab\cos C$

$\therefore 16=28+4-2\times2\sqrt{7}\times2\times\cos C$

$\therefore \cos C=\frac{2\sqrt{7}}{7}$ $\sin C=\frac{\sqrt{21}}{7}$, $\therefore \tan C=\frac{\sqrt{3}}{2}$。

在 $\text{Rt}\triangle CAD$ 中,$\tan C=\frac{AD}{AC}\therefore \frac{\sqrt{3}}{2}=\frac{AD}{2}, \therefore AD=\sqrt{3}$,

$\therefore S_{\triangle ABD}=\frac{1}{2}AB\cdot AD\cdot \sin\angle BAD=\frac{1}{2}\times 4\times\sqrt{3}\times\sin\left(\frac{2\pi}{3}-\frac{\pi}{2}\right)=\sqrt{3}$。

图 3-15 例 2 图

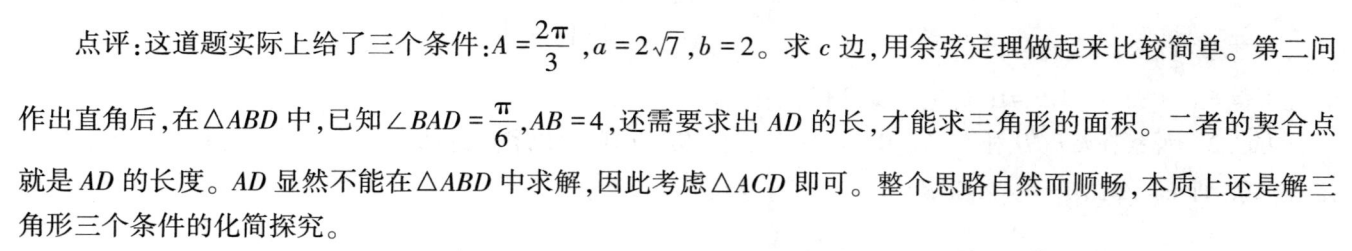

点评:这道题实际上给了三个条件:$A=\frac{2\pi}{3}, a=2\sqrt{7}, b=2$。求 c 边,用余弦定理做起来比较简单。第二问作出直角后,在 $\triangle ABD$ 中,已知 $\angle BAD=\frac{\pi}{6}, AB=4$,还需要求出 AD 的长,才能求三角形的面积。二者的契合点就是 AD 的长度。AD 显然不能在 $\triangle ABD$ 中求解,因此考虑 $\triangle ACD$ 即可。整个思路自然而顺畅,本质上还是解三角形三个条件的化简探究。

例 3 (2017 全国 1 卷)在平面四边形 $ABCD$ 中,$\angle ADC=90°, \angle A=45°, AB=2, BD=5$。

(1)求 $\cos\angle ADB$;

(2)若 $DC=2\sqrt{2}$,求 BC。

这道题可以利用正余弦定理解答,也可以利用平面几何的知识解答。下面考虑构造直角三角形解答。

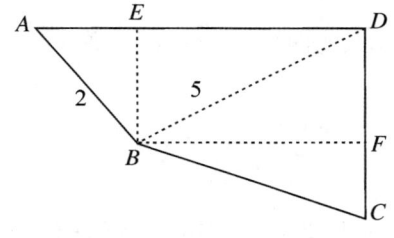

图 3-16 例 3 图

如图 3-16 所示,过点 B 作 BE 垂直 AD,垂足为 E,过点 B 作 BF 垂直 CD,垂足为 F。下面在直角三角形中研究问题。在 $\text{Rt}\triangle ABE$ 中,因为 $\angle A=45°, AB=2$,所以 $BE=\sqrt{2}$,在 $\text{Rt}\triangle BED$ 中,由勾股定理可得 $DE=\sqrt{23}$,所以 $\cos\angle ADB=\frac{DE}{BD}=\frac{\sqrt{23}}{5}$,又因为四边形 $EBFD$ 的四个角都是直角,所以为矩形。因此 $BF=DE=\sqrt{23}, BE=DF=\sqrt{2}$,得到 $CF=\sqrt{2}$,在 $\text{Rt}\triangle BCF$ 中,由勾股定理可得 $BC=5$。

例 4 (2021 年全国卷)记 $\triangle ABC$ 的内角 A, B, C 的对边分别为 a, b, c,已知 $b^2=ac$,点 D 在边 AC 上,$BD=b$,若 $AD=2DC$,求 $\cos\angle ABC$。

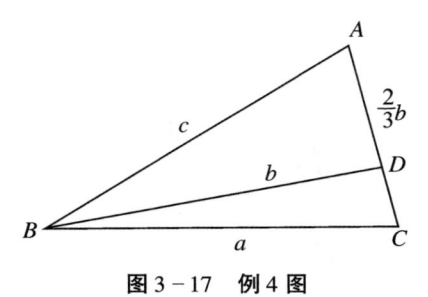

图 3-17 例 4 图

113

这道题是解三角形中比较难的题目，按照前面总结的知识结构来看，属于解多个三角形问题，需要综合利用各个三角形的公共元素，从而建立起各个量之间的联系。因为题目中有三个三角形，分别是△ABC、△BCD、△ABD，它们的公共量也比较多，因此解题思路也比较多。

方法1 △ABC、△ABD 的公共元素是∠A，可以分别在两个三角形中利用余弦定理。

$$\cos A = \frac{b^2+c^2-a^2}{2bc} = \frac{\left(\frac{2}{3}b\right)^2+c^2-b^2}{2\cdot\frac{2}{3}b\cdot c}$$ 整理得 $6a^2+3c^2-11ac=0$，进一步可得 a,b,c 的关系。

利用广义的对称，我们知道∠A 和∠C 关于 BD 广义对称，所以同理，我们可以利用在△BCD 和△BCA 中∠C 的余弦值相等求解，即

$$\cos C = \frac{a^2+b^2-c^2}{2ab} = \frac{a^2+\left(\frac{1}{3}b\right)^2-b^2}{2a\left(\frac{1}{3}b\right)}$$

整理可得 $6a^2+3c^2-11ac=0$，再进一步可解。

方法2 观察在△BCD 和△ABD 中，∠ADB 与∠CDB 互补，可以利用这两个角的余弦值的和等于 0 及余弦定理求解，即 $\cos\angle ADB + \cos\angle CDB = 0$，

代入余弦定理得 $\dfrac{b^2+\left(\frac{2}{3}b\right)^2-c^2}{2a\left(\frac{2}{3}b\right)} + \dfrac{b^2+\left(\frac{1}{3}b\right)^2-a^2}{2b\left(\frac{1}{3}b\right)} = 0$，

整理得 $6a^2+3c^2-11ac=0$。

再进一步求解即可。

方法3 利用向量。$\overrightarrow{BD}=\dfrac{2}{3}\overrightarrow{BC}+\dfrac{1}{3}\overrightarrow{BA}$，对向量数量化，两边平方得 $b^2=\dfrac{4}{9}a^2+\dfrac{1}{9}c^2+2\cdot\dfrac{2}{3}a\cdot\dfrac{1}{3}c\cdot\cos B$。

代入 $\cos B = \dfrac{a^2+c^2-b^2}{2ac}$，

整理可得 $6a^2+3c^2-11ac=0$。

解三角形问题本质上化简的成分多一些，真正地利用三个条件解三角形的问题不太多，但是高考中在多个三角形中利用他们之间的关系解题还是很多的，这一方面要引起足够的重视。实际上这一方面也正好是高考要求的方向，淡化技巧，更多地偏向利用所学的知识解决问题的能力。所以中线、角平分线、圆内接四边形、外接圆和内切圆等问题逐渐显现。

3.8 立体几何计算题的本质

立体几何的解答题包括求角和距离,求角主要是异面直线所成的角、线面角、二面角,距离主要是点面距。原来讲这些问题时总是教给学生各种各样的方法,学生容易记混,到考试时很多题目还是不知道怎么下手,对于这些问题只是追求方法,没有更高层次的提炼,很容易在方法记忆的海洋里迷失方向。数学讲究抽象概括,用数学的方法思考这些问题,那它应该是简单的,不是复杂的,应该是本质性的,不是表象的。沿着这样一个"思想指导"想数学,这类计算问题的本质是什么呢?笔者认为是它们的定义,当然这里不提向量方法,只研究纯几何的方法。

为什么是定义而不是其他的?我们看看各个问题的定义与基本解法就明白了。

异面直线所成的角的定义本质上是做平行线,把异面直线所成的角转化成相交直线所成的角,线面角的定义是在平面的斜线 PA,斜足是点 A,在 PA 上任取一点 P,过 P 点作 PO 垂直于平面 α,垂足为 O,连接斜足 A 与垂足 O,AO 是斜线 PA 在平面 α 内的射影,则斜线和它的射影所成的 $\angle PAO$ 就是斜线与平面所成的角。整个定义中最关键的是过 P 点作出平面的一条垂线,只要有了这条垂线,线面角很容易做出来。

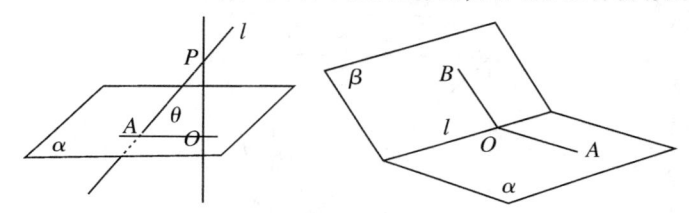

图 3-18　几何角的本质

二面角求解的几何法很多,定义法、三垂线定理及垂面法,等等,但最后这些直接法的根本都在于定义,都在于找到棱上一点的双垂线。

例 1 (2017 全国 2 卷 10)已知直三棱柱 ABC-$A_1B_1C_1$ 中,$\angle ABC = 120°$,$AB = 2$,$BC = CC_1 = 1$,则异面直线 AB_1 与 BC_1 所成角的余弦值为(　　)。

A. $\dfrac{\sqrt{3}}{2}$　　　B. $\dfrac{\sqrt{15}}{3}$　　　C. $\dfrac{\sqrt{10}}{5}$　　　D. $\dfrac{\sqrt{3}}{3}$

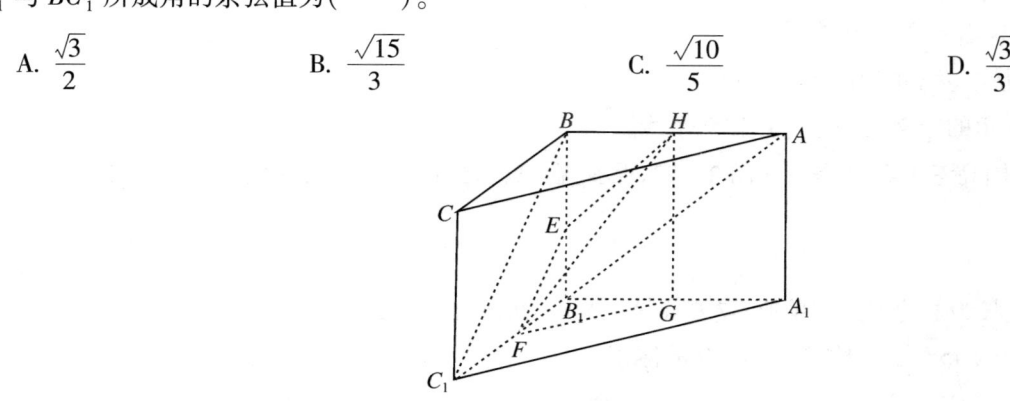

图 3-19　例 1 图

解析:本题的关键是按照定义把异面直线 AB_1 和 BC_1 转化成相交直线,所以取 BB_1,B_1C_1,AB 的中点 E,F,H。连接 EF,EH,FH,则 $\angle FEH$ 就是异面直线 AB_1 与 BC_1 所成的角,再利用余弦定理求角即可。

例 2 在棱长为 2 的正方体 $ABCD$-$A_1B_1C_1D_1$ 中,O 是底面 $ABCD$ 的中心,求 B_1O 与平面 ABB_1A_1 所成角的正切。

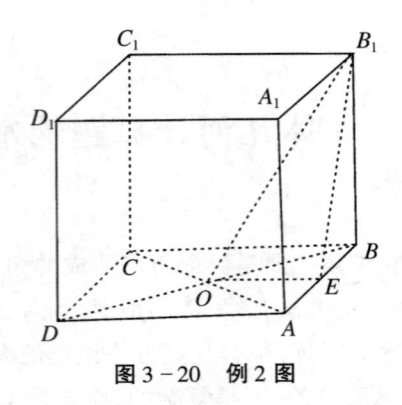

图 3-20 例 2 图

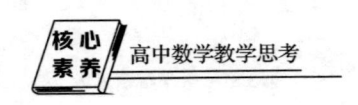

解:取 AB 中点 E,连接 OE、B_1E。

因为面 $ABCD \perp$ 面 ABB_1A_1,面 $ABCD \cap$ 面 $ABB_1A_1 = AB$,$OE \perp AB$,$OE \subset$ 面 $ABCD$,所以 $OE \perp$ 面 ABB_1A_1。$\angle OB_1E$ 就是 B_1O 与平面 ABB_1A_1 所成的角。

然后解 $\text{Rt} \triangle OEB_1$ 即可求出 $\tan \angle OB_1E = \dfrac{\sqrt{5}}{5}$。

这道题的本质上是利用定义,把角做出来然后再求角的正切。

例 3 在正方体 $ABCD$-$A_1B_1C_1D_1$ 中,求二面角 B-A_1C_1-B_1 的正切值。

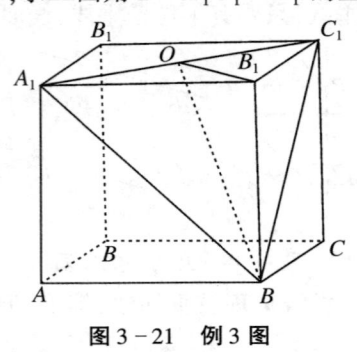

图 3-21 例 3 图

解:取 A_1C_1 的中点 O,连接 B_1O 和 BO,因为三角形 BA_1C_1 和三角形 $B_1A_1C_1$ 都是等腰三角形。

所以 $B_1O \perp A_1C_1$,$B_1O_1 \perp A_1C_1$,

$\angle BOB_1$ 为二面角 $B - A_1C_1 - B_1$ 的平面角。

解直角三角形 BOB_1,可得正切值为 $\sqrt{2}$。

这道题是利用二面角的定义找棱上一点作双垂线。

例 4 (2021 年全国高考 1 卷 20 题)如图 3-22 所示,在三棱锥 $A-BCD$ 中,平面 $ABD \perp$ 平面 BCD,$AB = AD$,O 为 BD 的中点。

(1)证明:$OA \perp CD$;

(2)若 $\triangle OCD$ 是边长为 1 的等边三角形,点 E 在棱 AD 上,$DE = 2EA$,且二面角 $E - BC - D$ 的大小为 $45°$,求三棱锥 $A-BCD$ 的体积。

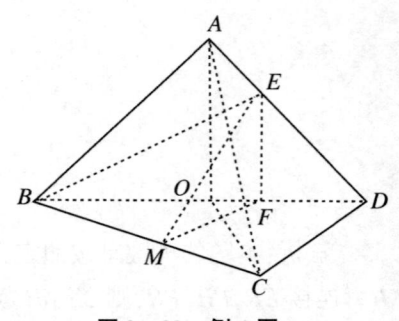

证明:(1)因为 $AB = AD$,O 为 BD 中点,所以 $AO \perp BD$。

因为面 $ABD \cap$ 面 $BCD = BD$,面 $ABD \perp$ 面 BCD,$AO \subset$ 面 ABD,因此 $AO \perp$ 面 BCD。

因为 $CD \subset$ 面 BCD,所以 $AO \perp CD$。

(2)作 $EF \perp BD$ 于 F,作 $FM \perp BC$ 于 M,连 EM。

因为 $AO \perp$ 平面 BCD,$AO /\!/ EF$,

所以 $EF \perp$ 平面 BCD,又因为 $FM \perp BC$,

图 3-22 例 4 图

116

由三垂线定理得 $EM \perp BC$,

则 $\angle EMF$ 为二面角 E-BC-D 的平面角,$\angle EMF = \dfrac{\pi}{4}$。

因为 $BO = OD$,$\triangle OCD$ 为正三角形,所以 $\triangle BCD$ 为直角三角形。

因为 $DE = 2EA$,$FM = \dfrac{1}{2}BF = \dfrac{1}{2}\left(1 + \dfrac{1}{3}\right) = \dfrac{2}{3}$,

从而有 $EF = FM = \dfrac{2}{3}$,$\therefore AO = 1$。

$\because AO \perp$ 平面 BCD,

所以 $V = \dfrac{1}{3}AO \cdot S_{\triangle BCD} = \dfrac{1}{3} \times 1 \times \dfrac{1}{2} \times 1 \times \sqrt{3} = \dfrac{\sqrt{3}}{6}$。

点评:这道题采用三垂线定理方法,先作出二面角的平面角再进一步求解的方法,而三垂线定理法,包括再难一点的垂面法,其根本还是为了作出二面角的平面角,为了寻找面上一点双垂线。所以定义是根本。让学生彻底弄清定义,遇到复杂问题按照定义的要求求解,最起码基本方向不会偏。

所以可以教给学生不同问题的很多解题方法,但是应该更进一步地找到这些方法的共同点,能让学生少记忆一些方法的,尽可能地少记一些,能让学生理解数学更本质的东西的,尽可能地让学生理解。实际上对一些方法的再提炼再思考也是数学核心素养中的数学抽象,也就是找出这一组解题方法的共同点。这些是数学能带给学生的除做题以外的,可以终身享用的思考问题的方法,这是数学的育人价值。

3.9 三角恒等变换

很多学生认为学习三角函数时恒等变换这一部分难度太大,没有规律,不知道怎么变形,学了很长时间还是迷迷糊糊的,解题完全靠运气,简单的题目还会化简,复杂的题目不知道从哪里入手,不知道该怎么想。其实三角函数运算的规律性很强,抓住规律,几乎没有难题。那么解题的规律是什么呢?我们一点一点地来分析。

同角三角函数的基本关系是根本,它告诉我们在解题时应该把不同函数名的化成正弦或余弦解决,告诉我们解题最重要的是转化,充分利用已知角和要求角之间的联系建立转化关系。诱导公式中角要多一些,但是多的这个角是特殊角,在解题时多数是把特殊角消去,让题目中只出现一个角,然后利用同角三角函数的基本关系解题。两角和与差的三角函数要复杂一些,题目中往往既出现组合角,像 $\alpha\pm\beta$,又出现单角 α,β 等,解题时需要建立这些角之间的联系。实际上数学解题思想很大程度上就是转化,把不会的题转化成会的题,把不熟悉的转化为熟悉的,把不会的问题转化成几个简单的题目,把抽象的数转化为具象的形,把方程不等式转化为函数等。解题时主要是寻求转化的方向,也就是怎么转化、怎么分析已知和求解之间的关系变得非常重要。这一点在三角函数也是一样的。

这样三角恒等变换解题基本思路是分析差异—建立联系—促进转化—达到目标。关键是在第一步分析差异,常见的差异包含角、函数名、运算结构。角之间的差异是最多的一类差异,灵活性最强。常见的像已知 $\alpha+\beta,\alpha$,求 β,即 $\beta=\alpha+\beta-\alpha$。函数名的差异主要指切化弦,即题目中同时出现切函数和弦函数时注意切化弦。运算结构主要指出现整式和分式时要注意通分,次数比较高或比较低时要降幂或升幂。建立联系是指建立已知与要求之间的联系,建立要解的题和已知公式之间的联系。促进转化,达到目标是计算过程,不用细说。

下面来看几个例子。

例1 化简 $\cos^2(-\alpha) - \dfrac{\tan(360°+\alpha)}{\cos\left(\dfrac{\pi}{2}+\alpha\right)}$。

分析:这是一道诱导公式的化简题,题目比较简单,首先分析角的差异,用诱导公式把题目中的角全部化成只有角 α 的形式,然后分析函数名的差异,切化弦,再整理即可。这是一道以角为主要差异的题目。

解:

$$\cos^2(-\alpha) - \frac{\tan(360°+\alpha)}{\cos(\frac{\pi}{2}+\alpha)} = \cos^2\alpha + \frac{\tan\alpha}{\sin\alpha} = \cos^2\alpha + \frac{\frac{\sin\alpha}{\cos\alpha}}{\sin\alpha} = \cos^2\alpha + \frac{1}{\cos\alpha} = \frac{\cos^3\alpha+1}{\cos\alpha}$$

例2 求:$\sin50°(1+\sqrt{3}\tan10°)$。

分析 这是一道给角求值问题,题目中角的差异是有 $50°$ 和 $10°$ 两个角,这两个角能和特殊角 $60°$ 建立联系,具体方向不明确,函数名的差异是有切函数还有弦函数,我们切化弦再解。

解:

$\sin50°(1+\sqrt{3}\tan10°)$……分析差异是函数名之间的差异,可以切化弦消除掉。

$=\sin50°\left(1+\sqrt{3}\dfrac{\sin10°}{\cos10°}\right)$……现在的新差异是运算结构,一个整式加一个分式,可以通分。

$=\sin50°\dfrac{\cos10°+\sqrt{3}\sin10°}{\cos10°}$……新差异是角的差异,把 $\cos10°+\sqrt{3}\sin10°$ 合并。

$=\sin50°\dfrac{2\sin40°}{\cos10°}$……新差异是角的差异,变换角。

$=\dfrac{2\sin40°\cos40°}{\cos10°}$……新差异仍是角的差异。

$= \dfrac{\sin 80°}{\cos 10°}$……新差异是角的差异。

$= \dfrac{\cos 10°}{\cos 10°} = 1$……所有差异都消除掉,求得结果。

解恒等变换问题实际上是不断地发现差异,不断消除差异的过程,有时发现的差异不一样,都能够把问题解决掉,有时差异的先后顺序不同,题目就无法解出来,这就需要解题经验的积累和对下一步出现差异的预判。

例 3 已知 $\cos\left(\dfrac{\pi}{4}-\alpha\right)=\dfrac{3}{5}$,$\sin\left(\dfrac{5\pi}{4}+\beta\right)=-\dfrac{12}{13}$,$\alpha\in\left(\dfrac{\pi}{4},\dfrac{3\pi}{4}\right)$,$\beta\in\left(0,\dfrac{\pi}{4}\right)$,求 $\sin(\alpha+\beta)$ 的值。

分析:这道题主要的差异来自角,题目中出现的已知角有 $\dfrac{\pi}{4}-\alpha$,$\dfrac{5\pi}{4}+\beta$,要求 $\alpha+\beta$,如何建立它们之间的联系是解题的关键。我们发现 $\left(\dfrac{5\pi}{4}+\beta\right)-\left(\dfrac{\pi}{4}-\alpha\right)=\pi+\alpha+\beta$,于是联系建立起来了。

解:因为 $\alpha\in\left(\dfrac{\pi}{4},\dfrac{3\pi}{4}\right)$,$\dfrac{\pi}{4}-\alpha\in\left(-\dfrac{\pi}{2},0\right)$ 且 $\cos\left(\dfrac{\pi}{4}-\alpha\right)=\dfrac{3}{5}>0$,

所以 $\sin\left(\dfrac{\pi}{4}-\alpha\right)=-\dfrac{4}{5}$。

因为 $\beta\in\left(0,\dfrac{\pi}{4}\right)$,$\dfrac{5\pi}{4}+\beta\in\left(\dfrac{5\pi}{4},\dfrac{3\pi}{2}\right)$ 且 $\sin\left(\dfrac{5\pi}{4}+\beta\right)=-\dfrac{12}{13}$,

所以 $\cos\left(\dfrac{5\pi}{4}+\beta\right)=-\dfrac{5}{13}$,$\sin(\pi+\alpha+\beta)=\sin\left[\left(\dfrac{5\pi}{4}+\beta\right)-\left(\dfrac{\pi}{4}-\alpha\right)\right]=\sin\left(\dfrac{5\pi}{4}+\beta\right)\cos\left(\dfrac{\pi}{4}-\alpha\right)-\cos\left(\dfrac{5\pi}{4}+\beta\right)\sin\left(\dfrac{\pi}{4}-\alpha\right)=-\dfrac{56}{65}$,$\sin(\alpha+\beta)=-\sin(\pi+\alpha+\beta)=\dfrac{56}{65}$。

例 4 已知 $\dfrac{\cos 2\alpha}{\sin\left(\alpha-\dfrac{\pi}{4}\right)}=-\dfrac{\sqrt{2}}{2}$,求 $\cos\alpha+\sin\alpha$。

分析:初步来看,这道题目中存在的差异包含角方面的,有 2α,$\alpha-\dfrac{\pi}{4}$,α 三种角,需要统一,运算结构方面的差异是已知条件为分式,要求结果为整式,需要化简。

解法一:统一到角 α

$$\dfrac{\cos 2\alpha}{\sin\left(\alpha-\dfrac{\pi}{4}\right)}=\dfrac{\cos^2\alpha-\sin^2\alpha}{\dfrac{\sqrt{2}}{2}(\sin\alpha-\cos\alpha)}=\dfrac{\cos\alpha+\sin\alpha}{-\dfrac{\sqrt{2}}{2}}=-\dfrac{\sqrt{2}}{2}$$

所以 $\cos\alpha+\sin\alpha=\dfrac{1}{2}$。

解法二:因为 $2\alpha=2\left(\alpha-\dfrac{\pi}{4}\right)+\dfrac{\pi}{2}$,$\cos\alpha+\sin\alpha=\sqrt{2}\cos\left(\alpha-\dfrac{\pi}{4}\right)$。

$$\dfrac{\cos 2\alpha}{\sin\left(\alpha-\dfrac{\pi}{4}\right)}=\dfrac{\cos\left[2\left(\alpha-\dfrac{\pi}{4}\right)+\dfrac{\pi}{2}\right]}{\sin\left(\alpha-\dfrac{\pi}{4}\right)}=\dfrac{-\sin 2\left(\alpha-\dfrac{\pi}{4}\right)}{\sin\left(\alpha-\dfrac{\pi}{4}\right)}=\dfrac{-2\sin\left(\alpha-\dfrac{\pi}{4}\right)\cos\left(\alpha-\dfrac{\pi}{4}\right)}{\sin\left(\alpha-\dfrac{\pi}{4}\right)}=-2\cos\left(\alpha-\dfrac{\pi}{4}\right)=-\dfrac{\sqrt{2}}{2}$$

所以 $\cos\left(\alpha-\dfrac{\pi}{4}\right)=\dfrac{\sqrt{2}}{4}$,

所以 $\cos\alpha+\sin\alpha=\sqrt{2}\cos\left(\alpha-\dfrac{\pi}{4}\right)=\dfrac{1}{2}$。

这道题主要寻求角的统一方向,特别注意是 2α 与 $\dfrac{\pi}{4}\pm\alpha$ 的关系,利用这个关系解题很容易。

综上可以发现,恒等变换的题目解题的主要规律是差异分析法,分析清楚已知角和要求角之间的差异,已知角和特殊角之间的差异,想办法消除差异,建立已知和未知之间的联系,就能很容易地解题。

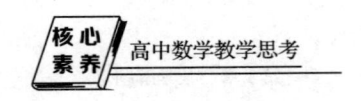

3.10 利用三余弦公式求空间角

三余弦定理:点 A 为平面 α 外一点,过 A 点的斜线在平面 α 上的射影为 BO,BC 为平面 α 上的任意直线,那么 $\angle ABC$,$\angle OBC$,$\angle OBA$ 三角的余弦关系为

$$\cos\angle ABC = \cos\angle OBC \cdot \cos\angle OBA$$

可用向量来证,过点 O 作 $OC \perp BC$ 于点 C。

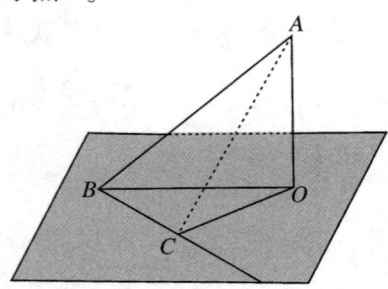

图 3-23 三余弦公式

$$\cos\beta = \frac{\overrightarrow{BA} \cdot \overrightarrow{BC}}{|\overrightarrow{BA}||\overrightarrow{BC}|} = \frac{(\overrightarrow{BO}+\overrightarrow{OA}) \cdot \overrightarrow{BC}}{|\overrightarrow{BA}||\overrightarrow{BC}|} = \frac{\overrightarrow{BO} \cdot \overrightarrow{BC}}{|\overrightarrow{BA}||\overrightarrow{BC}|} = \frac{|\overrightarrow{BO}||\overrightarrow{BC}|\cos\theta}{|\overrightarrow{BA}||\overrightarrow{BC}|} = \cos\alpha\cos\theta$$

我们在利用三余弦公式时多数都是利用平面的斜线 AB、斜线在平面内的射影 BO,以及平面内过斜足的直线 BC 解题。

实际上,对于平面内的任意一条直线(不一定过 B 点),都有三余弦公式。平面内的任意一条直线 l 都可以通过平移转化成相交直线所成的角。

1. 线线角

例 1 在三棱锥 $S-ABC$ 中,$SA = SB = SC$,且 $\angle ASB = \angle BSC = \angle CSA = \dfrac{\pi}{2}$,$M$,$N$ 分别是 AC,SB 的中点,则异面直线 SM 与 CN 所成角的余弦值为_____。

这道题有多种解法,可以选基底,也可以建系,还可以补成正方体。观察这道题中三条棱 $SA = SB = SC$ 且两两垂直,所以存在线面垂直,可以考虑三余弦公式求解。

构图见图 3-24。

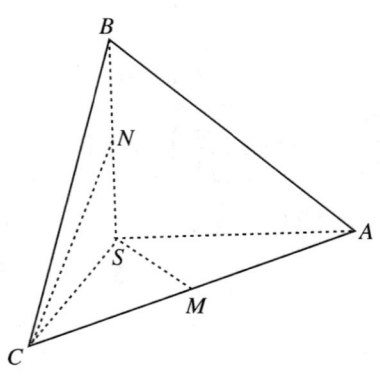

图 3-24 例 1 图

因为 $BS \perp SC$,$BS \perp SA$,$SC \cap SA = S$,所以 $BS \perp$ 面 ASC,BS 是面 ASC 的一条垂线,CN 是面 ASC 的一条斜线,SC 是 CN 在面 ASC 中的射影,SM 是平面 ASC 内的一条直线。

设异面直线 SM 与 CN 所成角为 θ。

根据三余弦公式得 $\cos\angle NCS \cdot \cos\angle MSC = \cos\theta$,

所以 $\cos\theta = \dfrac{\sqrt{10}}{5}$。

需要注意的是两条直线所成角的范围在 $\left[0, \dfrac{\pi}{2}\right]$，所以余弦值都大于等于零。

例 2 将一副直角三角形拼成直二面角，如图 3-25 所示。

求异面直线 BC 与 AD 所成的角的余弦。

解：因为面 $ABC \perp$ 面 DBC，且面 $ABC \cap$ 面 $DBC = BC$，$DB \perp BC$，$DB \subset$ 面 DBC，所以 $DB \perp$ 面 ABC。AD 是平面 ABC 的一条斜线，AB 是 AD 在平面 ABC 内的射影，BC 是平面 ABC 内的一条直线。

设异面直线 BC 与 AD 所成的角 θ，

由三余弦公式得 $\cos\angle BAD \cdot \cos\angle ABC = \cos\theta$。

因为 $\cos\angle BAD = \dfrac{AB}{AD} = \dfrac{2\sqrt{15}}{3}$，所以 $\cos\theta = \dfrac{\sqrt{30}}{10}$。

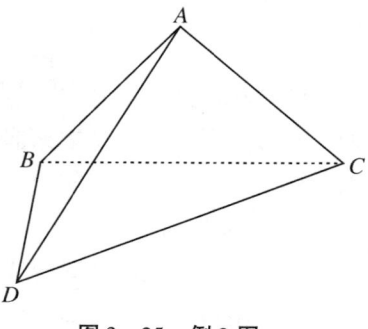

图 3-25 例 2 图

2. 线面角

例 3 已知三个平面 AOB, BOC, AOC 相交于点 O，且 $\angle AOB = \angle BOC = \angle AOC = 60°$，则直线 OA 与平面 BOC 所成角的余弦值为 ＿＿＿＿＿。

过点 A 作 $AH \perp$ 面 OBC，则 H 点落在 $\angle BOC$ 的角平分线上。由三余弦公式得

$$\cos\angle AOC = \cos\angle AOH \cdot \cos\angle HOC, \cos\angle AOH = \dfrac{\cos\angle AOC}{\cos\angle HOC} = \dfrac{\sqrt{3}}{3}$$

直线 OA 与平面 BOC 所成角的余弦值为 $\dfrac{\sqrt{3}}{3}$。

3. 二面角

例 4 如图 3-26 所示，三棱锥 $S-ABC$ 中，面 $SAC \perp$ 面 ABC，且 $SA = SC$，$\triangle ABC$ 为等腰直角三角形，且 $AB \perp BC$，D 为 AB 中点，异面直线 SD 与 AC 所成角的余弦值为 $\dfrac{1}{2}$，求二面角 S-AB-C 的大小。

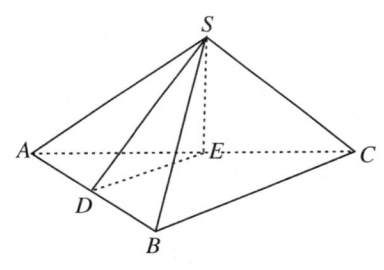

图 3-26 例 4 图

取 AC 中点 E，连接 DE，$\because SA = SC$，$\therefore SE \perp AC$，面 $SAC \perp$ 面 ABC，面 $SAC \cap$ 面 $ABC = AC$，$SE \subset$ 面 SAC，$\therefore SE \perp$ 面 ABC，$AB \subset$ 面 ABC，$\therefore SE \perp AB$，DE 为 $\triangle ABC$ 的中位线，$\therefore DE \perp AB$。

$SE \cap DE = E$，$\therefore AB \perp$ 面 SDE，$\therefore AB \perp SD$，

$\therefore \angle SDE$ 为所求二面角 S-AB-C 的平面角。

异面直线 SD 与 AC 所成角为 θ，则有

$$\cos\angle SDE \cdot \cos\angle AED = \cos\theta$$

$$\cos\angle SDE = \dfrac{\cos\theta}{\cos\angle AED} = \dfrac{\sqrt{2}}{2}$$

二面角 S-AB-C 的大小为 $\dfrac{\pi}{4}$。

由于三余弦公式联系了线线角和线面角，二面角的平面角为线线角，因此利用三余弦公式在处理和解决一些空间角的问题时有着独特的功效。

3.11 立体几何的模型

数学是由现实世界中不断发现新的事物,然后抽象,抓住其本质特征,形成模型的过程,在这个过程中,人们不断对其发现的模型继续抽象,形成新的模型,然后再抽象,如此循环,越来越接近事物的本质特征。所以说数学对于学生综合素养的提升非常有帮助,能使学生形成深刻认识事物本质的能力。

在立体几何部分,人们由现实世界抽象出很多几何体,并研究了这些几何体的特征,然后再由这些几何体进一步抽象出它们的共同特征,形成新的定理,再进一步抽象,形成更高的模型,比如空间直角坐标系。空间直角坐标系可以认为是在空间中整齐地放置单位为1的正方体,这些正方体形成了各种各样的几何体,本质是利用正方体解决问题。正方体也就是一个规则的空间,空间中很多的几何体都可以由正方体经过切割形成,反之,很多几何体也可以化成正方体。

例1 已知在三棱锥 $P-ABC$ 中,$PA \perp$ 面 ABC,$AB \perp BC$,$PA = AB = BC = 2$,M 为 PC 的中点,求点 P 到平面 MAB 的距离。

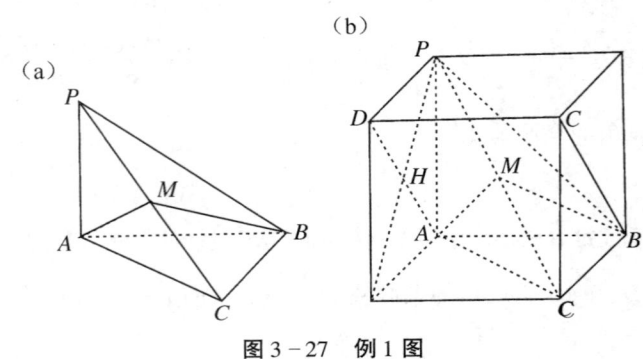

图 3-27 例1图

本题可以利用等体积法求解即 $V_{M-PAB} = V_{P-AMB}$,也可以利用 M 为 PC 的中点,点 P 到平面 MAB 的距离与点 C 到平面 MAB 的距离相等求解,即转化为 $V_{M-ABC} = V_{C-AMB}$。还可以利用向量求解,这里不再一一赘述。

这个几何体的四个面都是直角三角形,在古代叫作鳖臑,它具有非常好的直角特征,如果采用补体的方法,补成正方体解决,可能会更简单。

如图 3-27 所示,把例1中的几何体放入正方体中,平面 MAB 可以延展为平面 $ABCD$,点 P 到平面 MAB 的距离也就是点 P 到平面 $ABCD$ 的距离,由 $PE \perp$ 面 $ABCD$ 得,PH 就是点 P 到平面 $ABCD$ 的距离,很容易得到 $PH = \sqrt{2}$,所以点 P 到平面 MAB 的距离为 $\sqrt{2}$。

其实,特殊的几何体像鳖臑、阳马、堑堵等都可以采用补体的方法进行研究。

例2 已知如图 3-28 所示,在四棱锥 $P-ABCD$ 中,底面四边形 $ABCD$ 是正方形,侧面 PDC 是边长为2的正三角形,且平面 $PDC \perp$ 平面 $ABCD$,E 为 PC 的中点。

(1) 求异面直线 PA 与 DE 所成角的余弦值。

(2) 直线 AP 与平面 PBC 所成的角的正弦值。

(a)　　　　　　　　　　　（b）

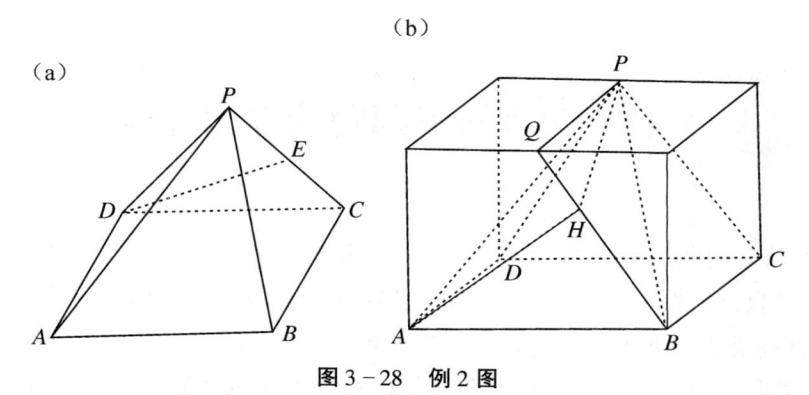

图 3-28　例 2 图

这里只对第二问简单地说一下。注意到平面 PDC⊥平面 ABCD，底面是正方形。所以可以考虑补体法，把原图形补成如上图的长方体，并把平面 PBC 延展成平面 PQBC，因为平面 PQBC⊥平面 ABQ，平面 PQBC∩平面 ABQ=BQ，过 A 点作 AH⊥BQ，AH⊂平面 ABQ，则 AH⊥面 PQBC，连接 PH，则∠APH 就是直线 AP 与平面 PBC 所成的角，解 Rt△APH 得，$\sin\angle APH = \frac{\sqrt{6}}{4}$。

还有很多这样的例子，实际上，把几何体放到正方体或长方体中与把几何体放到坐标系中是一回事，放到正方体中更能体现出线面关系，更容易找到角和距离，放到坐标系中主要往坐标关系方向思考。

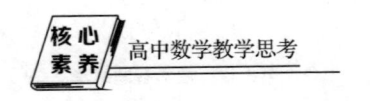

3.12 解决概率问题的最大障碍

等学生把概率中的简单问题都掌握了,摆在学生面前的最大的障碍就是阅读理解能力,解决阅读理解能力需要战胜的最大敌人是"自己给自己出题"。概率题文字多、信息量大,在读题时最容易犯的错误是不按照题目给的信息理解问题,而是读题后按照自己的想法去理解题目,这时往往会犯错误。

例1 在一次篮球投篮测试中,记分规则如下(满分为10分):①每人可投篮7次,每投中一次记1分;②若连续两次投中加0.5分,连续三次投中加1分,连续四次抽中加1.5分,以此类推……七次都投中加3分。假设某同学每次投中的概率为 $\frac{1}{2}$,各次投篮相互独立,则:(1)该同学在测试中得2分的概率为_____;(2)该同学在测试中得8分的概率为_____。

很多学生在读题时没有读懂题目的本来意思,而是按照自己的理解解题,导致出错。学生的理解是这样的:第一次中1分,第二次连中1.5分,第三次连中2分,……第七次连中10分。然后第(2)问得8分,需要1+1.5+2+2.5=7再加上一次1分,就能得到8分。这是理解出错了,甚至连题目小括号中的"满分为10分"也没有真弄明白,为什么满分为10分,题目的意思不是把这些分数简单地相加,而是两次连中一共得的分数为2+0.5分,三次连中得分3+1分……错误是没有读懂题。

这道题的解答如下:第一类:5连中+1不中+1中,共有两种情况。第二类:4连中+1不中+2连中,共有两种情况。第三类:3连中+1不中+3连中,共有1种情况,所以答案是 $\frac{5}{128}$。

例2 2022年第24届冬季奥林匹克运动会,简称"北京冬奥会",于2022年02月04日—2022年02月20日在北京市和张家口市联合举行。这是中国历史上第一次举办冬季奥运会,北京承办所有冰上项目,延庆和张家口承办所有的雪上项目。表3-1截取了2月5日和2月6日两天的赛程表(2022年北京冬奥会赛程表第七版,发布于2020年11月)。

说明:"*"代表当日有不是决赛的比赛;数字代表当日有相应数量的决赛。

(1)①若在这两天每天随机观看一个比赛项目,求恰好看到冰球和跳台滑雪的概率;

②若在这两天每天随机观看一场决赛,求两场决赛在同一赛区的概率。

(2)若在2月6日(星期日)的所有决赛中观看三场,X 记为赛区的个数,求 X 的分布列及 $E(X)$。

这道题中的①中"若在这两天每天随机观看一个比赛项目,求恰好看到冰球和跳台滑雪的概率"这句话极难理解。很多学生连读了这句话3遍还是不知道什么意思。这句话中的每一个字都有特定的意义,需要逐一分析,"在这两天每天"注意是两天中的每一天都看一个比赛项目。"恰好看到冰球和跳台滑雪"要求两天中一天看到冰球,一天看到跳台滑雪,因此有两种情况。所以概率为 $\frac{1}{10} \times \frac{1}{10} + \frac{1}{10} \times \frac{1}{10} = \frac{1}{50}$。同样,②中"若在这两天每天随机观看一场决赛"也是这样理解,两天比赛都在北京赛区 $\frac{2}{6} \times \frac{1}{7} = \frac{1}{21}$,都在张家口赛区 $\frac{4}{6} \times \frac{4}{7} = \frac{8}{21}$,所以同一赛区的概率为 $\frac{1}{21} + \frac{8}{21} = \frac{3}{7}$。这道题本身并不难,难在题意的理解上。需要逐字逐句、耐心地读。

表 3-1 例 2

2022年2月	北京赛区					延庆赛区				张家口赛区						当日决赛数
	开闭幕式	冰壶	冰球	速度滑冰	短道速滑	花样滑冰	高山滑雪	有舵雪橇	钢架雪车	无舵雪橇	跳台滑雪	北欧两项	越野滑雪	单板滑雪	冬季两项	自由式滑雪	
5日		*	*	1	1					*	1		1	*	1	1	6
6日		*	*	1		*	1			1	1		1	1		1	7

例 3 已知 5 只动物有 1 只患有某种疾病,需要通过血液化验来确定患病的动物,血液化验结果呈阳性的为患病动物,下面是两种化验方案。

方案甲:将各动物的血液逐个化验,直到查出患病动物为止。

方案乙:先取 3 只动物的血液进行混合,然后检查,若呈阳性,对这 3 只动物的血液再逐个化验,直到查出患病动物;若不呈阳性,则检查剩下的 2 只动物中其中 1 只动物的血液。

分析哪种化验方案更好。

分析哪种化验方案更好,就是比较哪种方案化验次数的期望更少,这个学生能明白,对于方案甲的检验次数,一般学生简单地认为化验 5 次,实际上,还是没读懂题目,因为题目已经告诉 5 只动物有 1 只患有某种疾病,逐个检查,如果第一次化验就检查出患病动物,则后续化验不再进行,所以设化验的次数为随机变量 X,则 X 的取值范围为 1,2,3,4,即化验进行 4 次,一定结束,因为第 4 次检出患病动物则化验结束,如果第 4 次没有检出患病动物,则剩下的那一只一定是患病动物,检查结束。因此得随机变量 X 的分布列如表 3-2 所示。

表 3-2 随机变量 X 的分布列

X	1	2	3	4
P	0.2	0.2	0.2	0.4

所以 $E(X) = 1 \times 0.2 + 2 \times 0.2 + 3 \times 0.2 + 4 \times 0.4 = 2.8$。

对于方案乙的理解,比方案甲更难。设方案乙化验次数为 Y,则 Y 的可能取值为 2,3。

当 $Y=2$ 时,表示 3 只动物混在一起化验结果成阴性,另两只动物再化验一次就可以了,或者 3 只动物混在一起结果呈阳性,逐个化验时第 1 次就查出患病动物,所以概率为

$$P(Y=2) = \frac{C_4^3}{C_5^3} \times 1 + \frac{C_4^2 C_1^1}{C_5^3} \times \frac{1}{3} = \frac{3}{5}$$

当 $Y=3$ 时,表示 3 只动物混在一起呈阳性,再逐个化验,第 1 次没有检出,第 2 次查出,化验结束,若第 2 次没有检出,则剩下的那只就是患病动物。

$$P(Y=3) = \frac{C_4^2 C_1^1}{C_5^3} \times \frac{2}{3} = \frac{2}{5}$$

所以随机变量 Y 的分布列如表 3-3 所示。

表 3-3 随机变量 Y 的分布列

Y	2	3
P	0.6	0.4

可知 $E(Y) = 2 \times 0.6 + 3 \times 0.4 = 2.4$。

所以选择方案乙。

这道题不仅对阅读理解的要求高,对于分析问题的能力要求也很高,要能全面考虑各种可能的情况。

如何提高学生的阅读理解能力呢?

(1)要求老师尽可能地让学生自己读题思考,老师不要引导读题,不要怕学生犯错,让学生在犯错中不断地反思自己。反思是对发生过的事情再回顾、再思考,是更深层次的认知,是提高学生数学成绩的一种高效的方法,是培养学生反思能力的重要途径,是让学生学会学习的重要手段。因此,反思时不能仅停留在一想而过,要让学生写一下,写下来更能清晰地反映自己的思路。

(2)要找一些典型的例题让学生练习,最好是高考题或者是课本上的题,这些题的质量更高,能经得住推敲。学生泛泛地做题,做一些无关痛痒的题,对于学生能力的提高真没什么用处。在学生基础知识还没有熟练时可以做适量的题目,不断完善对知识的理解,但是不是知识方面出现问题的时候,就不要大量地做题了,题海战术只能淹没学生的思考时间,没有半点好处,反复研究几道典型的题目,从中汲取营养,然后反思,形成方法步骤,才能进步,提升学生的素养。

(3)在学生觉得自己的解题能力有提高后,可以再找一两道新题检验一下自己掌握的方法是不是可靠,有没有需要完善的地方。

3.13 数学究竟带给学生什么

在一次模拟测试之后,笔者发现学生出现的错误有些莫名其妙。比如:$1\,000 \times 0.158\,65 \approx 1\,587$,$(1-x)^{2022}$被当成$(1-x)^{2020}$,不该错的地方出错特别多,都是无谓的失误。其实没有失误这个概念,所有的失误都有背后更深层次的原因,所有看似计算错误,背后都有学习习惯不良的影子。所有的失误都是一个学生综合素养的反映,要改掉这些问题需要长期的过程,绝不是老师抱怨一两次,学生就能改了的,绝不是学生一两次考试没考好,他就能记住、改变的。因此,老师要有自己的计划,要有自己的改变学生整体习惯和素养的计划,这个计划要渗透到一节一节的课中、一天一天的教学中,要让学生在回顾老师的教学时能随口说出一两句具有学科特色的话,这句话要超脱知识的限制,这句话要影响学生一生。

数学究竟带给学生什么?是知识?但是知识会随着时间的推移逐渐被遗忘。是能力?除了解题能力外,学成书呆子的学生还有什么能力?这个问题让笔者陷入了深深的思考。笔者首先想的是数学核心素养,这个东西不就是专家总结出来的数学能带给人的素养吗?但感觉这个东西太多,不好记,容易忘,学生理解不了。数学是至简的,它告诉笔者,笔者想要的东西应该是很简单的一两句话,甚至就是几个词,这些词能时时刻刻提醒学生,能让学生挂在嘴边,念念不忘。这句话是什么?肯定不是数学知识,因为不可能用一两句话就概括掉数学的内涵,这句话应该超越具体的数学知识和方法,更多地带给人自身素养习惯的东西。最后总结出两个词:"严谨"和"分析",可能以后还会加入别的词语。下面依次解释一下这两个词的意义。

"严谨"的第一层意思在于态度,没有严谨的态度不会学好数学,当然素养也不会高。严谨的态度就是一丝不苟,严肃认真,丁是丁,卯是卯。数学能带给笔者的很重要的东西就是严谨,不仅是治学,还有做事,有时感觉到自己做事有些死心眼,太认真,答应别人的事情一定要做到,不敢轻易许诺等。现在学生的学习在严谨方面出现了很大的问题,他们不在乎对错,因为有大量的题等着他们去做,有大量的错误等着他们去犯,做错了事情不需要付出多大的代价,甚至他们就没有因为自己的不严谨、随意而为而痛心痛苦。所以学生解题凭感觉,做事凭心情,甚至让学生写考后反思,都是字迹潦草,应付了事,这是教育出现了问题。所以要告诉学生,严谨是一种态度,是一种作风。

"严谨"的第二层意思在于过程。这个主要是就知识而言的,学习知识要严谨,要掌握知识的全部,而不是大概。比如斜率的概念,在一开始学习斜率时就反复给学生强调,斜率的概念自产生之日起就存在着缺陷,它包括存在和不存在两种情况,直到现在做题,学生还是容易漏掉斜率不存在的情形。再如求方程$y=2x^2$的焦点坐标,从一开始学就规定好了解决问题的步骤,先化标准型,即化成$x^2=\frac{1}{2}y$,然后再求焦点,但直接当成标准型求焦点的大有人在。两个向量的夹角一定要先化成同起点的,再表示角,学生一次又一次地做错,在这道题中知道了,换一道题又不知道了,学生掌握知识不求甚解,浅尝辄止,知道得差不多就不再学习了,这是学习的大敌。对于知识不严谨,无法一丝不苟、有一说一,这是人的习性,改起来更难。

"严谨"的第三层意思在于规范。规范是标准,要求按照规范办就是按照标准办。学习有学习的规范,学习有学习的标准。学生学习规范包括书写规范、学习规范、答题规范及考试规范等。可笑的是让学生对着自己的试卷写反思,反思交上来以后,因为书写潦草,好多字都认不出来,这样的习惯,这样的学习状态,再学多长时间学生也难以成大器,每天都在重复那个不严谨的自己怎么提高?笔者曾经对学生说,你们要好好地研究考试,考试是要在单位时间内得到最多的分数,在知识水平一定的情况下,能得到更多的分数,那叫能力强。要求学生仔细研究考试评分标准,告诉学生很多重大考试的答案是这样写的"参考答案及评分标准",这里的答案是用来参考的,而对于评分来说,这是标准。要好好地研究评分标准,研究怎么多得几分,看自己的知识水平怎么能发挥到最大值。但是学生拿到答案后,迫不及待地对答案,看自己能得多少分,然后就把答案扔到了一边,这哪里是研究的态度和方法。

以上学习中的问题是学生缺少严谨的治学态度造成的,只能在教学中改变,一点一点地提要求,除此以外没有捷径。

"分析"更多是解决问题的方法。在说分析之前,先说我们这一代人成长过程中都看过的一部动画片《聪明的一休》,这个动画片中的主人公一休在遇到困难时总是坐下来,让自己安静下来,冷静地思考办法。所以一休在我们这一代人身上烙下了深深的印记,告诉我们遇到困难,平心静气,积极思考解决困难的办法。所以在遇到困难时,经常对自己说,"让我分析分析""让我想一想"。这是给自己一个心理缓冲,时间长一点,想得全一点,困难的问题可能就解出来了。现在的学生遇到难题,反应激烈,我不会,看也不会,看不懂,不看,对待问题的态度简单,他们不是说分析一下,再读读题,再想一下,而是直接给自己下了不会的断语,他们拒绝进一步地思考。这对学习来说,有多可怕啊。

"分析"除了从心理上给自己一个心理暗示缓冲以外,还要有分析问题的方法。这些方法有如下几个:

一是指条件和结论,就是仔细分析题目给的条件是什么,结论是什么,它们怎么联系起来,由条件能转化成什么,由结论能转化出什么,它们有共同的点吗,它们差异有多大……

例 已知双曲线 $M: \dfrac{x^2}{a^2} - \dfrac{y^2}{b^2} = 1(a > 0, b > 0)$ 的左、右焦点分别为 $F_1, F_2, |F_1F_2| = 2c$。若双曲线 M 的右支上存在点 P,使 $\dfrac{a}{\sin \angle PF_1F_2} = \dfrac{3c}{\sin \angle PF_2F_1}$,则双曲线的离心率的取值范围为_____。

笔者问学生这道题是怎么解的,学生的回答很干脆:"我不会,一看就不会。"连看都不看了,缺乏迎难而上的勇气。

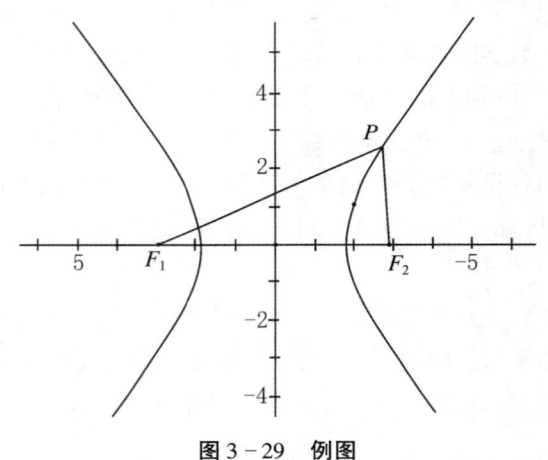

图 3-29 例图

仔细观察条件给的式子 $\dfrac{a}{\sin \angle PF_1F_2} = \dfrac{3c}{\sin \angle PF_2F_1}$,其中出现了正弦,又在三角形中,因此可以考虑正弦定理,同时结论让求离心率,对条件式子变形就出现了 $e = \dfrac{c}{a}$,通过分析条件和结论,自然会得到解题思路。

对式子 $\dfrac{a}{\sin \angle PF_1F_2} = \dfrac{3c}{\sin \angle PF_2F_1}$ 变形得 $\dfrac{3c}{a} = \dfrac{\sin \angle PF_2F_1}{\sin \angle PF_1F_2} = \dfrac{|PF_1|}{|PF_2|}$ 即 $|PF_1| = \dfrac{3c}{a}|PF_2|$。

又因为 $|PF_1| - |PF_2| = 2a$,两式联立可得 $\left(\dfrac{3c}{a} - 1\right)|PF_2| = 2a$,

所以 $|PF_2| = \dfrac{2a}{\dfrac{3c}{a} - 1} > c - a$,整理可得 $1 < e < \dfrac{2 + \sqrt{7}}{3}$。

二是指"正难则反",正面解决问题有困难的话,可以考虑反面解决。

三是指分类讨论,就是把一个难的问题转化成若干个简单的小问题解决。分类是要按照一定的规则,做到不重不漏,所有情况加起来是全集。

四是指形象化,把题目形象化,来源于数学方法数形结合,比数形结合更高一个层次的是把一切抽象的不好理解的东西形象化,变得好理解。

例 某车间有 7 名工人,其中 3 名是钳工,2 名是车工,另外 2 名既能当钳工又能当车工,现要在这 7 名工人里选派 2 名钳工和 2 名车工修理一台机床,选派方法有_____种。

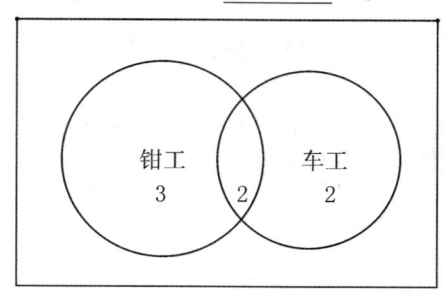

图 3-30 例图

把题目形象化,画出图 3-30。

方法一:从选派的钳工人数出发,有如下做法:第一类,在 3 名钳工中选择 2 名参加,方法有 $C_3^2 C_4^2 = 18$ 种,第二类,从 3 名钳工中选派 1 名参加,方法有 $C_3^1 C_2^1 C_3^2 = 18$ 种;第三类,3 名钳工都不选,方法有 $C_2^2 C_2^2 = 1$ 种。因此选派方法共有 37 种。

对称着也可以有方法二:从选派车工人数出发:第一类,在 2 名车工中选 2 名参加,方法有 $C_2^2 C_5^2 = 10$ 种;第二类,在 2 名车工中选择 1 名参加,方法有 $C_2^1 C_2^1 C_4^2 = 24$ 种;第三类,2 名车工都不选择,有 $C_2^2 C_3^2 = 3$ 种。因此选派方法共有 37 种。

当然也可以从中间多面手出发,因为情况比较多,不建议这样做。

这道题最关键的地方是画出图形,把题目形象化,思考问题的思路就比较清晰。

"让我分析分析"不止是一句话,一句心理缓冲的话,还应该是一种方法,让学生知道如何分析问题,利用这样的方法能解出题来,让学生能看到希望。

数学老师不止要讲知识,更要关注学生的成长与发展,真正思考数学能带给学生什么,过了几年以后,当学生把所学的知识都忘记了的时候,回想数学是什么,那时能想起来的东西是数学真正的东西。当把知识都忘了,在遇到困难时,能想到数学的解决方法,就是数学能带给学生的东西,这种素养不是一时的,而应该是陪伴学生终生的,这或许就是全民学习数学的意义。

3.14 广义的对称

所谓的广义的对称,不是指数学知识上的中心对称、轴对称等,更多的是方法的对称。

例 1 已知双曲线 $C_1: \dfrac{x^2}{a^2} - \dfrac{y^2}{b^2} = 1(a>0, b>0)$ 的左右焦点分别为 F_1, F_2,若双曲线 C_1 与曲线 $C_2: x^2 + y^2 - b^2 = 0$ 在第二象限的交点为 M,且 $\dfrac{|\overrightarrow{MF_1}|}{|\overrightarrow{MF_2}|} = \dfrac{1}{3}$,则双曲线 C_1 的离心率为 _____。

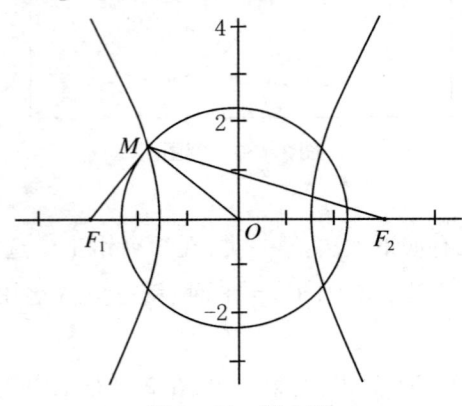

图 3-31 例 1 图

解法一:因为 $\dfrac{|\overrightarrow{MF_1}|}{|\overrightarrow{MF_2}|} = \dfrac{1}{3}$,$|\overrightarrow{MF_2}| - |\overrightarrow{MF_1}| = 2a$,

可得 $|\overrightarrow{MF_2}| = 3a, |\overrightarrow{MF_1}| = a$。

在 $\triangle MF_1O$ 中,因为 $|\overrightarrow{MF_1}| = a, |\overrightarrow{OF_1}| = c, |MO| = b$,所以 $\triangle MF_1O$ 为直角三角形。

在 $\triangle MF_1O$ 中,由余弦定理可得 $\cos \angle MF_1O = \dfrac{a}{c}$ ①。

在 $\triangle MF_1F_2$ 中,由余弦定理可得 $\cos \angle MF_1O = \dfrac{a^2 + 4c^2 - 9a^2}{2a \cdot 2c}$ ②。

由①②可求离心率 $e = \sqrt{3}$。

解法二:既然可以利用 $\angle MF_1O$ 求解,根据广义对称,$\angle MF_2O$ 与 $\angle MF_1O$ 地位相同,应该也可以利用 $\angle MF_2O$ 求解。

在 $\triangle MF_2O$ 中,由余弦定理得 $\cos \angle MF_2O = \dfrac{9a^2 + c^2 - b^2}{2 \cdot 3a \cdot c}$。

在 $\triangle MF_2F_1$ 中,由余弦定理得 $\cos \angle MF_2O = \dfrac{9a^2 + 4c^2 - a^2}{2 \cdot 3a \cdot 2c}$。

两式联立可求解离心率。

解法三:题目中 F_1, F_2 位于点 O 的左右两侧,可由对称求解,位于对称中心的 O 是否也可以参与求解呢? 根据广义对称,可以求解。

在 $\triangle MOF_1$ 中,由余弦定理可得 $\cos \angle MOF_1 = \dfrac{b}{c}$。

在 $\triangle MOF_2$ 中,由余弦定理可得 $\cos \angle MOF_2 = \dfrac{b^2 + c^2 - 9a^2}{2bc}$。

两式联立可求离心率。

这道题目利用广义的对称得到三种解决问题的方法,这三种方法在本质上是一种方法,这道题只不过是由一化三而已。

例2 某车间有7名工人,其中3名是钳工,2名是车工,另外2名既能当钳工又能当车工,现要在这7名工人里选派2名钳工和2名车工修理一台机床,选派方法有几种?

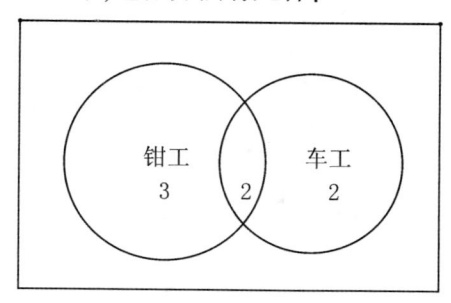

图3-32 例2图

方法一:从选派的钳工人数出发,有如下做法。第一类,在3名钳工中选择2名参加,方法有 $C_3^2 C_4^2 = 18$ 种;第二类,从3名钳工中选派1名参加,方法有 $C_3^1 C_2^1 C_3^2 = 18$ 种;第三类,3名钳工中都不选,方法有 $C_2^2 C_2^2 = 1$ 种。因此选派方法共有37种。

对称着也可以有方法二:从选派车工人数出发:第一类,在2名车工中选2名参加,方法有 $C_2^2 C_5^2 = 10$ 种;第二类,在2名车工中选1名参加,方法有 $C_2^1 C_2^1 C_4^2 = 24$ 种;第三类,2名车工都不选择,有 $C_2^2 C_3^2 = 3$ 种。因此选派方法共有37种。

当然也可以从中间多面手出发求解,只不过分类较多、计算量大,不好求解。

广义的对称也可以是不同角度的解题方法的对称。

解析几何一些求基本量的小题在解题方法上可以考虑解析法,即通过坐标、方程组求解。也可以考虑几何法,即通过圆锥曲线的定义、平面几何中的平行、垂直、相似及三角形的性质,甚至包括高中阶段学习的解三角形中的正、余弦定理,面积公式等。

例3 双曲线 $\dfrac{x^2}{a^2} - \dfrac{y^2}{b^2} = 1 (a > 0, b > 0)$ 的左、右焦点分别为 F_1, F_2,渐近线分别为 l_1, l_2,点 P 在第一象限且在 l_1 上,若 $l_2 \perp PF_1, l_2 // PF_2$,则双曲线的离心率为_____。

解法一:几何法。

因为 $l_2 // PF_2, l_2 \perp PF_1$,所以 $PF_1 \perp PF_2$,即 $\triangle PF_1 F_2$ 为直角三角形。

又因为 O 为 $F_1 F_2$ 的中点,所以 $OF_1 = OF_2 = OP$,
所以 $\angle OPF_2 = \angle PF_2 O$。

因为 $l_2 // PF_2, \angle QOF_1 = \angle PF_2 O$,
又因为 l_1 与 l_2 为双曲线的渐近线,所以 $\angle QOF_1 = \angle POF_2$,
因此 $\angle OPF_2 = \angle PF_2 O = \angle POF_2 = 60°$。

渐近线 l_1 的斜率为 $k = \sqrt{3}$,离心率 $e = \sqrt{1 + k^2} = 2$。

解法二:解析法。

解析几何问题是解析自己的事情,让平面几何帮忙是因为平面几何解题更简单,少了繁琐的运算,并不是解析法不可以,按照正宗的解析几何思考问题,解析法是可以解决解析几何内任何问题的,因此,这道题可以考虑解析法。这也可以看成解析法与几何法的对称,能用几何法解决的问题也一定能用解析法求解。

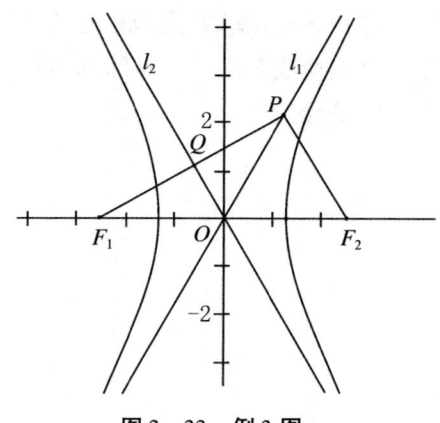

图3-33 例3图

题目中的条件有两个：$l_2 \perp PF_1, l_2 \parallel PF_2$。

设直线 PF_1 的方程为 $y = \dfrac{a}{b}(x+c)$，

则直线 PF_1 与直线 l_1 的方程联立得 $\begin{cases} y = \dfrac{a}{b}(x+c) \\ y = \dfrac{b}{a}x \end{cases}$，

解得 P 点坐标为 $\left(\dfrac{a^2 c}{b^2 - a^2}, \dfrac{abc}{b^2 - a^2} \right)$。

然后利用 $l_2 \parallel PF_2$ 可得 $k_{PF_2} = \dfrac{\dfrac{abc}{b^2-a^2}}{\dfrac{a^2 c}{b^2-a^2} - c} = -\dfrac{b}{a}$，

整理得 $b^2 = 3a^2$，

所以离心率 $e = 2$。

解法三：解析法。

解法三中的解析法是先利用 $l_2 \perp PF_1$，然后再利用 $l_2 \parallel PF_2$。

根据广义对称，也可以先利用 $l_2 \parallel PF_2$，再利用 $l_2 \perp PF_1$ 求解。

设 PF_2 的方程为 $y = -\dfrac{b}{a}(x-c)$，

则 PF_2 与 l_1 的方程联立得 $\begin{cases} y = -\dfrac{b}{a}(x-c) \\ y = \dfrac{b}{a}x \end{cases}$，

解得 P 点坐标为 $\left(\dfrac{c}{2}, \dfrac{bc}{2a} \right)$。

然后利用 $l_2 \perp PF_1$ 可得 $k_{PF_1} = \dfrac{\dfrac{bc}{2a}}{\dfrac{c}{2} + c} = \dfrac{a}{b}$，

整理得 $b^2 = 3a^2$，离心率 $e = 2$。

这种解法在求 P 点坐标时的计算量要小一些，两种解法都是围绕着 P 点坐标展开的，仅仅是对计算顺序做了一个调换或者说做了对称，结果计算量发生了很大的变化，所以有时虽然有一些对称能解出问题，但是过程不一定是最优。

3.15 解析几何中的定点问题

恒过定点问题是解析几何中最常见的一类问题，一般分为直线过定点和曲线过定点。学生在解这类问题时最容易出现的问题是不知道该向哪个方向计算，不知道最终自己要把一个很复杂的式子化成什么形式才能说明它过定点了，下面谈谈常见的化简方向。

1. 直线过定点问题

直线过定点问题常见的转化形式有：

①转化为点斜式 $y - y_0 = k(x - x_0)$，过定点 (x_0, y_0)。

②转化为斜截式 $y = kx + b$，过定点 $(0, b)$。

③利用 $(a_1x + b_1y + c_1)m + (a_2x + b_2y + c_2) = 0$，无论 m 为何值，直线恒过定点，则有

$$\begin{cases} a_1x + b_1y + c_1 = 0 \\ a_2x + b_2y + c_2 = 0 \end{cases}$$

例1 （07山东理）已知椭圆 C 的中心在坐标原点，焦点在 x 轴上，椭圆 C 上的点到焦点距离的最大值为3，最小值为1。

(1) 求椭圆 C 的标准方程；

(2) 若直线 $l: y = kx + m$ 与椭圆 C 相交于 A, B 两点（A, B 不是左右顶点），且以 AB 为直径的圆过椭圆 C 的右顶点。求证：直线 l 过定点，并求出该定点的坐标。

解：(1) 由题意设椭圆的标准方程为 $\dfrac{x^2}{a^2} + \dfrac{y^2}{b^2} = 1 (a > b > 0)$，

则 $a + c = 3, a - c = 1, a = 2, c = 1, b^2 = 3$。

$\therefore \dfrac{x^2}{4} + \dfrac{y^2}{3} = 1$。

(2) 设 $A(x_1, y_1), B(x_2, y_2)$，由 $\begin{cases} y = kx + m \\ \dfrac{x^2}{4} + \dfrac{y^2}{3} = 1 \end{cases}$ 得 $(3 + 4k^2)x^2 + 8mkx + 4(m^2 - 3) = 0$，则有

$$\Delta = 64m^2k^2 - 16(3 + 4k^2)(m^2 - 3) > 0, 3 + 4k^2 - m^2 > 0$$

$$x_1 + x_2 = -\dfrac{8mk}{3 + 4k^2}, x_1 \cdot x_2 = \dfrac{4(m^2 - 3)}{3 + 4k^2}$$

$$y_1 \cdot y_2 = (kx_1 + m)(kx_2 + m) = k^2 x_1 x_2 + mk(x_1 + x_2) + m^2 = \dfrac{3(m^2 - 4k^2)}{3 + 4k^2}$$

$\because$ 以 AB 为直径的圆过椭圆的右顶点 $D(2, 0)$，$k_{AD} \cdot k_{BD} = -1$，所以有

$$\dfrac{y_1}{x_1 - 2} \cdot \dfrac{y_2}{x_2 - 2} = -1, \quad y_1 y_2 + x_1 x_2 - 2(x_1 + x_2) + 4 = 0$$

$$\dfrac{3(m^2 - 4k^2)}{3 + 4k^2} + \dfrac{4(m^2 - 3)}{3 + 4k^2} + \dfrac{16mk}{3 + 4k^2} + 4 = 0$$

$$7m^2 + 16mk + 4k^2 = 0$$

解得 $m_1 = -2k, m_2 = -\dfrac{2k}{7}$，且满足 $3 + 4k^2 - m^2 > 0$。

当 $m=-2k$ 时，$l:y=k(x-2)$，直线过定点 $(2,0)$，与已知矛盾。

当 $m=-\dfrac{2k}{7}$ 时，$l:y=k\left(x-\dfrac{2}{7}\right)$，直线过定点 $\left(\dfrac{2}{7},0\right)$。

综上可知，直线 l 过定点，定点坐标为 $\left(\dfrac{2}{7},0\right)$。

点评：这道题解题思路主要是将直线方程转化成点斜式，通过求 k 与 m 的等量关系求解，解题思路多数学生能想到。

例2 （2020·新课标Ⅰ）已知 A,B 分别为椭圆 $E:\dfrac{x^2}{a^2}+y^2=1(a>1)$ 的左、右顶点，G 为 E 的上顶点，$\overrightarrow{AG}\cdot\overrightarrow{GB}=8$。$P$ 为直线 $x=6$ 上的动点，PA 与 E 的另一交点为 C，PB 与 E 的另一交点为 D。

(1) 求 E 的方程；

(2) 证明：直线 CD 过定点。

解：如图 3-34 所示。

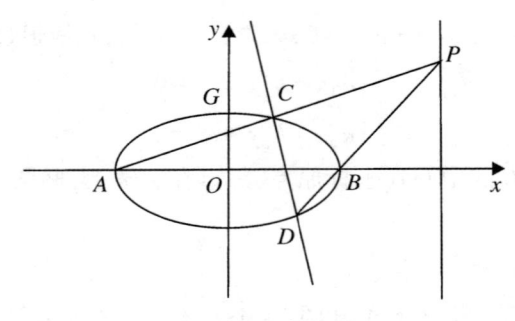

图 3-34 例 2 图

(1) 由题意得 $A(-a,0),B(a,0),G(0,1)$，

$\overrightarrow{AG}=(a,1),\overrightarrow{GB}=(a,-1),\overrightarrow{AG}\cdot\overrightarrow{GB}=a^2-1=8$，解得 $a=3$。

故椭圆 E 的方程是 $\dfrac{x^2}{9}+y^2=1$；

(2) 由(1)知 $A(-3,0),B(3,0)$，设 $P(6,m)$，

则直线 PA 的方程是 $y=\dfrac{m}{9}(x+3)$。

联立得 $\begin{cases}\dfrac{x^2}{9}+y^2=1\\ y=\dfrac{m}{9}(x+3)\end{cases}\Rightarrow(9+m^2)x^2+6m^2x+9m^2-81=0$。

由韦达定理得 $-3x_C=\dfrac{9m^2-81}{9+m^2}\Rightarrow x_C=\dfrac{-3m^2+27}{9+m^2}$，

代入直线 PA 的方程 $y=\dfrac{m}{9}(x+3)$ 得 $y_C=\dfrac{6m}{9+m^2}$，即 $C\left(\dfrac{-3m^2+27}{9+m^2},\dfrac{6m}{9+m^2}\right)$。

直线 PB 的方程是 $y=\dfrac{m}{3}(x-3)$，

联立方程 $\begin{cases}\dfrac{x^2}{9}+y^2=1\\ y=\dfrac{m}{3}(x-3)\end{cases}\Rightarrow(1+m^2)x^2-6m^2x+9m^2-9=0$。

由韦达定理得 $3x_D=\dfrac{9m^2-9}{1+m^2}\Rightarrow x_D=\dfrac{3m^2-3}{9+m^2}$，

134

代入直线 PB 的方程 $y=\dfrac{m}{9}(x-3)$ 得 $y_D=\dfrac{-2m}{1+m^2}$,

即 $D\left(\dfrac{3m^2-3}{1+m^2},\dfrac{-2m}{1+m^2}\right)$。

①当 $x_C=x_D$ 即 $\dfrac{-3m^2+27}{9+m^2}=\dfrac{3m^2-3}{1+m^2}$ 时,有 $m^2=3$,

此时 $x_C=x_D=\dfrac{3}{2}$,即 CD 为直线 $x=\dfrac{3}{2}$。

②当 $x_C\neq x_D$ 时,直线 CD 的斜率 $k_{CD}=\dfrac{y_C-y_D}{x_C-x_D}=\dfrac{4m}{3(3-m^2)}$,

直线 CD 的方程是 $y-\dfrac{-2m}{1+m^2}=\dfrac{4m}{3(3-m^2)}\left(x-\dfrac{3m^2-3}{1+m^2}\right)$,

整理得 $y=\dfrac{4m}{3(3-m^2)}\left(x-\dfrac{3}{2}\right)$,

直线 CD 过定点 $\left(\dfrac{3}{2},0\right)$。

综合①②,故直线 CD 过定点 $\left(\dfrac{3}{2},0\right)$。

例3 求证:无论 m 为何值,直线 $l:(m+1)x+2(m-1)y-4m=0$ 恒过定点。

证明:将直线方程转化为 $(x+2y-4)m+(x-2y)=0$,无论 m 为何值,直线恒过定点,只需 m 的系数为 0 即可。

于是得 $\begin{cases}x+2y-4=0\\x-2y=0\end{cases}$,解得 $\begin{cases}x=2\\y=1\end{cases}$。

所以直线恒过定点 $(2,1)$。

2. 曲线过定点问题

例4 (2019 北京)已知抛物线 $C:x^2=-2py$ 经过点 $(2,-1)$。

(1) 求抛物线 C 的方程及其准线方程;

(2) 设 O 为原点,过抛物线 C 的焦点作斜率不为 0 的直线 l 交抛物线 C 于两点 M,N,直线 $y=-1$ 分别交直线 OM,ON 于点 A 和点 B。求证:以 AB 为直径的圆经过 y 轴上的两个定点。

解:(1) 抛物线 $C:x^2=-2py$ 经过点 $(2,-1)$,可得 $4=2p$,即 $p=2$,可得抛物线 C 的方程为 $x^2=-4y$,准线方程为 $y=1$。

(2) 证明:抛物线 $x^2=-2py$ 的焦点为 $F(0,-1)$。

设直线方程为 $y=kx-1$,联立抛物线方程,可得 $x^2+4kx-4=0$。

设 $M(x_1,y_1),N(x_2,y_2)$,

可得 $x_1+x_2=-4k,x_1x_2=-4$,

直线 OM 的方程为 $y=\dfrac{y_1}{x_1}x$,即 $y=-\dfrac{x_1}{4}x$,

直线 ON 的方程为 $y=\dfrac{y_2}{x_2}x$,即 $y=-\dfrac{x_2}{4}x$,

可得 $A\left(\dfrac{4}{x_1},-1\right),B\left(\dfrac{4}{x_2},-1\right)$,

可得 AB 的中点的横坐标为 $2\left(\dfrac{1}{x_1}+\dfrac{1}{x_2}\right)=2\dfrac{-4k}{-4}=2k$,

即 AB 为直径的圆的圆心为 $(2k,-1)$,

半径为 $\dfrac{|AB|}{2}=\dfrac{1}{2}\left|\dfrac{4}{x_1}-\dfrac{4}{x_2}\right|=2\dfrac{\sqrt{16k^2+16}}{4}=2\sqrt{1+k^2}$,

可得圆的方程为 $(x-2k)^2+(y+1)^2=4(1+k^2)$,

化简为 $x^2-4kx+(y+1)^2=4$。

由 $x=0$,可得 $y=1$ 或 -3。

则以 AB 为直径的圆经过 y 轴上的两个定点 $(0,1),(0,-3)$。

点评:在这道题中,经过一系列的引参消参后,参数只剩下 k,也就是说,无论 k 怎么变,圆恒过定点。于是,只需要 k 的系数等于零即可。这种解题方法在以后的解题中也经常用到,比如参数 k 无论怎么变,曲线恒过定点,则只需 k 的系数为零即可。所以解这类问题,找准题目中的参数很关键,不能因为引入的参数过多,不知道消去哪个留下哪个,要弄清楚主参数。

例5 已知椭圆 $\dfrac{x^2}{4}+\dfrac{y^2}{3}=1$,点 P 是椭圆上异于顶点的任意一点,过点 P 作椭圆的切线 l,交 y 轴于点 A,直线 l' 过点 P 且垂直于 l,交 y 轴于点 B。试判断以 AB 为直径的圆能否经过定点?若能,求出定点坐标;若不能,请说明理由。

解:设点 $P(x_0,y_0)(x_0\neq 0,y_0\neq 0)$,直线 l 的方程为 $y-y_0=k(x-x_0)$,

代入 $\dfrac{x^2}{4}+\dfrac{y^2}{3}=1$,整理得 $(3+4k^2)x^2+8k(y_0-kx_0)+4(y_0-kx_0)^2-12=0$。

$\because x=x_0$ 是方程的两个相等实根,$\therefore 2x_0=-\dfrac{8k(y_0-kx_0)}{3+4k^2}$,

解得 $k=-\dfrac{3x_0}{4y_0}$ [或根据 $y=\dfrac{\sqrt{3}}{2}\sqrt{4-x^2}(y>0)$ 求导解得]。

$\therefore$ 直线 l 的方程为 $y-y_0=-\dfrac{3x_0}{4y_0}(x-x_0)$。令 $x=0$,得点 A 的坐标为 $\left(0,\dfrac{4y_0^2+3x_0^2}{4y_0}\right)$。

又 $\because \dfrac{x_0^2}{4}+\dfrac{y_0^2}{3}=1$,$\therefore 4y_0^2+3x_0^2=12$,$\therefore$ 点 A 的坐标为 $\left(0,\dfrac{3}{y_0}\right)$。

又直线 l' 的方程为 $y-y_0=\dfrac{4y_0}{3x_0}(x-x_0)$,令 $x=0$,得点 B 的坐标为 $\left(0,-\dfrac{y_0}{3}\right)$,

$\therefore$ 以 AB 为直径的圆的方程为 $x\cdot x+\left(y-\dfrac{3}{y_0}\right)\cdot\left(y+\dfrac{y_0}{3}\right)=0$,

整理得 $x^2+y^2+\left(\dfrac{y_0}{3}-\dfrac{3}{y_0}\right)y-1=0$。由 $\begin{cases}x^2+y^2-1=0\\ y=0\end{cases}$ 得 $\begin{cases}x=\pm 1\\ y=0\end{cases}$。

$\therefore$ 以 AB 为直径的圆恒过定点 $(-1,0)$ 和 $(1,0)$。

点评:这道题比前面几道题更难,如果化成含 y_0 式子,可能会很麻烦。因为 y_0 次数有一次和二次,不像原来的题目只是孤立的含一个参数的一个次数,对于这类问题,我们可以令含 y_0 的几项为一个组合让它的系数为 0,再进行求解。

例6 已知椭圆 E 的中心在原点,焦点在 x 轴上,椭圆上的点到焦点的距离的最小值为 $\sqrt{2}-1$,离心率为 $e=\dfrac{\sqrt{2}}{2}$。

(1)求椭圆 E 的方程;

(2)过点 $(1,0)$ 作直线 l 交 E 于 P、Q 两点,试问:在 x 轴上是否存在一个定点 M,使 $\overrightarrow{MP} \cdot \overrightarrow{MQ}$ 为定值?若存在,求出这个定点 M 的坐标;若不存在,请说明理由。

解:(1)设椭圆 E 的方程为 $\dfrac{x^2}{a^2}+\dfrac{y^2}{b^2}=1$,由已知得 $\begin{cases} a-c=\sqrt{2}-1 \\ \dfrac{c}{a}=\dfrac{\sqrt{2}}{2} \end{cases}$,

$\therefore \begin{cases} a=\sqrt{2} \\ c=1 \end{cases} \therefore b^2=a^2-c^2=1 \therefore$ 椭圆 E 的方程为 $\dfrac{x^2}{2}+y^2=1$。

(2)法一:假设存在符合条件的点 $M(m,0)$,又设 $P(x_1,y_1)$,$Q(x_2,y_2)$,则 $\overrightarrow{MP}=(x_1-m,y_1)$,$\overrightarrow{MQ}=(x_2-m,y_2)$,

$\overrightarrow{MP} \cdot \overrightarrow{MQ}=(x_1-m) \cdot (x_2-m)+y_1 y_2=x_1 x_2-m(x_1+x_2)+m^2+y_1 y_2$。

①当直线 l 的斜率存在时,设直线 l 的方程为:$y=k(x-1)$。

由 $\begin{cases} \dfrac{x^2}{2}+y^2=1 \\ y=k(x-1) \end{cases}$ 得 $x^2+2k^2(x-1)^2-2=0$,则有

$$(2k^2+1)x^2-4k^2 x+(2k^2-2)=0$$

$$x_1+x_2=\dfrac{4k^2}{2k^2+1},\ x_1 \cdot x_2=\dfrac{2k^2-2}{2k^2+1}$$

$$y_1 y_2=k^2(x_1-1)(x_2-1)=k^2[x_1 x_2-(x_1+x_2)+1]=-\dfrac{k^2}{2k^2+1}$$

所以 $\overrightarrow{MP} \cdot \overrightarrow{MQ}=\dfrac{2k^2-2}{2k^2+1}-m \cdot \dfrac{4k^2}{2k^2+1}+m^2-\dfrac{k^2}{2k^2+1}=\dfrac{(2m^2-4m+1)k^2+(m^2-2)}{2k^2+1}$。

对于任意的 k 值,$\overrightarrow{MP} \cdot \overrightarrow{MQ}$ 为定值,所以 $2m^2-4m+1=2(m^2-2)$,得 $m=\dfrac{5}{4}$,

所以 $M\left(\dfrac{5}{4},0\right)$,$\overrightarrow{MP} \cdot \overrightarrow{MQ}=-\dfrac{7}{16}$。

②当直线 l 的斜率不存在时,直线 l:$x=1$,$x_1+x_2=2$,$x_1 x_2=1$,$y_1 y_2=-\dfrac{1}{2}$。

由 $m=\dfrac{5}{4}$ 得 $\overrightarrow{MP} \cdot \overrightarrow{MQ}=-\dfrac{7}{16}$。

综合①②知,符合条件的点 M 存在,其坐标为 $\left(\dfrac{5}{4},0\right)$。

法二:对上式分离常数。

$$\overrightarrow{MP} \cdot \overrightarrow{MQ}=\dfrac{(2m^2-4m+1)k^2+(m^2-2)}{2k^2+1}=\dfrac{(2m^2-4m+1)k^2+\dfrac{2m^2-4m+1}{2}+(m^2-2)-\dfrac{2m^2-4m+1}{2}}{2k^2+1}=$$

$$m^2-2m+\dfrac{1}{2}+\dfrac{2m-\dfrac{5}{2}}{2k^2+1}$$

所以当 $2m-\dfrac{5}{2}=0$,即 $m=\dfrac{5}{4}$ 时,无论 k 为何值,上式恒为定值。

法三:假设存在点 $M(m,0)$,又设 $P(x_1,y_1)$,$Q(x_2,y_2)$,则有

$$\overrightarrow{MP}=(x_1-m,y_1),\ \overrightarrow{MQ}=(x_2-m,y_2)$$

$$\overrightarrow{MP} \cdot \overrightarrow{MQ} = (x_1 - m) \cdot (x_2 - m) + y_1 y_2 = x_1 x_2 - m(x_1 + x_2) + m^2 + y_1 y_2$$

①当直线 l 的斜率不为 0 时,设直线 l 的方程为 $x = ty + 1$。

由 $\begin{cases} \dfrac{x^2}{2} + y^2 = 1 \\ x = ty + 1 \end{cases}$ 得 $(t^2 + 2)y^2 + 2ty - 1 = 0$

$\therefore y_1 + y_2 = \dfrac{-2t}{t^2 + 2}, y_1 \cdot y_2 = \dfrac{-1}{t^2 + 2}$。则有

$$x_1 x_2 = (ty_1 + 1) \cdot (ty_2 + 1) = t^2 y_1 y_2 + t(y_1 + y_2) + 1 = \dfrac{-t^2 - 2t^2 + t^2 + 2}{t^2 + 2} = \dfrac{-2t^2 + 2}{t^2 + 2}$$

$$x_1 + x_2 = t(y_1 + y_2) + 2 = \dfrac{-2t^2 + 2t^2 + 4}{t^2 + 2} = \dfrac{4}{t^2 + 2}$$

$$\therefore \overrightarrow{MP} \cdot \overrightarrow{MQ} = \dfrac{-2t^2 + 2}{t^2 + 2} - \dfrac{4m}{t^2 + 2} + m^2 - \dfrac{1}{t^2 + 2} = \dfrac{(m^2 - 2)t^2 + 2m^2 - 4m + 1}{t^2 + 2}$$

设 $\overrightarrow{MP} \cdot \overrightarrow{MQ} = \lambda$ 则 $\dfrac{(m^2 - 2)t^2 + 2m^2 - 4m + 1}{t^2 + 2} = \lambda$,

$\therefore (m^2 - 2)t^2 + 2m^2 - 4m + 1 = \lambda(t^2 + 2)$, $\therefore (m^2 - 2 - \lambda)t^2 + 2m^2 - 4m + 1 - 2\lambda = 0$

$\therefore \begin{cases} m^2 - 2 - \lambda = 0 \\ 2m^2 - 4m + 1 - 2\lambda = 0 \end{cases}$ $\therefore \begin{cases} m = \dfrac{5}{4} \\ \lambda = -\dfrac{7}{16} \end{cases}$, $\therefore M\left(\dfrac{5}{4}, 0\right)$。

②当直线 l 的斜率为 0 时,直线 $l:y = 0$,由 $M\left(\dfrac{5}{4}, 0\right)$ 得

$$\overrightarrow{MP} \cdot \overrightarrow{MQ} = \left(\sqrt{2} - \dfrac{5}{4}\right) \cdot \left(-\sqrt{2} - \dfrac{5}{4}\right) = \dfrac{25}{16} - 2 = -\dfrac{7}{16}$$

综合①②知,符合条件的点 M 存在,其坐标为 $\left(\dfrac{5}{4}, 0\right)$。

点评:方法一中 k 为主参数,无论 k 怎么变,直线恒过定点,即

$$\overrightarrow{MP} \cdot \overrightarrow{MQ} = \dfrac{2k^2 - 2}{2k^2 + 1} - m \cdot \dfrac{4k^2}{2k^2 + 1} + m^2 - \dfrac{k^2}{2k^2 + 1} = \dfrac{(2m^2 - 4m + 1)k^2 + (m^2 - 2)}{2k^2 + 1}$$

因为这个式子中含有的 k 是以组合 $2k^2 + 1$ 的形式出现的,所以对这个比例式子采用的是成比例的方式解决的。这在解题中不多见。

法三引入了一个新的参数 λ,然后把分式转化成整式,然后令 t^2 的系数等于 0,这也是可以的。

总之,我们在解决定点问题时有两条思路,一条是直接法求定点;一条是采用特殊到一般,即先通过特殊曲线求出定点,再证明无论参数如何变化,曲线都过这个定点。在具体处理方法上有两个常见的化简结果,一个是化简后的式子为整式,像例 3、例 4、例 5 这样的式子可以变形成"( )m + ( ) = 0"的形式,只需两个( )内的式子都等于 0,求出定点即可。另一个是化简后的式子是分式,像例 6 这样的问题,可以用法一根据分子、分母成比例,构造出等式,求出定点;可以用法二转化分离出与变量无关的常数,然后再令分子等于 0 求解;还可以用法三转化成整式形式求解。要想顺利地解决这类问题,平时在解题时要注意积累解题经验,不断拓宽思维广度,在遇到较难的问题时才能游刃有余。

3.16 解析几何的入手点

解析几何是用解析的方法解决平面几何问题,在解题时,入手点的选择一般来说分两类:一类是设点的坐标为参数,利用坐标的运算解决问题,最典型的题目是解决中点弦问题的点差法。一类是设直线的方程,将直线与与圆锥曲线联立,利用韦达定理解题。现各举一例。

例 1 已知双曲线 $C: \dfrac{x^2}{a^2} - \dfrac{y^2}{b^2} = 1 (a>0, b>0)$ 过点 $P(3\sqrt{2}, 4)$,且 C 的渐近线方程为 $y = \pm \dfrac{4}{3} x$。

(1)求 C 的方程。

(2)A, B 为 C 的实轴端点,Q 为 C 上异于 A, B 的任意一点,QA, QB 与 y 轴分别交于 M, N 两点,证明:以 MN 为直径的圆过两个定点。

解:(1)由题意得 $\begin{cases} \dfrac{18}{a^2} - \dfrac{16}{b^2} = 1 \\ \dfrac{b}{a} = \dfrac{4}{3} \end{cases}$,解得 $a = 3, b = 4$,

所以 C 的方程为 $\dfrac{x^2}{9} - \dfrac{y^2}{16} = 1$。

(2)由(1)知,$A(-3, 0), B(3, 0)$。

设 $Q(x_0, y_0), x_0 \neq \pm 3$,

则 $QA: y = \dfrac{y_0}{x_0 + 3}(x + 3)$,取 $x = 0$,得 $y = \dfrac{3 y_0}{x_0 + 3}$,即 $M\left(0, \dfrac{3 y_0}{x_0 + 3}\right)$,

$QB: y = \dfrac{y_0}{x_0 - 3}(x - 3)$,取 $x = 0$,得 $y = \dfrac{-3 y_0}{x_0 - 3}$,即 $N\left(0, \dfrac{-3 y_0}{x_0 - 3}\right)$,

以 MN 为直径的圆的方程为 $x^2 + \left(y - \dfrac{9 y_0}{9 - x_0^2}\right)^2 = \left(\dfrac{3 x_0 y_0}{x_0^2 - 9}\right)^2$。

Q 在双曲线上,则有 $\dfrac{x_0^2}{9} - \dfrac{y_0^2}{16} = 1$,

得 $x_0^2 = 9\left(1 + \dfrac{y_0^2}{16}\right)$,

代入上式可得,以 MN 为直径的圆的方程为 $x^2 + y^2 + \dfrac{32}{y_0} y - 16 = 0$。

取 $y = 0$ 时,得 $x = \pm 4$。

∴ 以 MN 为直径的圆过两个定点 $(-4, 0)$ 和 $(4, 0)$。

点评:我们引入参数的形式一般是直线的斜率,而这道题引入的是点参数,通过点的坐标的运算求出圆过定点。究竟引入什么样的参数,判断的依据是题目围绕什么展开,如果题目是围绕点展开的,只需要引入点的坐标,其他的量可以用点的坐标表示,则引入点参数。如果题目是围绕直线的斜率展开的,其他的量可以用斜率表示,则引入斜率参数。所以在引入参数前需要有一个判断。

例 2 (2019 天津)设椭圆 $\dfrac{x^2}{a^2} + \dfrac{y^2}{b^2} = 1 (a>b>0)$ 的左焦点为 F,上顶点为 B。已知椭圆的短轴长为 4,离心率为 $\dfrac{\sqrt{5}}{5}$。

(1)求椭圆的方程;

(2)设点 P 在椭圆上,且异于椭圆的上、下顶点,点 M 为直线 PB 与 x 轴的交点,点 N 在 y 轴的负半轴上. 若 $|ON| = |OF|$(O 为原点),且 $OP \perp MN$,求直线 PB 的斜率。

解:(1)由题意可得 $2b = 4$,即 $b = 2$,$e = \dfrac{c}{a} = \dfrac{\sqrt{5}}{5}$,$a^2 - b^2 = c^2$,

解得 $a = \sqrt{5}$,$c = 1$,

可得椭圆方程为 $\dfrac{x^2}{5} + \dfrac{y^2}{4} = 1$。

(2)$B(0,2)$,设 PB 的方程为 $y = kx + 2$,

代入椭圆方程 $\dfrac{x^2}{5} + \dfrac{y^2}{4} = 1$,可得 $(4 + 5k^2)x^2 + 20kx = 0$,

解得 $x = -\dfrac{20k}{4 + 5k^2}$ 或 $x = 0$,

则有 $P\left(-\dfrac{20k}{4 + 5k^2}, \dfrac{8 - 10k^2}{4 + 5k^2}\right)$。

$y = kx + 2$,令 $y = 0$,可得 $M\left(-\dfrac{2}{k}, 0\right)$,

又 $N(0, -1)$,$OP \perp MN$,

可得 $\dfrac{8 - 10k^2}{-20k} \cdot \dfrac{1}{\dfrac{-2}{k}} = -1$,解得 $k = \pm\dfrac{2\sqrt{30}}{5}$

可得 PB 的斜率为 $\pm\dfrac{2\sqrt{30}}{5}$。

点评:经过分析可得,这道题是围绕直线 PB 的斜率展开的,所以可以引入斜率参数,把坐标全部用斜率来表示,然后解题。

解析几何是通过坐标运算解决问题的一门学科,但是在坐标中参数的引入时,不是一成不变地只考虑直线的斜率,引什么参数要经过分析、思考。解析几何在入手点就开始显出它的灵活。

下面是一张引入变量的思维导图(见图 3-35)。

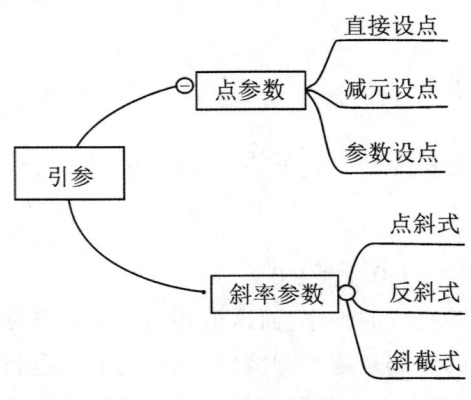

图 3-35 引参方法

3.17 解析几何减少运算量的途径

解析几何的运算量大,在解题时可以通过选择不同的方法来降低解题中的运算量。主要有以下几点:

1. 利用参数方程与向量的知识减少计算量

例1 （2011 山东）已知直线 l 与椭圆 $C: \dfrac{x^2}{3} + \dfrac{y^2}{2} = 1$ 交于 $P(x_1, y_1), Q(x_2, y_2)$ 两不同点,且 $\triangle OPQ$ 的面积 $S_{\triangle OPQ} = \dfrac{\sqrt{6}}{2}$,其中 O 为坐标原点。证明 $x_1^2 + x_2^2$ 和 $y_1^2 + y_2^2$ 均为定值。

方法一：当直线 l 的斜率存在时,设直线 l 的方程为 $y = kx + m (m \neq 0)$,

将其代入 $\dfrac{x^2}{3} + \dfrac{y^2}{2} = 1$,得 $(3k^2 + 2)x^2 + 6kmx + 3(m^2 - 2) = 0$,

则 $\Delta = 36k^2m^2 - 12(3k^2 + 2)(m^2 - 2) > 0$,

即 $3k^2 + 2 > m^2$。

由根与系数的关系得 $x_1 + x_2 = -\dfrac{6km}{3k^2 + 2}, x_1 x_2 = \dfrac{3(m^2 - 2)}{3k^2 + 2}$,

所以 $|PQ| = \sqrt{1 + k^2} \sqrt{(x_1 + x_2)^2 - 4x_1 x_2} = \sqrt{1 + k^2} \dfrac{2\sqrt{6} \sqrt{3k^2 + 2 - m^2}}{3k^2 + 2}$。

$\because$ 点 O 到直线 l 的距离为 $d = \dfrac{|m|}{\sqrt{1 + k^2}}$,

$\therefore S_{\triangle OPQ} = \dfrac{1}{2} \sqrt{1 + k^2} \dfrac{2\sqrt{6} \sqrt{3k^2 + 2 - m^2}}{3k^2 + 2} \cdot \dfrac{|m|}{\sqrt{1 + k^2}} = \dfrac{|m| \sqrt{6} \sqrt{3k^2 + 2 - m^2}}{3k^2 + 2}$。

又因为 $S_{\triangle OPQ} = \dfrac{\sqrt{6}}{2}$,

整理得 $3k^2 + 2 = 2m^2$,

此时 $x_1^2 + x_2^2 = (x_1 + x_2)^2 - 2x_1 x_2 = \left(-\dfrac{6km}{3k^2 + 2}\right)^2 - 2\dfrac{3(m^2 - 2)}{3k^2 + 2} = 3$,

$y_1^2 + y_2^2 = \dfrac{2}{3}(3 - x_1^2) + \dfrac{2}{3}(3 - x_2^2) = 4 - \dfrac{2}{3}(x_1^2 + x_2^2) = 2$。

综上所述,$x_1^2 + x_2^2 = 3, y_1^2 + y_2^2 = 2$。结论成立。

本题计算量非常大,过程中很容易出错,这是基本方法,学生应知应会。

方法二：利用 $S_{\triangle OPQ} = \dfrac{1}{2}|x_1 y_2 - x_2 y_1|$ 及椭圆的参数方程求解。

因为 P, Q 在椭圆上,所以设 $P(\sqrt{3}\cos\alpha, \sqrt{2}\sin\alpha), Q(\sqrt{3}\cos\beta, \sqrt{2}\sin\beta)$。

将 P, Q 坐标代入 $S_{\triangle OPQ} = \dfrac{1}{2}|x_1 y_2 - x_2 y_1|$ 得

$$S_{\triangle OPQ} = \dfrac{1}{2}|x_1 y_2 - x_2 y_1| = \dfrac{1}{2}|\sqrt{3}\cos\alpha \sqrt{2}\sin\beta - \sqrt{2}\sin\alpha \sqrt{3}\cos\beta| = \dfrac{1}{2}|\sqrt{6}\sin(\alpha - \beta)| = \dfrac{\sqrt{6}}{2}$$

所以 $\sin(\alpha - \beta) = \pm 1$,

所以 $\alpha - \beta = \dfrac{\pi}{2} + k\pi$ 即 $\alpha = \beta + \dfrac{\pi}{2} + k\pi (k \in z)$,

则 $x_1^2 + x_2^2 = (\sqrt{3}\cos\alpha)^2 + (\sqrt{3}\cos\beta)^2 = 3((\cos\alpha)^2 + (\cos\beta)^2) = 3$，

同理得 $y_1^2 + y_2^2 = 2$。

例 2 椭圆 $\dfrac{x^2}{16} + \dfrac{y^2}{4} = 1$ 上有两点 P, Q, O 是坐标原点，若 OP, OQ 的斜率之积为 $-\dfrac{1}{4}$。

(1) 求证：$|OP|^2 + |OQ|^2$ 是定值；

(2) 求 PQ 的中点 M 的轨迹方程。

解：(1) 证明：设 $P(4\cos\alpha, 2\sin\alpha), Q(4\cos\beta, 2\sin\beta)$。

$\because OP, OQ$ 的斜率之积为 $-\dfrac{1}{4}$，$\therefore \dfrac{2\sin\alpha}{4\cos\alpha} \times \dfrac{2\sin\beta}{4\cos\beta} = -\dfrac{1}{4}$，

$\therefore \cos(\alpha - \beta) = 0, \therefore \alpha - \beta = 2k\pi \pm \dfrac{\pi}{2}, k \in z$。

所以 $|OP|^2 + |OQ|^2 = 16\cos^2\alpha + 4\sin^2\alpha + 16\cos^2\beta + 4\sin^2\beta = 20\cos^2\beta + 20\sin^2\beta = 20$ 为定值。

(2) 设 $M(x, y)$，则 $x = 2\cos\alpha + 2\cos\beta$，

即 $\dfrac{x}{2} = \cos\alpha + \cos\beta$ ①，$y = \sin\alpha + \sin\beta$ ②，

$\therefore$ ①² + ②² 可得 $\dfrac{x^2}{8} + \dfrac{y^2}{2} = 1$。

点评：参数方程可以借助三角函数来减少繁杂的运算。

2. 利用定义和平面几何知识简化运算

例 3 已知椭圆 $C: \dfrac{x^2}{9} + \dfrac{y^2}{4} = 1$，点 M 与 C 的焦点不重合，若 M 关于 C 的焦点对称点分别为 A, B，线段 MN 的中点在 C 上，则 $|AN| + |BN| = ($)。

A. 6   B. 8   C. 10   D. 12

解：设 MN 的中点为 Q，椭圆 C 的左右焦点分别为 F_1, F_2。

如图 3-36 所示，连接 QF_1, QF_2。

$\because F_1$ 是 MA 的中点，Q 是 MN 的中点，

$\therefore F_1 Q$ 是 $\triangle MAN$ 的中位线，

则 $|QF_1| = \dfrac{1}{2}|AN|$，

同理得 $|QF_2| = \dfrac{1}{2}|NB|$。

$\because Q$ 在椭圆 C 上，

$\therefore |QF_1| + |QF_2| = 2a = 6, \therefore |AN| + |BN| = 12$。

故选：D。

点评：利用平面几何的知识并且结合圆锥曲线的定义能大幅度减少解析法所带来的计算量。

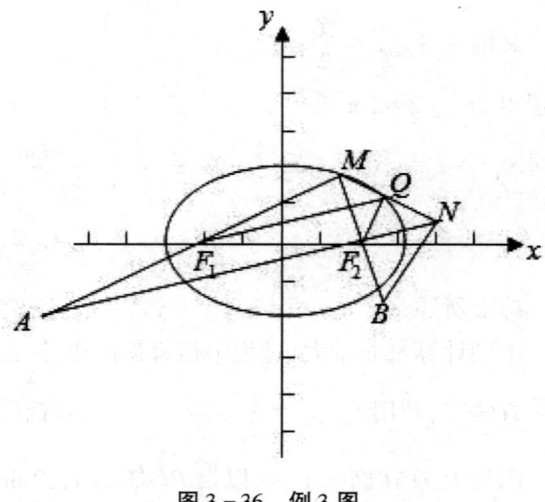

图 3-36 例 3 图

3. 利用广义的对称

例 4 如图 3-35 所示，已知椭圆 $C_1: \dfrac{x^2}{8} + \dfrac{y^2}{4} = 1$ 的焦点分别为 F_1, F_2，双曲线 $C_2: \dfrac{x^2}{4} - \dfrac{y^2}{4} = 1$，设 P 为双曲线上异于顶点的任意一点，直线 PF_1 和 PF_2 与椭圆的交点分别为 $A、B$ 和 $C、D$。

(1) 设直线 $PF_1、PF_2$ 的斜率分别为 $k_1、k_2$，求：$k_1 \cdot k_2$ 的值；

(2) 是否存在常数 λ，使得 $|AB| + |CD| = \lambda |AB| \cdot |CD|$ 恒成立？若存在，求 λ 的值；若不存在，请说明理由。

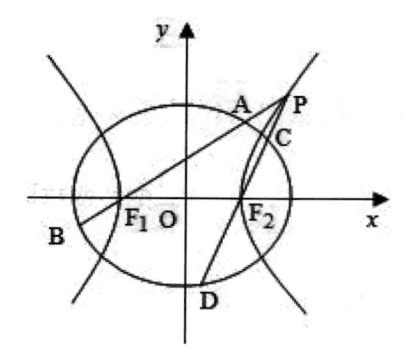

图 3-37 例 4 图

解：(1)设 $A(x_1,y_1),B(x_2,y_2),P(x_0,y_0)$，则 $k_1 = \dfrac{y_0}{x_0+2}, k_2 = \dfrac{y_0}{x_0-2}$。

∵ P 为双曲线 $\dfrac{x^2}{4} - \dfrac{y^2}{4} = 1$ 上异于顶点的任意一点，

∴ $x_0^2 - y_0^2 = 4$，$k_1 k_2 = \dfrac{y_0}{x_0+2} \cdot \dfrac{y_0}{x_0-2} = \dfrac{y_0^2}{x_0^2-4} = 1$，即 $k_1 k_2 = 1$。

(2)假设存在常数 λ，使得 $|AB| + |CD| = \lambda|AB| \cdot |CD|$ 恒成立，则由(1)知 $k_1 \cdot k_2 = 1$，

∴ 设直线 AB 的方程为 $y = k(x+2)$，则直线 CD 的方程为 $y = \dfrac{1}{k}(x-2)$。

由方程组 $\begin{cases} y = k(x+2) \\ \dfrac{x^2}{8} + \dfrac{y^2}{4} = 1 \end{cases}$ 消去 y 得 $(2k^2+1)x^2 + 8k^2 x + 8k^2 - 8 = 0$。

设 $A(x_1,y_1),B(x_2,y_2)$，

则由韦达定理得 $x_1 + x_2 = \dfrac{-8k^2}{2k^2+1}$，$x_1 x_2 = \dfrac{8k^2-8}{2k^2+1}$，

由弦长公式得 $|AB| = \sqrt{1+k^2}\sqrt{(x_1+x_2)^2 - 4x_1 x_2} = \dfrac{4\sqrt{2}(1+k^2)}{2k^2+1}$，

同理可得 $|CD| = \sqrt{1+\left(\dfrac{1}{k}\right)^2}\sqrt{(x_1+x_2)^2 - 4x_1 x_2} = \dfrac{4\sqrt{2}\left(1+\dfrac{1}{k^2}\right)}{2\dfrac{1}{k^2}+1} = \dfrac{4\sqrt{2}(1+k^2)}{k^2+2}$。

∵ $|AB| + |CD| = \lambda|AB| \cdot |CD|$，$\lambda = \dfrac{1}{|AB|} + \dfrac{1}{|CD|} = \dfrac{3+3k^2}{4\sqrt{2}(1+k^2)} = \dfrac{3\sqrt{2}}{8}$，

∴ 存在常数 $\lambda = \dfrac{3\sqrt{2}}{8}$，使得 $|AB| + |CD| = \lambda|AB| \cdot |CD|$ 恒成立。

点评：这道题的第一问，采用的是整体消参，减少了计算量。第二问在求出 $|AB|$ 后，进一步求 $|CD|$ 时没有再次联立方程，而是采用整体代换，将 $|AB| = \dfrac{4\sqrt{2}(1+k^2)}{2k^2+1}$ 中的 k 全部换成 $\dfrac{1}{k}$，即可得到 $|CD| = \dfrac{4\sqrt{2}(1+k^2)}{k^2+2}$，减少了一半的计算量，实际上 $|AB|$ 中的 k 与 $|CD|$ 中的 k 是广义的对称关系，只要知道其中一个，另一个根据对称即可求出。

3.18 数列中的数学思想(1)
——归纳、猜想

归纳—猜想—证明是数列中经常用到的方法,后来因为数学归纳法几进几出教材,导致这种思想方法在老师教学时被淡化了。但少了数学归纳法整个系统不完整了,这种题型少了,老师自然讲得少了,学生也就不知道题目还能这样解。但是反观教材,对于归纳—猜想的重视程度却丝毫没有减少,下面以2019人教B版教材为例简单地谈一下。

1. "数列概念"一节

例1 写出以下各数列$\{a_n\}$的一个通项公式。

(1) $2,4,6,8,10,\cdots$

(2) $1,3,5,7,9,\cdots$

(3) $0,2,0,2,0,\cdots$

(4) $-\dfrac{2}{3},\dfrac{4}{15},-\dfrac{6}{35},\dfrac{8}{63},-\dfrac{10}{99},\cdots$

这道题就是典型的归纳,发现规律,猜想公式形式,再验证猜想是不是正确。课本在一开始就很重视这种思想。

2. 数列中的递推关系

整个一节贯彻归纳、猜想的思想方法。课本的例1、例2及前n项和很好地体现了这种方法。特别是例2斐波那契数列一定要向学生重点推介,必要的话还应该拓展一下斐波那契数列的应用。让学生喜欢数学。

3. "等差数列的定义"一节

由特殊到一般,得到了等差数列的定义,在推导通项公式时先用了归纳猜想。

根据$a_{n+1}=a_n+d$,从而有

$a_2=a_1+d$,

$a_3=a_2+d=(a_1+d)+d=a_1+2d$,

$a_4=a_3+d=(a_1+2d)+d=a_1+3d$,

……

由此可归纳出等差数列的通项公式。

老教师在教学时可能会更愿意花时间讲累加法,因为后面在求通项公式时用得更多,如果对于归纳法一带而过,那就犯了经验主义错误。

4. 等比数列的定义

课本同样用了先归纳猜想再累乘的方法。这里不再赘述。

5. 数列的应用

在解应用题时,因为阅读量很大,学生一下子弄不懂题意,如果能够试着一项一项地列出来,解题思路也就有了,像"政府支出的乘数效应与数列"的应用问题,需要把第1轮居民消费的金额、第2轮居民消费的金额……第30轮居民消费的金额一一列出。

课本一直没有降低对归纳、猜想这一方法的要求,在很多地方一而再、再而三地强调,在教学中也要引起足够的重视,不能人为地略过这种思想方法。

可喜的是在近几年的高考中,这种思想方法屡屡出现,像2021年全国新高考1卷17题、2020年全国新高考1卷18题等题,都在提醒教师教学一定要把握好高考方向,把握好数学的本质。

3.19 数列中的数学思想(2)
——递推思想

数列的表示方法除了通项公式法,还有一种重要的方法——递推公式法。递推公式是已知数列的首项(或前几项),表示数列的相邻两项或两项以上的关系的公式。它是由两部分组成的:一是初始值;二是递推的主体即递推公式。

"递"在百度汉语中有两个意思:①传送、传递,②顺次的意思。递推思想的核心就是从已知条件出发,逐步推算出问题的解。递推多是重复性的推理。比方说,从 $a_n - a_{n-1} = d$ 推出 $a_{n-1} - a_{n-2} = d$。这种推理的结构十分类似,往往可以通过继而往复的推理就可以得到最终的解。说完递推,就不得不说说它的兄弟思想——递归算法。二者同样都带有一个"递"字,可以看出二者还是具有一定的相似性的。在递推中,是逐次对问题进行推导直到获得最终解。而在递归中,则是逐次回归迭代,直到跳出回归。递归更侧重于迭代。递归算法实际上是把问题转化成规模更小的同类子问题,先解决子问题,再通过相同的求解过程逐步解决更高层次的问题,获得最终的解。所以相较于递推而言,递归算法的范畴更小,要求子问题跟父问题的结构相同。而递推思想从概念上并没有这样的约束,高中阶段递推和递归一般不做区分。

递推时,往往给出递推公式,递推公式按照给定初始值的个数分为一阶、二阶…n 阶递推数列,像 $a_1 = 1, a_{n+1} - a_n = n+1$,这样的递推公式是一阶递推公式,像已知 $F_1 = F_2 = 1, F_n = F_{n-1} + F_{n-2}(n \geq 3)$ 属于二阶递推公式,在高中阶段一阶递推公式多见,二阶递推公式偶尔也能见到。

我们解题时用到更多的是递推这种思想,虽然这种思想在函数中也有涉及,但是在数列中体现得更明显。下面数数教材中涉及的递推思想。

1. 等差数列的通项公式的推导

课本采用累加的方法。即由 $a_n - a_{n-1} = d$ 可以递推出以下式子:

$a_{n-1} - a_{n-2} = d$

…

$a_2 - a_1 = d$

将这 $n-1$ 个式子两边分别相加,得到 $a_n = a_1 + (n-1)d$。

2. 等比数列的通项公式的推导

采用累乘的方法,这里不再赘述。

另外,这两个通项公式的推导也可以采用迭代的方法,本质和递推一样。以等差数列为例:$a_n = a_{n-1} + d = (a_{n-2} + d) + d = (a_{n-3} + d) + 2d = \cdots = a_2 + (n-2)d = a_1 + (n-1)d$。

3. a_n 与 S_n 的关系

这个恐怕是高中数列题中用得最多的一个公式,题海浩瀚。以最简单的 2019 年人教 B 版选择性必修第三册课本 12 页例 3 说明这个问题。

已知数列 $\{a_n\}$ 的前 n 项和为 $S_n = n^2$,求数列 $\{a_n\}$ 的通项公式。

这道题利用 a_n 与 S_n 的关系:已知 $S_n = n^2$,再递推一个式子:当 $n \geq 2$ 时,$S_{n-1} = (n-1)^2$。

两个式子作差得 $a_n = S_n - S_{n-1} = n^2 - (n-1)^2 = 2n-1$。

当 $n = 1$ 时,$a_1 = 1$ 符合上式,所以 $a_n = 2n-1$。

这道题就是利用递推的思想,当然这样的题很多。

除了课本的例子,还有别的例子说明递推这种思想的重要性。

例 已知数列$\{a_n\}$满足$a_1+2a_2+3a_3+\cdots+na_n=3n^2$,求数列$\{a_n\}$通项公式。

解:由题意得$a_1+2a_2+3a_3+\cdots+na_n=3n^2$。

当$n\geq 2$时,$a_1+2a_2+3a_3+\cdots+(n-1)a_{n-1}=3(n-1)^2$,

两式相减得$na_n=3n^2-3(n-1)^2=6n-3$。

当$n=1$时,$a_1=3$符合上式。

所以$a_n=6-\dfrac{3}{n}$。

这里举的例子都是选取的最简单的题目,这些题目已经能说明这个问题了,没有必要选择特别难的题目。

老师在上课时,对于出现递推的时候要专门强调,要不然学生不知道这些递推的式子是怎么来的,更不用说熟练应用了。

3.20 数列中的数学思想(3)
——函数思想

数列里面的函数思想太多了,从一开始讲数列函数就伴随着它,数列被定义为一种特殊的函数,是定义域为正整数集的子集的函数,通项公式实际上就是函数的解析式。

除了数列的定义域需要注意,数列的值域问题牵扯到函数的最值,可以用函数的方法解题,也可以用数列的方法解题。

例如2019年人教B版选择性必修第三册课本第6页例3,已知函数$f(x)=\dfrac{x-1}{x}$,设数列$\{a_n\}$的通项公式为$a_n=f(n)$,其中$n\in \mathbf{N}^+$,(1)求证:$0\leqslant a_n<1$;(2)判断$\{a_n\}$是递增数列还是递减数列,并说明理由。

这道例题是以函数为背景的题目,涉及值域(最值)和单调性问题。其中第一问是值域问题,思路上是借助函数的方法,对a_n进行分离常数后再进行范围分析,即$a_n=\dfrac{n-1}{n}=1-\dfrac{1}{n}$。第二问可以利用函数特有的单调性判断,即利用$a_{n+1}-a_n$的正负,也可以利用函数的单调性思考,画出$f(x)=\dfrac{x-1}{x}$的图象,如图3-38所示,可知当$n\geqslant 1$时,$0\leqslant a_n<1$,且$\{a_n\}$是递增数列。

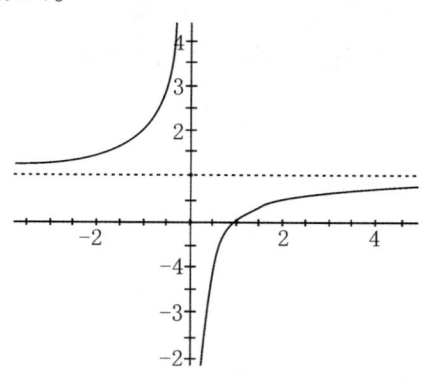

图3-38 数列单调性

再如等差数列通项公式$a_n=nd+a_1-d$可以记作$f(x)=dx+a_1-d$,根据函数的单调性知道:当$d>0$时,数列$\{a_n\}$是递增数列,当$d<0$时,数列$\{a_n\}$是递减数列。等差数列与一次函数建立了联系,等差数列前n项和公式$S_n=\dfrac{d}{2}n^2+\left(a_1-\dfrac{d}{2}\right)n$与二次函数密切相关。同样,等比数列通项公式$a_n=a_1q^{n-1}=\dfrac{a_1}{q}\times q^n$,记$f(x)=\dfrac{a_1}{q}\times q^x$,与指数函数类似,等比数列的前$n$项和公式$S_n=\dfrac{a_1}{1-q}-\dfrac{a_1}{1-q}q^n$也与指数函数类似。

另外,在解题时还会遇到与数列周期性相关的题目,这是函数周期性概念移植到数列的结果,学生接受起来还是比较容易的。

函数与数列的紧密联系是老师上课不可回避的话题,高考中也有这样的体现。

例1 (2012·四川)设函数$f(x)=(x-3)^3+x-1$,$\{a_n\}$是公差不为0的等差数列,$f(a_1)+f(a_2)+\cdots+f(a_7)=14$,则$a_1+a_2+\cdots+a_7=($)。

A.0   B.7   C.14   D.21

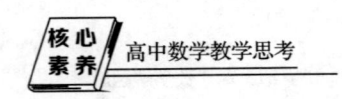

解：因为$f(x)=(x-3)^3+x-1$，$\therefore f(x)-2=(x-3)^3+x-3$，

令$g(x)=f(x)-2$　　所以$g(x)$关于$(3,0)$对称。

又因为$f(a_1)+f(a_2)+\cdots+f(a_7)=14$，

所以$f(a_1)-2+f(a_2)-2+\cdots+f(a_7)-2=0$，

即$g(a_1)+g(a_2)+\cdots+g(a_7)=0$，

$g(a_4)$为$g(x)$与x轴的交点。

因为$g(x)$关于$(3,0)$对称，所以$a_4=3$，

$\therefore a_1+a_2+\cdots+a_7=7a_4=21$。

故选：D。

此题利用了函数的对称性，得分不太容易，要求函数与数列都很熟练。

例2　（2016·新课标Ⅰ）设等比数列$\{a_n\}$满足$a_1+a_3=10$，$a_2+a_4=5$，则$a_1a_2\cdots a_n$的最大值为_____。

解：等比数列$\{a_n\}$满足$a_1+a_3=10$，$a_2+a_4=5$，

可得$q(a_1+a_3)=5$，解得$q=\dfrac{1}{2}$。$a_1+q^2a_1=10$，解得$a_1=8$。

则$a_1a_2\cdots a_n=a_1^n q^{1+2+3+\cdots+(n-1)}=8^n\cdot\left(\dfrac{1}{2}\right)^{\frac{n(n-1)}{2}}=2^{\frac{7n-n^2}{2}}$。

当$n=3$或$n=4$时，表达式取得最大值：$2^{\frac{12}{2}}=2^6=64$。

本题为数列与二次函数、指数函数的综合题，是很好的命题点。

数列和函数是密切相关的，大量的题是用函数的性质去解决数列的问题，要求学生有很强的函数意识，解起题来才能游刃有余。

3.21 数列求和的两个分析

数列求和是数列解题绕不过去的话题,老师们在上课时往往是一类题型一类题型地给学生讲解,学生跟在老师后面亦步亦趋,比着葫芦画瓢。当学生练熟了以后自然就会自己解题了。但是近几年来,高考好像并不是按套路出牌的,训练的各种技巧在高考中显得非常无力,为什么?因为数学的教学没有告诉学生数列解题的更本质的东西。

一般上课时,老师会给学生说数列求和的方法,比如错位相减法,什么时候用,怎么用,然后开始训练各种各样的变形技巧,老师乐此不疲,学生苦不堪言。求和背后本质的东西是什么?怎么求出的数列和?有没有超越这些方法的更一般的处理问题的方式呢?下面仔细研究一下。

公式法是直接考查等差和等比数列求和,学生能很好地掌握;倒序相加、错位相减这两种方法是在推导等差和等比数列前 n 项和时所用到的方法,现在这两种方法进一步拓展,用来处理更复杂的数列了,但是本质上这两种方法还是转化为等差和等比数列求和;分组求和是把数列分成等差或等比数列分别求和,并项求和实际上就是分组求和,它是分组的一种方法。以上的这几种方法本质上就是等差、等比数列求和或可以转化成等差、等比数列求和。中学阶段的唯一不是转化成等差或等比数列的求和方法是裂项相消法,它是一种很特别的方法,这种方法学生接触得很早,早在小学就有涉及,这里只是再复习一遍,学生一开始觉得陌生,学习一段时间后会逐渐熟悉的。数列求和的关系图如图 3-39 所示。

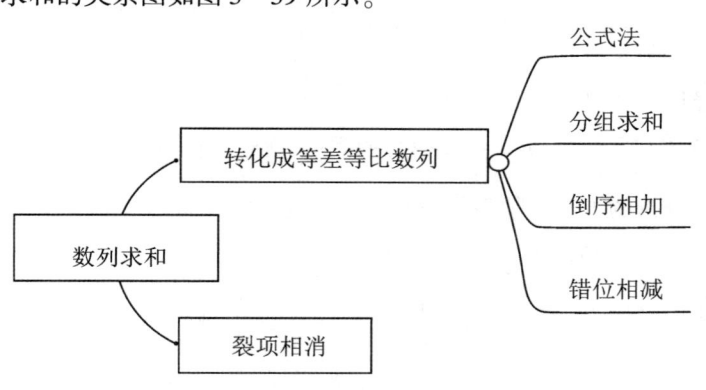

图 3-39 数列求和题型体系

这只是题型体系,高考中仅仅是生搬硬套这些题型,很多题目是做不出来的。因为它不单纯地属于哪一种方法。实际上数列求和牵扯到两个量,一个是通项公式或递推公式,一个是前 n 项和公式。所以在解题时,只需要做好两个分析即可,一个是通项分析,分析通项公式的构成,能不能化简整理,能不能进一步分解处理等;一个是和式分析,分析前 n 项和式子的特点和规律,再考虑如何入手解题。

例 1 (2019·全国)数列 $\{a_n\}$ 中,$a_1 = \dfrac{1}{3}$,$2a_{n+1}a_n + a_{n+1} - a_n = 0$。

(1) 求 $\{a_n\}$ 的通项公式;

(2) 求满足 $a_1a_2 + a_2a_3 + \cdots + a_{n-1}a_n < \dfrac{1}{7}$ 的 n 的最大值。

解:(1) $\because 2a_{n+1}a_n + a_{n+1} - a_n = 0$,$\dfrac{1}{a_{n+1}} - \dfrac{1}{a_n} = 2$,又 $\dfrac{1}{a_1} = 3$,

$\therefore$ 数列 $\left\{\dfrac{1}{a_n}\right\}$ 是以 3 为首项,2 为公差的等差数列,$\dfrac{1}{a_n} = 2n + 1$,

∴ $a_n = \dfrac{1}{2n+1}$。

(2)由(1)知,$a_{n-1}a_n = \dfrac{1}{(2n-1)(2n+1)} = \dfrac{1}{2}\left(\dfrac{1}{2n-1} - \dfrac{1}{2n+1}\right)(n \geq 2)$。

因为 $a_1a_2 + a_2a_3 + \cdots + a_{n-1}a_n = \dfrac{1}{2}\left[\left(\dfrac{1}{3} - \dfrac{1}{5}\right) + \left(\dfrac{1}{5} - \dfrac{1}{7}\right) + \cdots \left(\dfrac{1}{2n-1} - \dfrac{1}{2n+1}\right)\right] = \dfrac{1}{2}\left(\dfrac{1}{3} - \dfrac{1}{2n+1}\right)$,

又∵ $a_1a_2 + a_2a_3 + \cdots + a_{n-1}a_n < \dfrac{1}{7}$,∴ $\dfrac{1}{2}\left(\dfrac{1}{3} - \dfrac{1}{2n+1}\right) < \dfrac{1}{7}$,

∴ $4n + 2 < 42$,∴ $n < 10$。

∵ $n \in \mathbf{N}^*$,

∴ n 的最大值为9。

点评:这道题就是进行通项分析,把通项公式化简、裂项然后再求和。

例2 (2018·全国)已知数列 $\{a_n\}$ 的前 n 项和为 S_n,$a_1 = \sqrt{2}$,$a_n > 0$,$a_{n+1} \cdot (S_{n+1} + S_n) = 2$。

(1)求 S_n;

(2)求 $\dfrac{1}{S_1 + S_2} + \dfrac{1}{S_2 + S_3} + \cdots + \dfrac{1}{S_n + S_{n+1}}$。

解:(1)可得 $S_n = \sqrt{2n}$。

(2) $\dfrac{1}{S_n + S_{n+1}} = \dfrac{1}{\sqrt{2n} + \sqrt{2(n+1)}} = \dfrac{\sqrt{2}}{2}\left(\dfrac{1}{\sqrt{n} + \sqrt{n+1}}\right) = \dfrac{\sqrt{2}}{2}(\sqrt{n+1} - \sqrt{n})$,

即 $\dfrac{1}{S_1 + S_2} + \dfrac{1}{S_2 + S_3} + \cdots + \dfrac{1}{S_n + S_{n+1}} = \dfrac{\sqrt{2}}{2}(\sqrt{2} - 1 + \sqrt{3} - \sqrt{2} + 2 - \sqrt{3} + \cdots + \sqrt{n+1} - \sqrt{n}) = \dfrac{\sqrt{2}}{2}(\sqrt{n+1} - 1)$。

点评:这道题也是先进行通项分析,再求和,一般裂项相消多是先通项分析。

例3 数列 $\{b_n\}$ 的通项公式为 $b_n = n - \dfrac{1}{2}$,求数列 $\{(-1)^n b_n^2\}$ 的前 $2n$ 项和。

点评:这道题采用和式分析的方法,先把前 $2n$ 项和写出来,可得

$T_{2n} = (-1)^1 b_1^2 + (-1)^2 b_2^2 + \cdots + (-1)^{2n} b_{2n}^2$

$= -\left(1 - \dfrac{1}{2}\right)^2 + \left(2 - \dfrac{1}{2}\right)^2 - \left(3 - \dfrac{1}{2}\right)^2 + \left(4 - \dfrac{1}{2}\right)^2 + \cdots - \left(2n - \dfrac{3}{2}\right)^2 + \left(2n - \dfrac{1}{2}\right)^2$

$= \left(-\left(\dfrac{1}{2}\right)^2 + \left(\dfrac{3}{2}\right)^2\right) + \left(-\left(\dfrac{5}{2}\right)^2 + \left(\dfrac{7}{2}\right)^2\right) + \cdots + \left(-\left(2n - \dfrac{3}{2}\right)^2 + \left(2n - \dfrac{1}{2}\right)^2\right)$

$= \left(\dfrac{3}{2} + \dfrac{1}{2}\right) + \left(\dfrac{7}{2} + \dfrac{5}{2}\right) + \cdots + (4n - 2) = 2(1 + 3 + 5 + \cdots + 2n - 1) = 2n^2$

例4 已知数列 $\{a_n\}$,满足 $a_n + a_{n+1} = 2n$,S_n 是其前 n 项和,求 S_{2n}。

点评:这道题目给的是递推公式,让求 S_{2n},通项已经简单到没法分析了,可以分析和式。$S_{2n} = a_1 + a_2 + a_3 + a_4 + \cdots + a_{2n-1} + a_{2n}$,要出现 $a_1 + a_2$ 就得对通项赋值,让 $n = 1$,得到 $a_1 + a_2 = 2$,同样的道理,让 $n = 3$,得到 $a_3 + a_4 = 6$……

则 $S_{2n} = a_1 + a_2 + a_3 + a_4 + \cdots + a_{2n-1} + a_{2n} = (a_1 + a_2) + (a_3 + a_4) + \cdots + (a_{2n-1} + a_{2n}) = 2(1 + 3 + 5 + \cdots + 2n - 1) = 2n^2$。

这道题按照原来的教法应该是分组求和,或者说是并项求和,当学生学会分析问题后,用什么名称已经不重要了。

例5 (2014·山东)已知等差数列 $\{a_n\}$ 的公差为2,前 n 项和为 S_n,且 S_1,S_2,S_4 成等比数列。

(1)求数列 $\{a_n\}$ 的通项公式;

(2) 令 $b_n = (-1)^{n-1} \dfrac{4n}{a_n a_{n+1}}$，求数列 $\{b_n\}$ 的前 n 项和 T_n。

解：(1) $a_n = 2n - 1$。

(2) 由(1)可得 $b_n = (-1)^{n-1} \dfrac{4n}{a_n a_{n+1}} = (-1)^{n-1} \dfrac{4n}{(2n-1)(2n+1)} = (-1)^{n-1}\left(\dfrac{1}{2n-1} + \dfrac{1}{2n+1}\right)$。

所以 $T_n = \left(1 + \dfrac{1}{3}\right) - \left(\dfrac{1}{3} + \dfrac{1}{5}\right) + \left(\dfrac{1}{5} + \dfrac{1}{7}\right) + \cdots + (-1)^{n-1}\left(\dfrac{1}{2n-1} + \dfrac{1}{2n+1}\right)$。

当 n 为偶数时，$T_n = \left(1 + \dfrac{1}{3}\right) - \left(\dfrac{1}{3} + \dfrac{1}{5}\right) + \left(\dfrac{1}{5} + \dfrac{1}{7}\right) + \cdots + \left(\dfrac{1}{2n-3} + \dfrac{1}{2n-1}\right) - \left(\dfrac{1}{2n-1} + \dfrac{1}{2n+1}\right) = 1 - \dfrac{1}{2n+1} = \dfrac{2n}{2n+1}$。

当 n 为奇数时，$T_n = \left(1 + \dfrac{1}{3}\right) - \left(\dfrac{1}{3} + \dfrac{1}{5}\right) + \left(\dfrac{1}{5} + \dfrac{1}{7}\right) + \cdots - \left(\dfrac{1}{2n-3} + \dfrac{1}{2n-1}\right) + \left(\dfrac{1}{2n-1} + \dfrac{1}{2n+1}\right) = 1 + \dfrac{1}{2n+1} = \dfrac{2n+2}{2n+1}$。

可得 $T_n = \begin{cases} \dfrac{2n}{2n+1}, & n \text{ 为偶数} \\ \dfrac{2n+2}{2n+1}, & n \text{ 为奇数} \end{cases}$。

点评：这道题目是采用通项分析与和式分析来解决问题，首先用通项分析把通项公式写成裂项相消的形式，这种裂项的方式以前学生没有接触过，在高考的考场上出现还是第一次。和式分析就是写出前 n 项的和，即写出 $T_n = \left(1 + \dfrac{1}{3}\right) - \left(\dfrac{1}{3} + \dfrac{1}{5}\right) + \left(\dfrac{1}{5} + \dfrac{1}{7}\right) + \cdots + (-1)^{n-1}\left(\dfrac{1}{2n-1} + \dfrac{1}{2n+1}\right)$，这时学生就能发现相消的规律。这道题是首次通过 $(-1)^n$ 来调节项的正负，是当年高考题中的一大亮点。同时也告诉我们，在高考考场上如果遇到比较新颖的题目，不用惊慌，数列求和就是两个点：通项与求和，只要做好两个分析，一定能解决问题。

常用的倒序相加法、错位相减法实际上就是作和式分析，想办法把式子转化成常见的和式，发现和式的规律，再转化成等差或等比数列。

我们不知道数列求和会出现什么新奇个性的题目，但是无论怎么出题，都离不开这两个分析，因为也只有这两个分析。所以当学生知晓这几种求和方法之后，老师不要再过分地强调技巧的变化，要给学生更多的一般的方法，要在技巧的层次上再上升一个层次。让学生逐渐地淡忘解题技巧而掌握更强的方法。

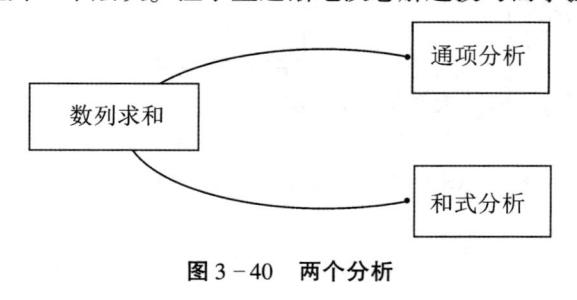

图 3-40 两个分析

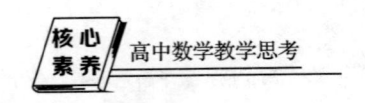

3.22 导数备考思考

导数是高考中必考内容之一,记得在前几年备考导数时,笔者下了很大的功夫,做了尽可能多的拓展,甚至把《数学分析》上册都快给学生讲完了,在时间上,导数复习前后用去了约两个多月的时间,但是从高考的成绩来看,收效并不大。简单题学生都会做,难题都不会做,所有刷过的题、备过的课、出过的学案、总结过的题型都没有了意义。现在回想起那些曾经奋斗过的日子,如今只是多了些教学的经验吧。

下面是前几年研究过的导数高考试题,现在看,很多题目都过时了,有些考点现在都不再出现了。

1. 一般类

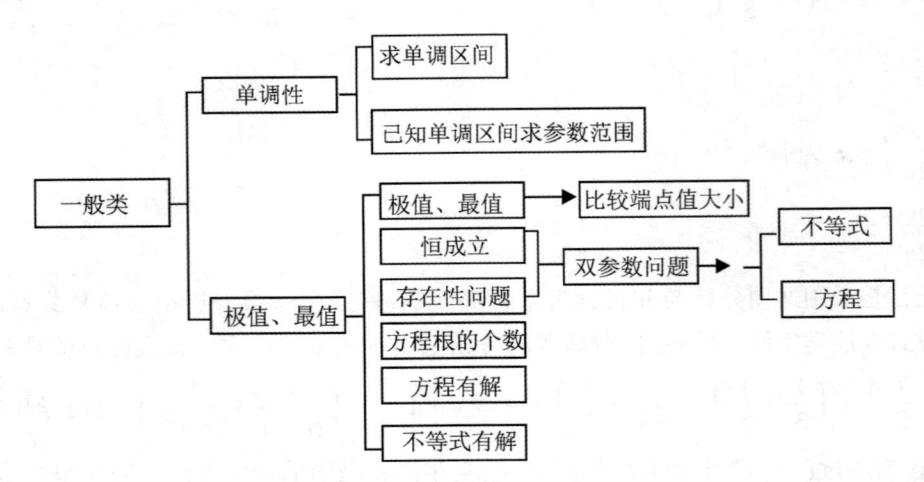

图 3-41　导数一般类题型

2. 与正整数有关的不等式

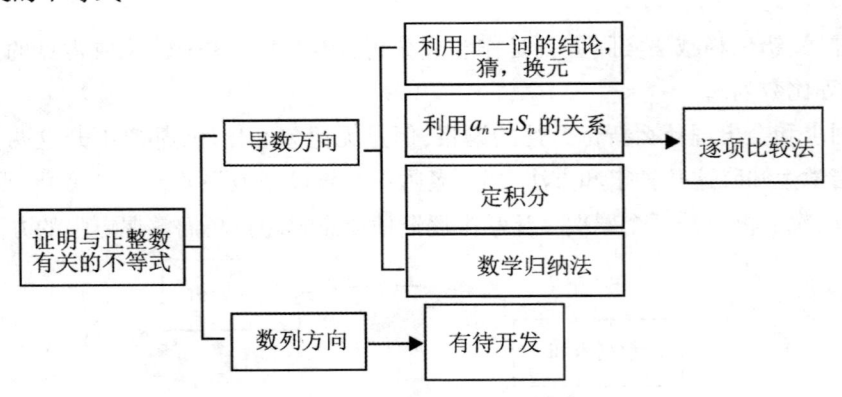

图 3-42　与正整数有关的不等式

3. 证明不等式

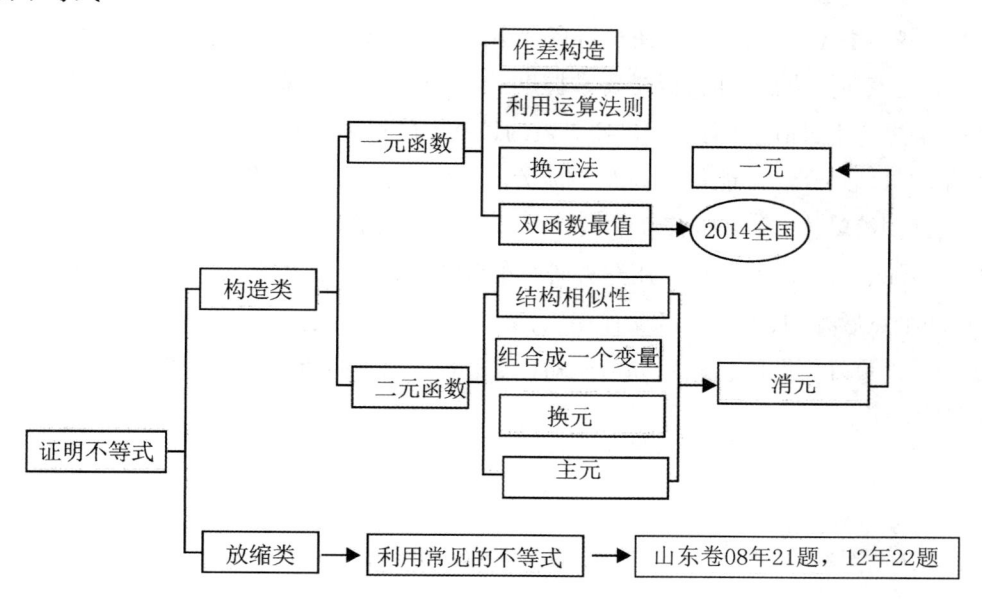

图 3-43 证明不等式

证明不等式分为：
- 构造类
  - 一元函数：作差构造、利用运算法则、换元法、双函数最值（一元 → 2014全国）
  - 二元函数：结构相似性、组合成一个变量、换元、主元（→ 消元）
- 放缩类：利用常见的不等式 → 山东卷08年21题，12年22题

4. 隐零点问题

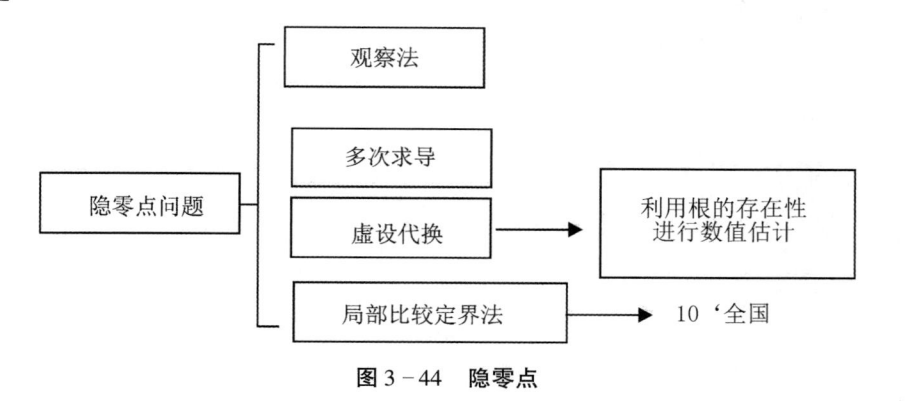

图 3-44 隐零点

隐零点问题：
- 观察法
- 多次求导
- 虚设代换 → 利用根的存在性进行数值估计
- 局部比较定界法 → 10'全国

5. 数学分析

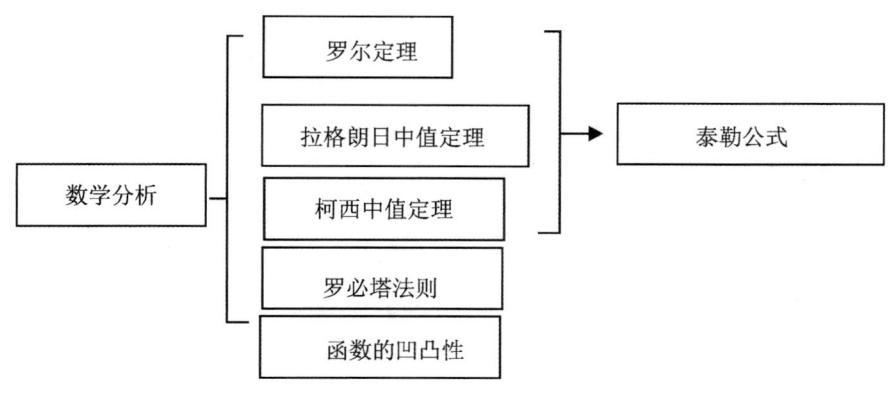

图 3-45 数学分析

数学分析：
- 罗尔定理
- 拉格朗日中值定理 → 泰勒公式
- 柯西中值定理
- 罗必塔法则
- 函数的凹凸性

近些年高考命题更多地向极值点偏移、指对同构和零点赋值等方向发展，以后还会出现新的命题方向。

在备考导数时，有没有必要花费大量的时间和精力？有的老师认为这样做不值得，因为即便花再多的时间去讲去学，到高考遇到难度大的问题，遇到新颖的问题，学生还是无法解决，如果无法解决的话，就相当于和没有学习导数一样，所有花费的时间都是浪费，还不如省出时间来多研究一下学生能得分的板块。有的老师认为导数一定得讲,而且要花大力气讲,因为这是学生整个高中思维的至高点,学生的思维需要通过导数的训练去拔高,导数是载体,是发展学生思维的手段,即便学生真做不出高考的导数压轴题,也不妨碍学生能力的发展与提升。笔者认为导数是应该向学生讲授的,但是要掌握度,不能无度地将大量的时间用在拓展延伸上、用在记忆题型上、用在熟练度的操练上,而应该向学生讲授导数的最基本的思想、最基本的解题规律,至于过度的拔高是没有必要的,前几年的教训还在。不能把时间花在徒劳的工作上,让学生逐渐地发展自己的思维,而不是一下子把各种题型、方法都倒给学生,应该随着日常做题逐步加入不同的题型与方法,让学生自己去感悟、去总结。实际上教材中关于导数的部分,只是讲了用它去研究单调性、研究极值最值,那些千变万化、林林总总的各色题目都是围绕着这两个点展开的,本质思路没有变化,变的只是如何构造函数(同构和极值点偏移及各种变形,本质上只是为了构造出更好解题的函数)、如何放缩(实际上是把不好求解的函数放缩成好解的,最好是幂函数),其他真的没有什么了。

3.23 导数零点赋值问题

导数的零点问题是高考常考的内容,题目的难度很大,此类题目本质是放缩,要想办法把不可解的不等式转化成可解的不等式,下面谈谈这类问题。

原理:此类问题主要是利用零点存在定理,判断函数 $y=f(x)$ 在定区间 (a,b) 上是否存在零点。

方法:放缩,一种是利用零点的范围进行放缩,一种是利用常见的不等式放缩,如 $e^x > 1+x, \ln x < x-1$ 等。放缩的目的是方便计算,即能够很容易地解出不等式。

下面来看几道高考题。

例1 (2016·新课标Ⅰ)已知函数 $f(x) = (x-2)e^x + a(x-1)^2$ 有两个零点。

(1)求 a 的取值范围;

(2)设 x_1, x_2 是 $f(x)$ 的两个零点,证明: $x_1 + x_2 < 2$。

分析:第一问属于零点赋值问题,求导得 $f'(x) = (x-1)e^x + 2a(x-1) = (x-1)(e^x + 2a)$。

下面只说 $a>0$ 的情况,其他情况不再讨论。

若 $a>0$,那么 $e^x + 2a > 0$ 恒成立。

当 $x<1$ 时, $f'(x) < 0$,此时函数为减函数。

当 $x>1$ 时, $f'(x) > 0$,此时函数为增函数。

当 $x=1$ 时,函数 $f(x)$ 取极小值 $-e$,

先研究区间 $(1, +\infty)$,先观察 $x=2$,发现 $f(2) = a > 0$,所以在区间 $(1,2)$ 内,由零点存在定理知,存在唯一的一个零点。

在区间 $(-\infty, 1)$ 上,已经知道了 $f(1) = -e < 0$,现在只需要再找一个点 x_1,使得 $f(x_1) > 0$ 即可。

先观察特殊点,发现求得的结果都带着参数 a,不好判断正负。然后分析 $x \to -\infty$ 时的极限, $(x-2)e^x \to 0, a(x-1)^2 \to +\infty$,所以 $f(x) \to +\infty$,说明存在某个点 x_1 使 $f(x_1) > 0$。根据极限分析知道 $(x-2)e^x \to 0$,而且是个负数,能不能对它进行放缩呢?因为最终结果时找到 $f(x_1) > 0$,所以放缩的方向是 $f(x) = (x-2)e^x + a(x-1)^2 > \cdots > 0$

方法一 利用 $x_1 \in (-\infty, 1)$ 对 e^x 的范围进行限制,即利用零点的范围进行放缩。

因为 $x<1$,所以 $e^x < e, (x-2)e^x > (x-2)e$,

$f(x) = (x-2)e^x + a(x-1)^2 > (x-2)e + a(x-1)^2$。

下面只需找到使 $(x-2)e + a(x-1)^2 = 0$ 且小于1的一个根即可,因为 $\Delta = (e-2a)^2 - 4a(a-2e) = e^2 + 4ae > 0$。

所以由求根公式可得 $x_1 = \dfrac{2a - e - \sqrt{e^2 + 4ae}}{2a} < 1$。

因此 $f(x_1) = (x_1 - 2)e^{x} + a(x_1 - 1)^2 > (x_1 - 2)e + a(x_1 - 1)^2 = 0$

由零点存在定理得存在某一个点 $x_0 \in (x_1, 1)$ 使得 $f(x_0) > 0$。

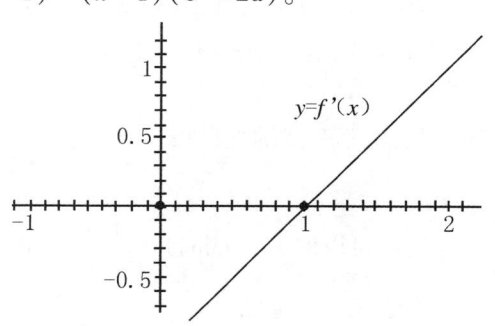

图 3-46 导函数图象

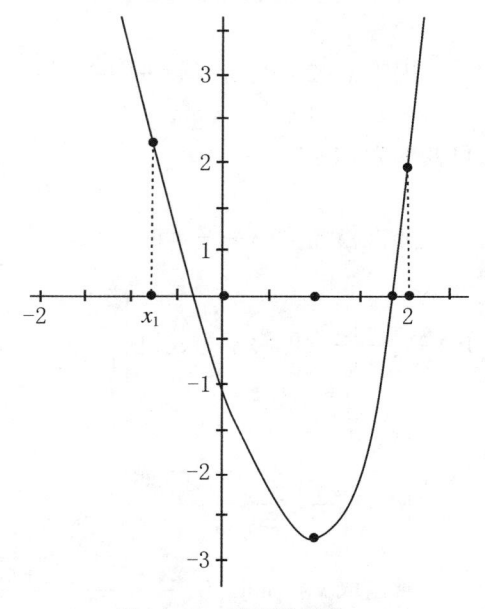

图 3-47 原函数图象

注：①在这种解法中，也可以利用 $x<0$，$e^x<1$ 进行放缩，则 $(x-2)e^x>(x-2)$，$f(x)=(x-2)e^x+a(x-1)^2>(x-2)+a(x-1)^2=x-2+a(x^2-2x+1)>(x-2)+a(x^2-2x)=(x-2)(1+ax)=0$，再解一元二次不等式求出 $x=-\dfrac{1}{a}$。

②若放缩成 $e^x<a$，即 $x<\ln a$ 且 $x<1$ 时，$(x-2)e^x>(x-2)a$，原式可变为 $f(x)=(x-2)e^x+a(x-1)^2>(x-2)a+a(x-1)^2=a(x^2-x-1)=0$，解得 $x_1=\dfrac{1-\sqrt{5}}{2}$。

③此试卷给的标准答案的方法，很多同学看不懂，实际上仍然是放缩，只不过它是让 $e^x<\dfrac{a}{2}$，解得 $x<\ln\dfrac{a}{2}$，则 $(x-2)e^x>(x-2)\dfrac{a}{2}$，$f(x)=(x-2)e^x+a(x-1)^2>(x-2)\dfrac{a}{2}+a(x-1)^2=a\left(x^2-\dfrac{3}{2}x\right)=ax\left(x-\dfrac{3}{2}\right)>0$，所以当 $x_1<\ln\dfrac{a}{2}$ 且 $x_1<0$ 时，$f(x_1)=(x_1-2)e^{x_1}+a(x_1-1)^2>(x_1-2)\dfrac{a}{2}+a(x_1-1)^2=a\left(x_1^2-\dfrac{3}{2}x_1\right)=ax_1\left(x_1-\dfrac{3}{2}\right)>0$。

这种放缩的目的是通过计算把式子中的常数项消去，达到便于计算的目的。

方法二 变形后利用不等式的性质进行分析，分别求解，达到减少计算的目的。

因为要求解 $f(x)=(x-2)e^x+a(x-1)^2>0$，原不等式变形为 $a(x-1)^2>(2-x)e^x$。此式子中的各项均为正数，由不等式的性质得 $\begin{cases} a>e^x,\\ (x-1)^2>2-x \end{cases}$，解得 $\begin{cases} x<\ln a,\\ x>\dfrac{1+\sqrt{5}}{2} 或 x<\dfrac{1-\sqrt{5}}{2} \end{cases}$。

所以可以取 $x_1=\min\left\{\ln a,\dfrac{1-\sqrt{5}}{2}\right\}$ 即可。

方法三 插值法。

研究 $x<1$ 时，原式子变形为 $f(x)=(x-2)e^x+a(x-1)^2=(x-2)\left(e^x+\dfrac{a(x-1)^2}{x-2}\right)>0$。

因为 $x-2<0$，所以 $e^x+\dfrac{a(x-1)^2}{x-2}<0$

可变形为 $e^x<\dfrac{a(x-1)^2}{2-x}$。

分析趋势：当 $x\to-\infty$ 时，$e^x\to 0$，$\dfrac{a(x-1)^2}{2-x}\to+\infty$。所以在 0 和 $+\infty$ 之间可插入一个数，比如 1，则有 $e^x<1<\dfrac{a(x-1)^2}{2-x}$，即解不等式组 $\begin{cases} e^x<1,\\ 1<\dfrac{a(x-1)^2}{2-x}, \end{cases}$

解得 $\begin{cases} x<0,\\ x<\dfrac{2a-1-\sqrt{1+4a}}{2a} \end{cases}$。

所以取 $x_1=\min\left\{0,\dfrac{2a-1-\sqrt{1+4a}}{2a}\right\}$，则有 $f(x_1)>0$。

这道题如果分离出参数，然后求解，难度仍然很大，如果采用罗必塔法则，显然超纲了，不建议讲授，在初等数学中使用高等数学的知识，有作弊的嫌疑。

例2 (2017·新课标Ⅰ) 已知函数 $f(x) = ae^{2x} + (a-2)e^x - x$。

(1) 讨论 $f(x)$ 的单调性；

(2) 若 $f(x)$ 有两个零点，求 a 的取值范围。

现在只研究第2问中的 $a \in (0,1)$ 这一种情况，看两个零点的判断过程。

由 $f(x) = ae^{2x} + (a-2)e^x - x$，求导 $f'(x) = 2ae^{2x} + (a-2)e^x - 1 = (ae^x - 1)(2e^x + 1)$。

$f(x)$ 在 $\left(-\infty, \ln\dfrac{1}{a}\right)$ 是减函数，在 $\left(\ln\dfrac{1}{a}, +\infty\right)$ 是增函数，

此时 $f(x)_{\min} = f\left(\ln\dfrac{1}{a}\right) = a \times \dfrac{1}{a^2} + (a-2) \times \dfrac{1}{a} - \ln\dfrac{1}{a} < 0$。

解得 $0 < a < 1$，也就是说当 $0 < a < 1$ 时 $f(x)$ 有可能有两个零点。大致图象如图3-48所示。下面在 $\ln\dfrac{1}{a}$ 的两侧分别寻找使 $f(x) > 0$ 的点。

首先在 $\left(-\infty, \ln\dfrac{1}{a}\right)$ 上，经观察得，如果取 $x_1 = -1$，

则 $f(-1) = ae^{-2} + (a-2)e^{-1} + 1 = \dfrac{a}{e^2} + \dfrac{a}{e} - \dfrac{2}{e} + 1 = \left(\dfrac{a}{e^2} + \dfrac{a}{e}\right) + \left(1 - \dfrac{2}{e}\right) > 0$。

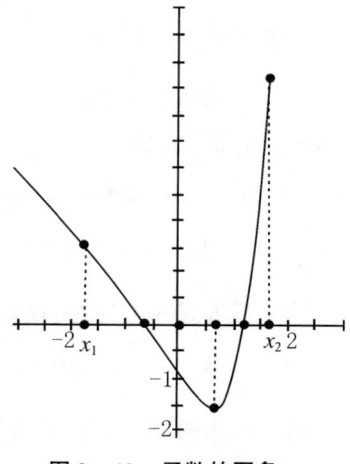

图3-48 函数的图象

所以在 $\left(-1, \ln\dfrac{1}{a}\right)$ 上存在一点 x_0，使得 $f(x_0) = 0$。

再研究区间 $\left(\ln\dfrac{1}{a}, +\infty\right)$。不能通过观察、试值找到一个合适的点。

我们先分析趋势，$x \to +\infty$ 时，$ae^{2x} \to +\infty$，增长速度最快；$x \to +\infty$ 时，$(a-2)e^x \to -\infty$；$x \to +\infty$ 时，$-x \to -\infty$。

因为要找一个点 x_2 使 $f(x_2) > 0$，所以我们考虑保留 ae^{2x}，放缩 $(a-2)e^x$，$-x$，又因为在式子中有 e^{2x} 和 e^x，所以考虑对 $-x$ 放缩，并且为了好计算，尽可能的建立和 e^x 的关系。于是有常见的不等式 $e^x > 1 + x$ 得，$e^x > x$，即 $-x > -e^x$。

$$f(x) = ae^{2x} + (a-2)e^x - x > ae^{2x} + (a-2)e^x - e^x = e^x(ae^x + a - 3) = 0$$

解得 $x = \ln\left(\dfrac{3}{a} - 1\right)$。

因此取 $x_2 = \ln\left(\dfrac{3}{a} - 1\right)$ 则 $f(x_2) = ae^{2x_2} + (a-2)e^{x_2} - x_2 > ae^{2x_2} + (a-2)e^{x_2} - e^{x_2} = e^{x_2}(ae^{x_2} + a - 3) = e^{x_2}\left(a\left(\dfrac{3}{a} - 1\right) + a - 3\right) = 0$。

所以 $f(x_2) > 0$。因此在 $\left(\ln\dfrac{1}{a}, x_2\right)$ 上存在一点 x_0，使得 $f(x_0) = 0$。

所以函数在 $0 < a < 1$ 时，存在两个零点。

注：①这道题在找点时采用了观察法，即观察特殊点是不是符合题意，比如 $-1, 0, 1, a, a^2, \dfrac{1}{a}$，等等，在解题时我们应该先试着找特殊点，在特殊点不合适时，再考虑放缩。

②在区间 $\left(-\infty, \ln\dfrac{1}{a}\right)$ 上，除了观察，也可以求出一个相应的 x_1，让它满足 $f(x_1) > 0$，具体如下：先进行趋势分析，$x \to -\infty$ 时，$ae^{2x} \to 0$，$x \to -\infty$ 时，$(a-2)e^x \to 0$，$x \to -\infty$ 时，$-x \to +\infty$。所以 $x \to -\infty$ 时，$-x$ 贡献了最

大的大于零的力量，所以要保留$-x$，想办法对ae^{2x}和$(a-2)e^x$进行放缩，这是在解题时经常用的分析方法，就是找哪一项对于我们想要的方向贡献最大，这一项就是评选出来的"劳动模范"，保留这一项，对其他项放缩。比如要找$f(x)>0$的点，则要尽可能地保留趋近于$+\infty$的"劳动模范"，把其他项放缩掉。

经过趋势分析，发现$-x$是"劳动模范"，保留。因为$0<a<1$，所以$\ln\dfrac{1}{a}>0$，不妨取$x<0$，则$ae^{2x}>0$，又因为$e^x<1$，所以$(a-2)e^x>a-2$。到此，完成了对于前两项的放缩。方法是利用自变量的范围进行的放缩，这里要注意的是，因为$y=e^x$是指数函数，增长速度非常快，在解决e^x小于一个数时经常用自变量的范围放缩。$f(x)=ae^{2x}+(a-2)e^x-x>0+a-2-x=0$，所以取$x_1=\min\{0,a-2\}$则有$f(x_1)>0$。

③在$\left(\ln\dfrac{1}{a},+\infty\right)$上放缩采用了常用不等式进行放缩，学生在学习时要对常见不等式非常熟练，比如$e^x>1+x$，$\ln x<x-1$，并且能作各种变形，$e^{\frac{x}{2}}e^{\frac{x}{2}}=\left(1+\dfrac{x}{2}\right)^2$，$e^x>x^2$等，需要根据题目来灵活地选择。另外，有时在题目的第一问让证明的不等式也是常用来放缩的工具之一。

例3 （2020·新课标Ⅰ）已知函数$f(x)=e^x-a(x+2)$。

(1)当$a=1$时，讨论$f(x)$的单调性；(2)若$f(x)$有两个零点，求a的取值范围。

只考虑第(2)问，当$a>0$时零点问题。当$a>0$时，令$f'(x)=0$，解得$x=\ln a$。

当$x\in(-\infty,\ln a)$时，$f'(x)<0$，$f(x)$单调递减。

当$x\in(\ln a,+\infty)$时，$f'(x)>0$，$f(x)$单调递增。

所以$f(x)$的最小值为$f(\ln a)=a-a(\ln a+2)=-a(1+\ln a)<0$。

解得$a>\dfrac{1}{e}$，即当$a>\dfrac{1}{e}$时，可能会有两个零点。

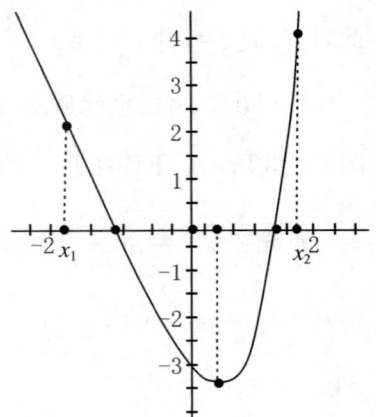

图3-49 函数的图象

下面开始在$(-\infty,\ln a)$上寻找零点，即寻找一个点让它满足$f(x_1)>0$。先进行趋势分析，当$x\to-\infty$时，$e^x\to 0$，当$x\to-\infty$时，$-a(x+2)\to+\infty$。所以在$(-\infty,\ln a)$上存在满足$f(x_1)>0$的点。先观察法，注意到当$x=-2$时，$f(-2)=e^{-2}>0$符合题意。由零点存在定理得，在$(-2,\ln a)$上存在一个零点。

在$(\ln a,+\infty)$上，同样进行趋势分析，当$x\to+\infty$时，$e^x\to+\infty$，当$x\to+\infty$时，$-a(x+2)\to-\infty$，并且$e^x\to+\infty$的速度要远大于$-a(x+2)\to-\infty$的速度。现在想办法把指数和幂不等式统一起来，让它只含有e^x或只含有幂函数。因为$-a(x+2)$为一次式，所以考虑把e^x放缩成比一次式增长更快的二次式，又因为$x\to+\infty$，现在取一个比较大一点的值，比如$x>4$，这是$e^x>x^2$的（证明过程略去）。

$f(x)=e^x-a(x+2)>x^2-a(x+2)=0$，解得$x=\dfrac{a+\sqrt{a^2+8a}}{2}$。

当$x=\max\left\{4,\dfrac{a+\sqrt{a^2+8a}}{2}\right\}$时，$f(x)=e^x-a(x+2)>x^2-a(x+2)=0$，于是找到了这个点。

也可以把$x+2$放缩成指数的形式和前面的e^x统一起来。

可以先证明$e^{\frac{x}{2}}>x+2(x>4)$。

则$-a(x+2)>-ae^{\frac{x}{2}}$，所以$f(x)=e^x-a(x+2)>e^x-ae^{\frac{x}{2}}=e^{\frac{x}{2}}(e^{\frac{x}{2}}-a)=0$，解得$x=2\ln a$。

当$x=\max\{4,2\ln a\}$时，满足$f(x)>0$。

总之，导数零点问题找点是难点，在解题时需要综合考虑，特别能锻炼学生的分析问题、解决问题的能力。但是在教学中不能无限拓展，引入数学分析的知识来解决现在的问题。

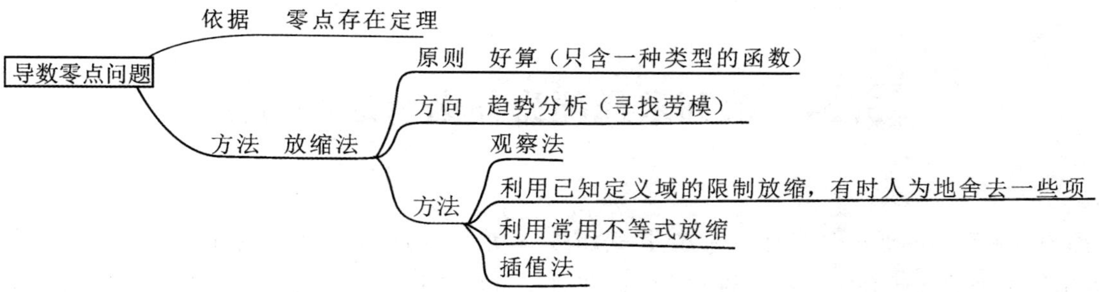

- 导数零点问题
  - 依据　零点存在定理
  - 方法　放缩法
    - 原则　好算（只含一种类型的函数）
    - 方向　趋势分析（寻找劳模）
    - 方法
      - 观察法
      - 利用已知定义域的限制放缩，有时人为地舍去一些项
      - 利用常用不等式放缩
      - 插值法

图 3-50　零点问题解题分析

3.24 数列求通项为什么有这些方法

我们都知道求数列的通项公式有多种方法：累加法、累乘法、构造法等等。为什么求通项公式会有这些方法，这些方法怎么来的？还有什么其他的方法？这些方法背后有什么共同的东西？解题时遇到新题怎么探求出解题思路？下面做个思维导图来看看。

一是围绕着等差、等比这两种特殊数列的通项公式展开，推导等差、等比数列的通项公式时提供的方法：累加法和累乘法。另外有的数列可以直接用等差、等比数列的通项公式求解；有的可以转化为等差、等比数列的通项公式求解。这样，等差、等比数列一共提供了四种方法，如图 3-51 所示。

$$\left.\begin{matrix}累加法\\累乘法\end{matrix}\right\} 推导 \left\{等差、等比数列通项公式\right\} 转化 \left\{\begin{matrix}公式法\\构造法\end{matrix}\right.$$

图 3-51 数列求通项

二是一般数列推导通项公式的方法，因为一般的数列解决问题的方法不固定，所以这里所谓的一般数列仅仅是相对一般的数列。常用的方法：观察法（归纳—猜想）、a_n 与 S_n 的关系、递推一个。

学生死记硬背这些方法不等于他已经能解题了，因为有一些题不一定是这里面的一种方法。需要再进一步提炼解题的思想方法，这些思想方法就是解题的思想指导，它能告诉学生在迷失方向的时候，该怎么做。

对通项公式的思想方法的提炼如图 3-52 所示

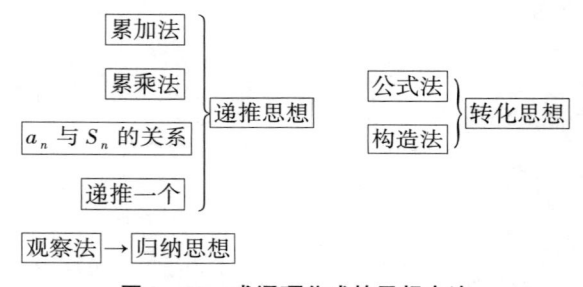

$$\left.\begin{matrix}累加法\\累乘法\\a_n 与 S_n 的关系\\递推一个\end{matrix}\right\} 递推思想 \left.\begin{matrix}公式法\\构造法\end{matrix}\right\} 转化思想$$

$$观察法 \rightarrow 归纳思想$$

图 3-52 求通项公式的思想方法

解题方法是多变的，但是这些方法背后的思想是不变的，是解决问题的更深层次的思考方向，老师教学时要把这些背后的思想方法，通过不同的形式让学生体会，让学生通过学习数学得到解决其他问题的思想方法，数学就该是方法论。

3.25 数学应该教给学生价值判断
——分离还是分类

解决含参数的问题时,需要判断究竟是分离参数还是分类讨论,有的老师图省事直接告诉学生:遇到含参数的问题时,首选分离参数。笔者总是感觉这种说法有些牵强,数学题千变万化,如果在考试时,分离参数做不出来,再换别的方法会浪费掉大量的时间。所以老师要告诉学生事情的全部,给出相关的例子,然后学生自己做价值判断,并且为自己的判断反思总结,然后才能成长。老师不把什么事情都告诉学生,只让学生记忆、模仿,是培养不出真正优秀的学生的。

例1 已知函数 $f(x)=\dfrac{1}{3}x^3-ax^2+4x$ 在区间 $[1,+\infty)$ 单调递增,求实数 a 的取值范围。

解:由已知得,原问题可转化为 $f'(x)=x^2-2ax+4\geq 0$ 在区间 $[1,+\infty)$ 恒成立。

方法一:分离参数。

$2a\leq x+\dfrac{4}{x}$ 在 $[1,+\infty)$ 恒成立,

转化为求函数 $y=x+\dfrac{4}{x}$ 的最小值,解得 $a\leq 2$。

方法二:分类讨论。

当 $a\leq 1$ 时,函数 $f'(x)$ 在 $[1,+\infty)$ 上单调递增,$f'(1)=1-2a+4\geq 0$ 解得 $a\leq \dfrac{5}{2}$,综上得 $a\leq 1$。

当 $a>1$ 时,$\Delta=4a^2-16\leq 0$ 解得 $-2\leq a\leq 2$。所以 $1<a\leq 2$。

综上,a 的范围 $a\leq 2$。

这道题无论是用分离参数还是分类讨论,都可以解决,本题中自变量 x 的范围是 $[1,+\infty)$,所以用分离参数要比分类讨论思维量小很多,而且分离以后的函数 $y=x+\dfrac{4}{x}$ 不是"$\dfrac{0}{0}$"型,可以直接求最值,这样解起来要方便得多。

例2 (2012年全国大纲卷理科20第2小题)设函数 $f(x)=ax+\cos x,x\in[0,\pi]$,设 $f(x)\leq 1+\sin x$,求 a 的取值范围。

解:由 $f(x)\leq 1+\sin x$ 得 $f(\pi)\leq 1,a\pi-1\leq 1,\therefore a\leq \dfrac{2}{\pi}$。

令 $g(x)=\sin x-\dfrac{2}{\pi}x\left(0\leq x\leq \dfrac{\pi}{2}\right)$ 则 $g'(x)=\cos x-\dfrac{2}{\pi}$。

当 $x\in\left(0,\arccos\dfrac{2}{\pi}\right)$ 时,$g'(x)>0$,当 $x\in\left(\arccos\dfrac{2}{\pi},\dfrac{\pi}{2}\right)$ 时,$g'(x)<0$。

$\therefore g(0)=g\left(\dfrac{\pi}{2}\right)=0,\therefore g(x)\geq 0$,

即 $\dfrac{2}{\pi}x\leq \sin x\left(0\leq x\leq \dfrac{\pi}{2}\right)$。

当 $a\leq \dfrac{2}{\pi}$ 时,有 $f(x)\leq \dfrac{2}{\pi}x+\cos x$。

①当 $0 \leqslant x \leqslant \dfrac{\pi}{2}$ 时，$\dfrac{2}{\pi}x \leqslant \sin x$，$\cos x \leqslant 1$，所以 $f(x) \leqslant 1 + \sin x$；

②当 $\dfrac{\pi}{2} \leqslant x \leqslant \pi$ 时，$f(x) \leqslant \dfrac{2}{\pi}x + \cos x = 1 + \dfrac{2}{\pi}\left(x - \dfrac{\pi}{2}\right) - \sin\left(x - \dfrac{\pi}{2}\right) \leqslant 1 + \sin x$。

综上，$a \leqslant \dfrac{2}{\pi}$。

这道题采用分类讨论，如果采用分离参数得 $a \leqslant \dfrac{1 + \sin x - \cos x}{x}$，转化成求函数 $y = \dfrac{1 + \sin x - \cos x}{x}$ 的最小值。求导后无法进一步判断导函数的正负。

例 3　已知 $-3 \leqslant 2mx - \ln x - 3 \leqslant 3$，对 $\forall x \in [1,3]$ 恒成立，求 m 的取值范围。

略解　原问题可转化成 $2m \geqslant \dfrac{\ln x}{x}$，$x \in [1,3]$ 恒成立，$2m \leqslant \dfrac{\ln x + 6}{x}$，$x \in [1,3]$ 恒成立。

这道题采用分离参数明显要好做一些。

所以在解题时，当自变量恒正或恒负，分离参数后的式子不是"$\dfrac{0}{0}$"型或"$\dfrac{\infty}{\infty}$"型，导函数正负好判断，可以考虑利用分离参数求解，否则就要分类讨论了。所以老师在上课时要把两种方法的优劣告诉学生，让学生自己判断，自己选择，在不断的选择中，学生对于事物的认识会进一步提升，知道任何事物有优点也会有缺点，认识事物要全面，另外，在解决问题时还要考虑自身掌握的知识情况。

3.26 函数零点的范围问题

构造函数求最值或范围问题是最常见的一类问题,构造起来有时简单、有时复杂,下面以一道函数零点范围问题研究一下基本方法。

例1 已知函数 $f(x)=\begin{cases}|\ln x| & x>0 \\ x^2+4x+1 & x\leqslant 0\end{cases}$,使 $f(x)=a$ 的四个零点分别为 x_1,x_2,x_3,x_4,且 $x_1<x_2<x_3<x_4$,求 $x_1+x_2+x_3+x_4$ 的范围。

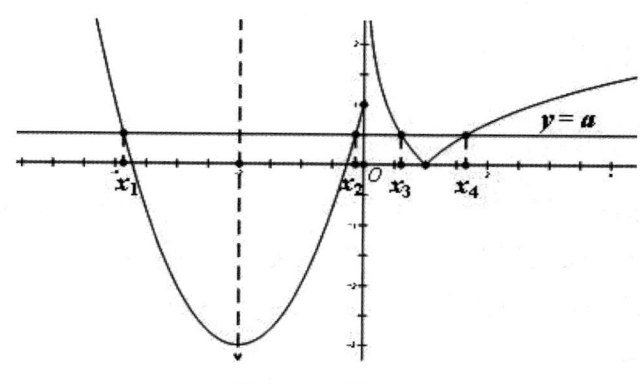

图 3-53 例1图

略解 由题意得,x_1,x_2 关于直线 $x=-2$ 对称,所以 $x_1+x_2=-4$。

又因为 $0<x_3<1,x_4>1$,由 $|\ln x_3|=|\ln x_4|=a$ 得,$x_3x_4=1$。

因为直线 $y=a$ 与函数 $f(x)$ 有四个交点。所以 $x_4\in(1,\mathrm{e}]$。

所以 $y=x_1+x_2+x_3+x_4=-4+\dfrac{1}{x_4}+x_4$,

利用函数的单调性可得范围为 $\left(-2,\mathrm{e}+\dfrac{1}{\mathrm{e}}-4\right]$。

变式1:求 $x_1x_2x_3x_4$ 的范围。

变式2:求 $(x_1+x_2)x_3x_4+2x_3+x_4$ 的范围。

变式3:函数 $f(x)=\begin{cases}|\log_2(x-1)| & 1<x\leqslant 3 \\ (x-4)^2 & x>3\end{cases}$,使 $f(x)=a$ 的四个零点分别为 x_1,x_2,x_3,x_4,且 $x_1<x_2<x_3<x_4$,求 $x_1+x_2+x_3+x_4$ 的范围。

点评:以上几道题都是通过构造函数,利用函数的单调性求最值的问题,实际上是通过消元减少变量,从而构造出函数,这是比较常见的方法。

例2 已知函数 $f(x)=\begin{cases}|\ln x| & 0<x\leqslant 3 \\ f(6-x) & 3<x<6\end{cases}$,使 $f(x)=a$ 的四个零点分别为 x_1,x_2,x_3,x_4,且 $x_1<x_2<x_3<x_4$,不等式 $kx_3x_4+x_1^2+x_2^2\leqslant k+30$ 恒成立,求 k 的最大值。

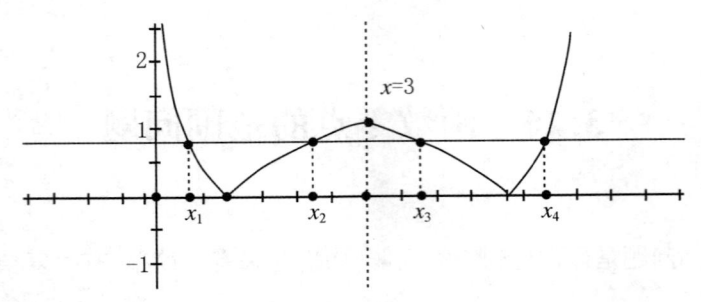

图 3-54 例 2 图

略解：由题意可得 $x_1x_2=1$；$(6-x_3)(6-x_4)=1$；$x_2+x_3=6$；$x_1+x_4=6$。则有

$$k \leqslant \frac{30-(x_1^2+x_2^2)}{x_3x_4-1} = \frac{30-(x_1+x_2)^2+2x_1x_2}{(6-x_1)(6-x_2)-1} = \frac{32-(x_1+x_2)^2}{36-6(x_1+x_2)}$$

令 $t=x_1+x_2=\frac{1}{x_2}+x_2 \in \left(2, \frac{10}{3}\right)$，

则可构造 $y=\frac{32-t^2}{36-6t}$，然后求最值可得。

这道例题和前面构造函数的方式不太一样，它是利用 $t=x_1+x_2$ 构造，但是本质上都是构造函数求最值。最值问题有两个主要解题思路，一是把问题向几何方向转化；二是把问题向代数方向转化，代数方向主要是函数最值，其他的如均值不等式等方法也有涉及。

3.27 奇偶性、对称性、周期性

函数的综合性质多数涉及奇偶性、对称性、周期性,而且这三者存在着很大的联系,在上课时要把这种联系讲出来。

1. 奇偶性与对称性

1)奇函数的对称性

(1) 若函数 $y=f(x)$ 是奇函数,则 $\begin{cases} 数:f(-x)=-f(x) \\ 形:图象关于原点对称 \end{cases}$。

(2) 若函数 $y=f(x)$ 关于点 $(a,0)$ 对称,则有 $f(a+x)=-f(a-x)$,这其实是奇函数性质的一般化,奇函数是这一性质的特殊化。

(3) 若函数 $y=f(x)$ 关于点 (a,b) 对称,则有 $f(a+x)=2b-f(a-x)$。这是性质(2)的更一般化。

2)偶函数的对称性

(1) 若函数 $y=f(x)$ 是偶函数,则 $\begin{cases} 数:f(-x)=f(x) \\ 形:图象关于 y 轴对称 \end{cases}$。

(2) 若函数 $y=f(x)$ 关于点 $x=a$ 对称,则有 $f(a+x)=f(a-x)$,这其实是偶函数性质的一般化,偶函数是这一性质的特殊化。

3)函数奇偶性的逆运算

(1) 若函数 $y=f(x+a)(a>0)$ 是奇函数,则函数 $y=f(x)$ 关于点 $(a,0)$ 对称。

简证一:因为函数 $y=f(x+a)(a>0)$ 是奇函数,所以 $f(a+x)=-f(a-x)$,从而得到函数 $y=f(x)$ 关于点 $(a,0)$ 对称。

简证二: 函数 $y=f(x)$ $\xrightarrow{\text{向左平移} a \text{个单位}}$ 函数 $y=f(x+a)(a>0)$
$\downarrow$ $\qquad\qquad\qquad\qquad\qquad\qquad\qquad\qquad\downarrow$
关于 $(a,0)$ 对称 $\xrightarrow{\text{向左平移} a \text{个单位}}$ 关于 $(0,0)$ 对称

(2) 若函数 $y=f(x+a)(a>0)$ 是偶函数,则函数 $y=f(x)$ 关于 $x=a$ 对称。

(3) 若函数 $y=f(mx+a)(a>0)$ 是奇函数,则函数 $y=f(x)$ 关于点 $(a,0)$ 对称。

(4) 若函数 $y=f(mx+a)(a>0)$ 是偶函数,则函数 $y=f(x)$ 关于 $x=a$ 对称。

2. 对称性与周期性

结论:两个对称决定一个周期;一个周期中包含两个对称。如果已知一个对称,可得另一个对称。

(1) 若函数 $y=f(x)$ 既关于点 $(a,0)$ 对称,又关于直线 $x=b$ 对称,假设 $a<b$,则函数 $y=f(x)$ 的周期为 $4(b-a)$。

证明:因为函数 $y=f(x)$ 关于关于点 $(a,0)$ 对称,所以 $f(-x)=-f(2a+x)$ ①。

又关于直线 $x=b$ 对称,所以 $f(-x)=f(2b+x)$ ②。

由①②得,$f(2b+x)=-f(2a+x)$ 即 $f(2b-2a+x)=-f(x)$。

则 $f(4(b-a)+x)=-f(2(b-a)+x)=f(x)$。

所以函数 $y=f(x)$ 的周期为 $4(b-a)$。

(2)特殊化:若函数 $y=f(x)$ 关于点 $(0,0)$ 对称,且周期为 4,则函数 $y=f(x)$ 关于_____对称。

因为函数 $y=f(x)$ 关于点 $(0,0)$ 对称,则 $-f(-x)=f(x)$。

因为函数 $y=f(x)$ 周期为 4,则 $f(x+4)=f(x)$,

所以得 $f(x+4)=-f(-x)$,即函数关于点 $(2,0)$ 对称。

在实际解题时考虑到时间因素,很多时候不再证明一些显然的结论,而是用正弦函数或余弦函数等进行类比解题。

例1 设函数 $y=f(x)$ 的定义域为 **R**,$f(x+1)$ 为奇函数,$f(x+2)$ 为偶函数,当 $x\in[1,2]$ 时,$f(x)=ax^2+b$,若 $f(0)+f(3)=6$,则 $f\left(\dfrac{9}{2}\right)=$ _____。

解:$f(x+2)$ 为偶函数,则 $y=f(x)$ 关于 $x=2$ 对称。所以 $f(3)=f(1)=a+b$。

$f(x+1)$ 为奇函数,则 $y=f(x)$ 关于 $(1,0)$ 对称。所以 $f(0)=-f(2)=-(4a+b)$,

可得 $a=-2,b=2$,所以 $f(x)=-2x^2+2$,则 $f\left(\dfrac{9}{2}\right)=f\left(\dfrac{1}{2}\right)=-f\left(\dfrac{3}{2}\right)=\dfrac{5}{2}$。

例2 定义在 **R** 上的奇函数 $y=f(x)$ 是连续函数,且满足 $f(x+2)=f(x)$,则下列正确的是( )

A. $T=2$　　　　B. $f(2\,019)=f(2\,020)=0$　　　　C. $(1,0)$ 一个对称中心　　　　D. $[-2,2]$ 有 4 个零点

解:因为奇函数满足 $f(x+2)=f(x)$,令 $x=-1$,则 $f(1)=f(-1)=-f(1)$,所以 $f(1)=0$。

因为周期 $T=2,f(2\,019)=f(1)=0,f(2\,020)=f(0)=0$,所以 B 正确。

因为 $f(x+2)=f(x)=-f(-x)$,所以函数 $y=f(x)$ 关于 $(1,0)$ 对称,所以 C 正确。

因为 $f(-2)=f(-1)=f(0)=f(1)=f(2)=0$,所以至少有 5 个零点,D 不正确。

下面进一步研究。

(1)若函数 $y=f(mx+a)(a>0)$ 是奇函数,则函数 $y=f(x)$ 关于点 $(a,0)$ 对称。若函数 $y=f(mx+a)(a>0)$ 是偶函数,则函数 $y=f(x)$ 关于 $x=a$ 对称。

例如函数 $y=f(2x+1)$ 是偶函数,则函数 $y=f(x)$ 关于 $x=1$ 对称。

(2)若函数 $y=f(x)$ 为奇函数,则函数 $y=f(mx+a)(m>0)$ 关于点 $\left(-\dfrac{a}{m},0\right)$ 对称。若函数 $y=f(x)$ 为偶函数,则函数 $y=f(mx+a)(m>0)$ 关于 $x=-\dfrac{a}{m}$ 对称。

这里不再证明,特例如 $y=\cos x$ 关于 $x=0$ 对称,则 $y=\cos\left(2x+\dfrac{\pi}{3}\right)$ 关于 $x=-\dfrac{\pi}{6}$ 对称。

(3)若函数 $y=f(mx)$ 是奇函数,则函数 $y=f(mx+a)$ 关于点 $\left(-\dfrac{a}{m},0\right)$ 对称。若函数 $y=f(mx)$ 为偶函数,则函数 $y=f(mx+a)$ 关于 $x=-\dfrac{a}{m}$ 对称。

例如 $y=\cos 2x$ 关于 $x=0$ 对称,则 $y=\cos\left(2x+\dfrac{\pi}{3}\right)$ 关于 $x=-\dfrac{\pi}{6}$ 对称。

函数图象变换包括平移、对称、伸缩。当函数 $y=f(x)$ 变成 $y=f(mx)$,这里主要的变化是伸缩变化。这种变化常出现在三角函数中,如果把这个知识一般化到普通函数中,很多学生就不知道从哪里下手了。

3.28 导数切线问题

切线问题是导数常考问题之一,实际上就是一个知识点,近些年出现了共切点的公切线问题和不共切点的公切线问题,但本质没变。

1. 一条曲线的切线问题

这是个老问题,分为"在某点"、"过某点"和"已知斜率"等三种常见类型,本质是利用 $k=f'(x_0)$ 解题。

例 1　(2020 年全国 1 卷)曲线 $y=\ln x+x+1$ 的一条切线的斜率为 2,则该切线的方程为_____。

解:设切点为 (x_0,y_0),因为 $k=f'(x_0)$,

所以 $f'(x_0)=\dfrac{1}{x_0}+1=2$,解得 $x_0=1$。

所以切点为 $(1,2)$,切线方程为 $y=2x$。

点评　这类问题比较简单,直接利用 $k=f'(x_0)$ 得到等式求解即可,难度来源于解方程。

2. 共切点的公切线问题

如图 3-55 所示,函数 $y=f(x)$ 与 $y=g(x)$ 有一个公切点 $P(x_0,y_0)$,求过该点的切线方程。

这类问题根据已知条件列出方程组 $\begin{cases}f(x_0)=g(x_0)\\f'(x_0)=g'(x_0)\end{cases}$,解方程组求出切点即可。

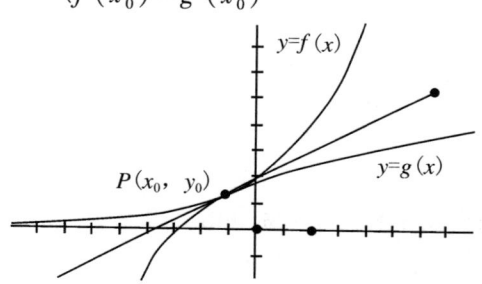

图 3-55　共切点的切线

例 2　函数 $f(x)=a\ln x(a\ne 0)$ 与 $g(x)=\dfrac{1}{2\mathrm{e}}x^2$ 在公共点 $P(s,t)$ 处有公切线,则 $\dfrac{t}{s}=$_____。

略解:求导 $f'(x)=\dfrac{a}{x}$,$g'(x)=\dfrac{1}{\mathrm{e}}x$。

由题意得 $\begin{cases}a\ln s=\dfrac{1}{2\mathrm{e}}s^2\\ \dfrac{a}{s}=\dfrac{1}{\mathrm{e}}s\end{cases}$,解得 $\begin{cases}s=\sqrt{\mathrm{e}}\\a=1\end{cases}$,

所以 $\dfrac{t}{s}=\dfrac{\sqrt{\mathrm{e}}}{2\mathrm{e}}$。

例 3　函数 $f(x)=\dfrac{3}{2}x^2-2ax(a>0)$ 与 $g(x)=a^2\ln x+b$ 有公共点,且在公共点处切线方程相同,则 b 的最大值为_____。

略解:由题意得 $\begin{cases}\dfrac{3}{2}x_0^2-2ax_0=a^2\ln x_0+b\\ 3x_0-2a=\dfrac{a^2}{x_0}\end{cases}$,

则 $b = \frac{3}{2}x_0^2 - 2ax_0 - a^2\ln x_0 = -a^2\ln a - \frac{1}{2}a^2$。

之后求导求最值即可，最后解得 $b_{\max} = \frac{1}{2e^2}$。

3. 不共切点的切线方程

例4 （2016 全国Ⅱ卷 16 题）已知 $y = kx + b$ 是 $y = \ln x + 2$ 的切线，也是 $y = \ln(x+1)$ 的切线，则 $b = $ _____。

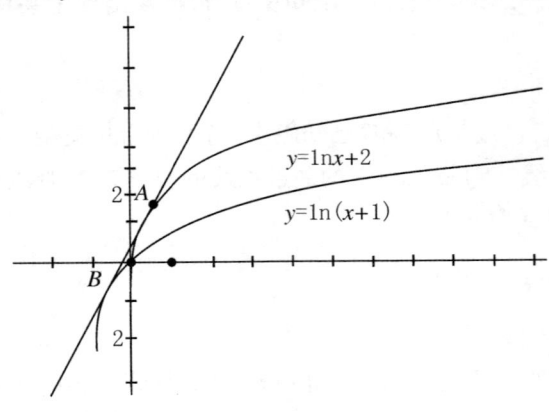

图 3-56　例4 图

略解：设 $A(x_1, y_1)$，则过点 A 的 $y = \ln x + 2$ 的切线为 $y - y_1 = \frac{1}{x_1}(x - x_1)$，

即 $y = \frac{1}{x_1}x + 1 + \ln x_1$。

设 $B(x_2, y_2)$，则过点 B 的 $y = \ln(x+1)$ 的切线为 $y - y_2 = \frac{1}{x_2+1}(x - x_2)$，

即 $y = \frac{1}{x_2+1}x - \frac{x_2}{x_2+1} + \ln(x_2+1)$。

因为两条切线是同一条直线，所以斜率和截距分别相等。

得 $\begin{cases} \dfrac{1}{x_1} = \dfrac{1}{x_2+1} \\ 1 + \ln x_1 = -\dfrac{x_2}{x_2+1} + \ln(x_2+1) \end{cases}$，解得 $\begin{cases} x_1 = \dfrac{1}{2} \\ x_2 = -\dfrac{1}{2} \end{cases}$。

所以 $b = 1 - \ln 2$。

练习　若直线 l 与曲线 $y = e^x$ 及 $y = -\frac{1}{4}x^2$ 都相切，则直线 l 的方程为 _____。

总之，切线问题就是切点问题，解题时如果没有切点，则先设出切点，再利用 $k = f'(x_0)$ 解题。其他题型在本质上要转化为以上基本问题求解。

3.29　圆锥曲线非对称问题解法初探

在圆锥曲线中,如果几何条件坐标化以后整理出的式子 x_1, x_2 系数相同,那么直接使用韦达定理即可化简求解。若出现非对称问题,即 x_1, x_2 的系数不相同,比如 $\lambda x_1 + \mu x_2$,$\dfrac{\lambda x_1}{\mu x_2}$,就要进行一些处理之后才能继续计算。下面以一道例题为例来探索一下解题方法。

例　已知椭圆 $C: \dfrac{x^2}{a^2} + \dfrac{y^2}{b^2} = 1 (a>0, b>0)$ 过点 $P(2, \sqrt{2})$ 且离心率为 $\dfrac{\sqrt{2}}{2}$。

(1)求椭圆 C 的标准方程。

(2)设椭圆 C 的上下顶点分别为 A, B,过点 $(0,4)$,斜率为 k 的直线与椭圆 C 交于 M, N 两点,证明:直线 BM 与 AN 的交点 G 在定直线上,并求出该定直线的方程。

解:(1) $\dfrac{x^2}{8} + \dfrac{y^2}{4} = 1$。

(2) $A(0,2), B(0,-2)$,设 MN 的方程为 $y = kx + 4$

将直线方程与椭圆方程联立得 $\begin{cases} \dfrac{x^2}{8} + \dfrac{y^2}{4} = 1 \\ y = kx + 4 \end{cases}$,

整理得 $(1 + 2k^2)x^2 + 16kx + 24 = 0$,

所以 $x_1 + x_2 = -\dfrac{16k}{1 + 2k^2}$, $x_1 x_2 = \dfrac{24}{1 + 2k^2}$

直线 AN 的方程: $y - 2 = \dfrac{y_2 - 2}{x_2} x$

直线 BM 的方程: $y + 2 = \dfrac{y_1 + 2}{x_1} x$

联立得 $\begin{cases} y - 2 = \dfrac{y_2 - 2}{x_2} x \\ y + 2 = \dfrac{y_1 + 2}{x_1} x \end{cases}$,整理得 $\dfrac{y - 2}{y + 2} = \dfrac{(y_2 - 2) x_1}{(y_1 + 2) x_2}$　①

图 3-57　例 1 图

将直线方程 $y_1 = kx_1 + 4$ 与 $y_2 = kx_2 + 4$ 代入①得

$\dfrac{y - 2}{y + 2} = \dfrac{(y_2 - 2) x_1}{(y_1 + 2) x_2} = \dfrac{(kx_2 + 2) x_1}{(kx_1 + 6) x_2} = \dfrac{kx_1 x_2 + 2x_1}{kx_1 x_2 + 6x_2}$　②。

此时我们能发现②式中除了有 $x_1 x_2$ 以外,还有 $2x_1$ 和 $6x_2$,x_1 与 x_2 的系数不相等,也就是不对称,不能直接把韦达定理中的 $x_1 + x_2$ 代入。处理方法主要是想办法通过消元减少变量,把式子中的变量统一为一个或两个变量。

方法 1:利用韦达定理和求根公式,统一变量为 k,把 $x_1 x_2$ 代入②式,把 x_1 与 x_2 通过方程解出来,这样式子中只含有一个变量 k,然后求解。

由方程 $(1 + 2k^2)x^2 + 16kx + 24 = 0$ 得

$$x_1 = \dfrac{-8k + 2\sqrt{4k^2 - 6}}{1 + 2k^2} \qquad x_2 = \dfrac{-8k - 2\sqrt{4k^2 - 6}}{1 + 2k^2}$$

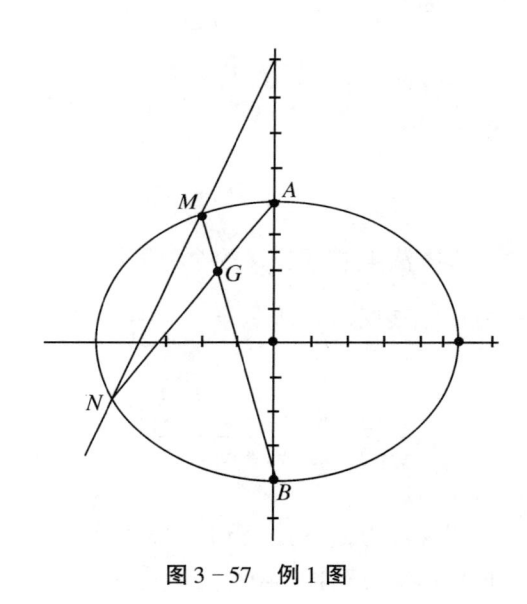

169

所以②式为 $\dfrac{y-2}{y+2}=\dfrac{kx_1x_2+2x_1}{kx_1x_2+6x_2}=\dfrac{k\dfrac{24}{1+2k^2}+2\dfrac{-8k+2\sqrt{4k^2-6}}{1+2k^2}}{k\dfrac{24}{1+2k^2}+6\dfrac{-8k-2\sqrt{4k^2-6}}{1+2k^2}}=\dfrac{8k+4\sqrt{4k^2-6}}{-24k-12\sqrt{4k^2-6}}=-\dfrac{1}{3}$,

解得 $y=1$。

直线 BM 与 AN 的交点 G 在定直线 $y=1$ 上。

方法2：利用韦达定理，统一变量，把②式中的 x_1 与 x_2 统一成一个变量 x_1。

因为 $x_1+x_2=-\dfrac{16k}{1+2k^2}$，所以 $x_2=-x_1-\dfrac{16k}{1+2k^2}$ 代入②式得

$$\dfrac{y-2}{y+2}=\dfrac{kx_1x_2+2x_1}{kx_1x_2+6x_2}=\dfrac{k\dfrac{24}{1+2k^2}+2x_1}{k\dfrac{24}{1+2k^2}+6\left(-x_1-\dfrac{16k}{1+2k^2}\right)}=\dfrac{\dfrac{24k}{1+2k^2}+2x_1}{\dfrac{-72k}{1+2k^2}-6x_1}=-\dfrac{1}{3}$$

以下同上。

方法3：利用韦达定理，统一变量，把②式中的 x_1 与 x_2 统一成一个变量 x_2。

因为 $x_1+x_2=-\dfrac{16k}{1+2k^2}$，所以 $x_1=-x_2-\dfrac{16k}{1+2k^2}$，则有

$$\dfrac{y-2}{y+2}=\dfrac{kx_1x_2+2x_1}{kx_1x_2+6x_2}=\dfrac{k\dfrac{24}{1+2k^2}-2x_2-\dfrac{32k}{1+2k^2}}{k\dfrac{24}{1+2k^2}+6x_2}=\dfrac{\dfrac{-8k}{1+2k^2}-2x_2}{\dfrac{24k}{1+2k^2}+6x_2}=-\dfrac{1}{3}$$

以下同上。

方法4：按照广义的对称思想，方法2、方法3利用 x_1+x_2 能解决问题，那么利用 x_1x_2 应该也可以解出来，先用 x_1 表示 x_2，即 $x_1=\dfrac{24}{(1+2k^2)x_2}$ 代入下式：

$$\dfrac{y-2}{y+2}=\dfrac{kx_1x_2+2x_1}{kx_1x_2+6x_2}=\dfrac{k\dfrac{24}{1+2k^2}+2\dfrac{24}{(1+2k^2)x_2}}{k\dfrac{24}{1+2k^2}+6x_2}=\dfrac{24kx_2+48}{24kx_2+6x_2^2(1+2k^2)}=\dfrac{4kx_2+8}{4kx_2+x_2^2(1+2k^2)} \quad ③$$

又因为 x_2 是方程 $(1+2k^2)x^2+16kx+24=0$ 的一个根，

所以 $(1+2k^2)x_2^2+16kx_2+24=0$，

即 $(1+2k^2)x_2^2=-16kx_2-24$。

代入③得 $\dfrac{y-2}{y+2}=\dfrac{4kx_2+8}{-12kx_2-24}=-\dfrac{1}{3}$。

以下解略。

方法5：按照广义对称思想，利用 $x_1=\dfrac{24}{(1+2k^2)x_2}$ 可以求解，那么利用 $x_2=\dfrac{24}{(1+2k^2)x_1}$ 也可以求解。

$$\dfrac{y-2}{y+2}=\dfrac{kx_1x_2+2x_1}{kx_1x_2+6x_2}=\dfrac{k\dfrac{24}{1+2k^2}+2x_1}{k\dfrac{24}{1+2k^2}+6\dfrac{24}{(1+2k^2)x_1}}=\dfrac{12kx_1+x_1^2(1+2k^2)}{12kx_1+72} \quad ④$$

又因为 x_1 是方程 $(1+2k^2)x^2+16kx+24=0$ 的一个根，

所以 $(1+2k^2)x_1^2+16kx_1+24=0$，

即 $(1+2k^2)x_1^2=-16kx_1-24$。

代入④式得 $\dfrac{y-2}{y+2} = \dfrac{-4kx_1 - 24}{12kx_1 + 72} = -\dfrac{1}{3}$。

以下解略。

方法 6：利用点在直线 $y = kx + 4$ 上可以化简,利用点在椭圆上应该也可以化简。下面考虑点 $M(x_1, y_1)$ 在椭圆 $\dfrac{x^2}{8} + \dfrac{y^2}{4} = 1$ 上,得 $\dfrac{x_1^2}{8} + \dfrac{y_1^2}{4} = 1$。

整理得 $x_1^2 = 2(4 - y_1^2) = 2(2 + y_1)(2 - y_1)$,

即 $\dfrac{x_1}{2 + y_1} = \dfrac{2(2 - y_1)}{x_1}$,

$\dfrac{y-2}{y+2} = \dfrac{(y_2 - 2)x_1}{(y_1 + 2)x_2} = \dfrac{-2[y_1 y_2 - 2(y_1 + y_2) + 4]}{x_1 x_2}$。

将 $y_1 + y_2 = k(x_1 + x_2) + 8 = \dfrac{8}{1 + 2k^2}$

$y_1 y_2 = (kx_1 + 4)(kx_2 + 4) = \dfrac{-8k^2 + 16}{1 + 2k^2}$

代入上式得 $\dfrac{y-2}{y+2} = \dfrac{(y_2 - 2)x_1}{(y_1 + 2)x_2} = \dfrac{-2[y_1 y_2 - 2(y_1 + y_2) + 4]}{x_1 x_2} = -\dfrac{1}{3}$。

方法 7：与方法六对称,可以利用 (x_2, y_2) 在 $\dfrac{x^2}{8} + \dfrac{y^2}{4} = 1$ 上,得 $\dfrac{x_2^2}{8} + \dfrac{y_2^2}{4} = 1$,代入一样求解,这里不再赘述。

方法 8：把②式中的乘积运算 $x_1 x_2$ 转化为 x_1 与 x_2 的线性关系,得到只含有 x_1 与 x_2 的式子,然后再利用比例关系求解。

因为 $x_1 + x_2 = -\dfrac{16k}{1 + 2k^2}$ $x_1 x_2 = \dfrac{24}{1 + 2k^2}$,

所以 $\dfrac{x_1 + x_2}{x_1 x_2} = \dfrac{-\dfrac{16k}{1 + 2k^2}}{\dfrac{24}{1 + 2k^2}} = -\dfrac{2}{3}k$,即 $kx_1 x_2 = -\dfrac{2}{3}(x_1 + x_2)$ ③。

把③式代入 $\dfrac{y-2}{y+2} = \dfrac{kx_1 x_2 + 2x_1}{kx_1 x_2 + 6x_2} = \dfrac{-\dfrac{3}{2}(x_1 + x_2) + 2x_1}{-\dfrac{3}{2}(x_1 + x_2) + 6x_2} = \dfrac{x_1 - 3x_2}{-3x_1 + 9x_2} = -\dfrac{1}{3}$。

以下解略。

方法 9：既然方法 8 可以解题,利用 $kx_1 x_2 = -\dfrac{2}{3}(x_1 + x_2)$ 解出 x_1 应该也可以解题。

由 $kx_1 x_2 = -\dfrac{2}{3}(x_1 + x_2)$ 得 $x_1 = \dfrac{3x_2}{-2kx_2 - 3}$,

代入得 $\dfrac{y-2}{y+2} = \dfrac{kx_1 x_2 + 2x_1}{kx_1 x_2 + 6x_2} = \dfrac{k\dfrac{3x_2}{-2kx_2 - 3}x_2 + 2\dfrac{3x_2}{-2kx_2 - 3}}{k\dfrac{3x_2}{-2kx_2 - 3}x_2 + 6x_2} = \dfrac{3kx_2^2 + 6x_2}{3kx_2^2 + 6x_2(-2kx_2 - 3)} = \dfrac{3kx_2^2 + 6x_2}{-9kx_2^2 - 18x_2} = -\dfrac{1}{3}$。

方法 10：既然方法 9 利用 $kx_1 x_2 = -\dfrac{2}{3}(x_1 + x_2)$ 解出 x_1 可以解题,那么解出 x_2 也可以解题。

由 $kx_1 x_2 = -\dfrac{2}{3}(x_1 + x_2)$ 得 $x_2 = \dfrac{3x_1}{-2kx_1 - 3}$。

代入同样可解,不再赘述。

方法 11:假设两根的数量关系,把变量 x_1 与 x_2 统一到一个新的变量 t,从而把都 x_1 与 x_2 都消去。

设 $\dfrac{x_1}{x_2} = t$,则 $x_1 = tx_2$,

所以 $x_1 + x_2 = -\dfrac{16k}{1+2k^2}$ 可以转化为 $tx_2 + x_2 = -\dfrac{16k}{1+2k^2}$,

解得 $x_2 = \dfrac{-16k}{(1+2k^2)(t+1)}$ $x_1 = tx_2 = \dfrac{-16kt}{(1+2k^2)(t+1)}$。

代入 $\dfrac{y-2}{y+2} = \dfrac{kx_1x_2 + 2x_1}{kx_1x_2 + 6x_2} = \dfrac{\dfrac{24k}{1+2k^2} + 2\dfrac{-16kt}{(1+2k^2)(t+1)}}{\dfrac{24k}{1+2k^2} + 6\dfrac{-16kt}{(1+2k^2)(t+1)}} = \dfrac{8(3k-kt)}{24(kt-3k)} = -\dfrac{1}{3}$。

以下解略。

写完这道题的这么多解法以后,反思一下,非对称问题究竟有什么样的解题思路,这道题对于我们今后解题有什么借鉴意义。其实非对称问题本质是通过统一变量这样一条主旨思想去化简的,在化简的过程中,要注意尽可能地减少变量,至于化简过程中的技巧,真的不足道,我们在教学中也不能单纯地追求这些化简技巧,因为有解题思想的指导,自然会想到各种各样的解决问题的方法。具体总结如 3-58 所示。

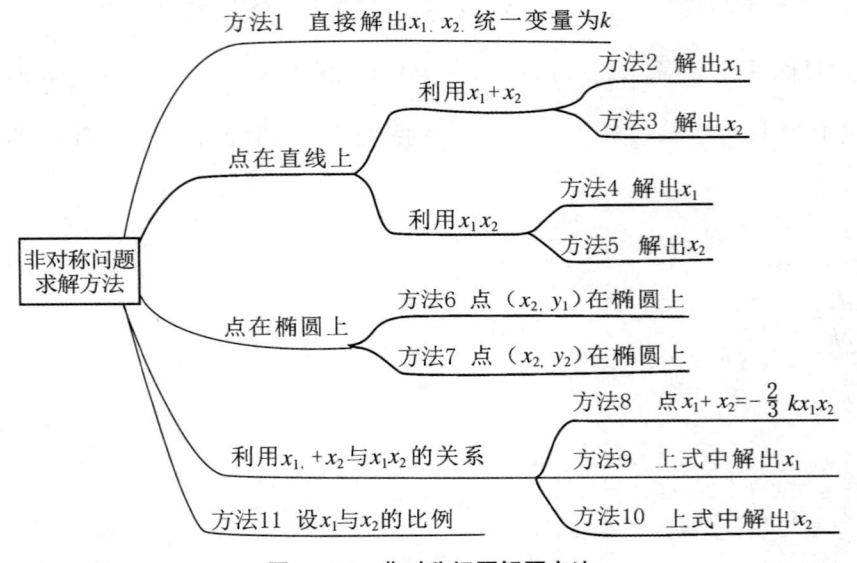

图 3-58 非对称问题解题方法

所以解题时不要过多地追求解题技巧,应该更多一些思想指导,在本题求解过程中多次提到利用广义的对称得到各种方法,它就是很重要的一种思想指导。

第 4 章　数学课堂思考

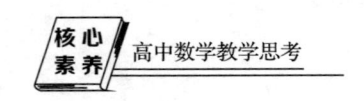

4.1　常态课与赛课

某天下午,没有事先告知被听课老师,笔者在电子主控室观察了一节课。

记得笔者上一次听该老师上课还是一节赛课,该老师上课时,学生活动积极,一直处于高效学习状态,课堂效率高。而这一次没有事先打招呼,以直接观察的形式看学生学习,看老师上课,发现整节课先是老师和学生聊天,就像说相声一样,先是铺垫,约进行了9分钟,然后开始正式上课,以老师讲为主,学生活动很少。

采访学生:这节课学得怎么样?学生答:反正挺困的。

赛课和常态课差别非常大。赛课是老师把自己的最精彩的一面展现出来,相当于山珍海味,常态课就像我们每天吃的粗茶淡饭,虽然不是佳肴美馔,但是每天都吃,很养人。赛课只是短暂的美丽,而常态课却是我们每天面对的。上好常态课是提高课堂成绩的关键。

上赛课时老师精心准备,备学生、备老师、备学情、备检测,等等,常态课却是只备老师的"教",对于其他方面关注很少,这也是进行课堂改革的原因。

老师们上课一点也不偷懒,兢兢业业,拼命备课,但主要是备教材,没有备学生,没有备,怎么把自己的知识传授给学生(这是一节课是否高效的主要标准)。所谓的高效课堂,不就是想尽千方百计让学生动起来,让学生把知识学会吗?而老师口干舌燥地讲了一节课,学生没有听,效果从何而言?知识到学生那里几乎没有被接受,这样的课堂是低效的,长期下去,这样的课堂是很可怕的,看似很敬业,实际很低效。老师上课一定要"备学生",备怎么把自己的知识教给学生。

因此,上好常态课才是王道。

4.2 上好常态课是提升成绩的关键

优质课、观摩课、示范课等非常态课,为大家提供了理念、思路和方法,常态课则是课堂教学的原始状态,是教师、学生接受最多的课。学校教学是以常态课为基本形式进行的,常态课能真实地反映师生水平和教学实际,上好常态课是提高教学质量的根本保证。

1. 常态课的基本特征

(1)常态课是普通的。普通到就像每一天吃饭一样。我们可能某一天在饭店吃饭,见识到山珍海味、麟肝凤髓,但这不是生活的常态,生活的常态是每天早上的一碗粥、一个馒头和咸菜,人不是靠在饭店吃饭长大的,而是靠每一天的家常饭强壮了筋骨。常态课就像我们的家常饭一样,虽然那么平常、朴实,但却始终离不开。

(2)常态课是真实的。常态课能真实地反映出老师的教学水平,观摩课、赛课可能有表演成分,老师们备课非常充分,会注意到各种细节,甚至上课说的每一句话,会关注到学生的反应,能容忍学生的不合心意的回答,但是,常态课就不会注意这么多,备课也不会那么充分,上课的突发事件也可能让一节课变成批斗大会,常态课是真实的课。

(3)常态课是最见老师个人修为的课。同样的学生,这个老师教成绩差,换个老师教成绩好,问题出在哪里呢?肯定是一天天的常态课。老师可以上一节精彩的课,但是天天上出精彩的课实属不易。在一天天上课的过程中,老师的个人水平一点点地暴露,缺点也一点点地暴露,这时我们拿什么来吸引住学生,让学生能认真地坐在那里听我们上课,让学生能相信老师,认为跟着老师学习可能能取得好成绩?那肯定是老师的个人修为、素养。所以常态课最见老师水平。

(4)常态课应该是尽可能高效的课。每天都是低效的课,学生不愿意听,老师也不愿意上,渐渐地,教师会厌倦这一份工作。常态课是自己的实验课,应该把每一天的课当成自己讲示范课、优质课的演练,在每节课后找到自己存在的问题,并试图在下一次上课时解决这些问题,总之一句话,让自己越来越强大,让每一节课尽可能地高效,每一节课都让学生有所收获。

2. 常态课存在的问题

(1)上课随意性大,几乎没有活动设计,活动设计具有随意性,活动不是事先思考进行的,而是想怎么进行就怎么进行。

(2)上课关注学生少,因为备课没有"备学生",所以对学生关注少,上课只是自己讲。

(3)个人备课不足,上课时只是对着集体备课的课件念,变成了放映员。

(4)上课问题设计不够精细,问的问题多而碎,且问题之间没有连贯性、层次性,没有核心问题。

3. 上好常态课的策略

对于上课老师而言,要做到:

(1)心中有学生。常态课上起来以后,容易忘记为什么上课。上课是为了学生的学,上课要心中有学生,要时刻关注有没有不听课的学生,为什么不听课,学生听会了吗、练熟了吗。

(2)心中有素养。不要因为是普通平常的一节课,就漫无目的地讲,就稀里糊涂地讲。要在上完课以后,明确地告诉学生,这节课使学生学到了什么、增长了什么能力、提升了什么素养,不能一节课从头讲到尾,下课就走人,没有总结,没有提升。

(3)心中有效率。常态课不一定高效,但一定要有效。如果常态课常态到让学生感觉不到上课,感觉不到成长,感觉不到学到了真东西,那么这样的课就是无效的课,上这样的课,只能使学生越来越不愿意听课,老师越来越不愿意上课,老师和学生都没有成就感,当然更不能在上课中找到快乐。

(4)心中有敬畏。常态课是没有领导和同事听的课,是老师自己能主导的课,老师可以随自己的心意上课,但是要心中有敬畏,虽然没有领导、老师听课,但是学生天天听课,学生是最大的"王",他们不会当面给你提意见,不会批评你,可是真到了学生有微词的时候,老师恐怕也到了最危险的时候。所以老师心中要有敬畏,不是敬畏领导,而是对学生的敬畏和负责,让学生因为遇见你而幸福。

对于管理者而言,要采取督促措施,发现优秀常态课教师。

(1)加大听推门课、巡课的力度,多听推门课,发现常态中的高效课堂,发现优秀教师,发现老师们上课的优点和好的做法,推出一批优秀常态课教师。

(2)多做学情问卷调查,获得学生对老师的真实的评价,发现教学中存在的真正的问题。

常态课直接决定了学生的学习成绩和素养的提升,要上好常态课。

4.3 PPT 和板书

现在有很多老师,离了 PPT 不会上课,上课最主要的任务就是放 PPT,而且念的时候面无表情,冰冷无趣。学生听得索然寡味,懒得听,懒得想,上课效果特别差。有时听课时想一个问题:如果现在停电了,老师该怎么样处理?老师还能不能上课?老师上课有没有成就感?

在 PPT 泛滥的时代,尤其是赛课时,如果一个老师不用 PPT 上课,恐怕会被人认为是异类。而笔者想大声疾呼:"让板书回来吧"。

PPT 是教学的辅助,不是上课的主宰,这个关系一定得弄清楚了。但日常教学中却有很多老师将二者地位颠倒,出现很多错误的做法。

有的老师在制作 PPT 时页数越多越好,把自己上课讲的每一句话都打在了 PPT 上,上课变成了读 PPT,学生是听众,老师是放映员,这样的课是失败的课,没效果。PPT 只是辅助教学,是为了我们更好地把知识教授给学生,是为了知识的直观、好理解,它不是主角,这一点必须认清楚。老师在利用 PPT 上课时,一定要事先把课件调整好,把上课思路理顺,想清楚哪些东西老师说,哪些东西学生讲,哪些东西上课可以出现,哪些东西没有必要出现,所以制作 PPT 时不要制作那么多,最多不要超过 10 页。

把集体备课形成的 PPT 拿过来就用,没有根据自己的教学习惯进行二次备课。如果只是看到这个 PPT 挺好,就想拿过来用,不经过自己的加工,上课一定失败,因为这节课教师只照顾 PPT,不能按照自己的思路上课,被动地被 PPT 牵着走,上课效果很差。

记得原来没有各种电教设备,老师上课一张嘴、一支粉笔,课下不停地备课,老师的成长非常迅速。现在有了各种各样的电教设备,老师们也懒得自己思考了,教案复制粘贴,学案统一,不用自己费力做。总而言之,现在当老师,当一个没有责任感、没追求、没理想的老师真的很容易。

偶尔看到网上一些学校进行的板书设计大赛,在赞叹老师们的创造力的同时,笔者也在反思:一些老师有多久没有写过板书了?有多久没有认真设计过板书了?教师的创造力是不是有所下降?

希望今后在上课时,老师的课堂一定有主体板书,呈现出本节课的主体内容,要给学生呈现出老师的水平,呈现出板书的美感。

4.4 备课中核心素养的渗透

《中国高考评价体系》一书提出了"一核四层四翼"的高考要求,其中的"四层"是由必备知识→关键能力→学科素养→核心价值等四个层次的内容构成的。我们的课堂实际上是通过知识的传授来达到培养能力、立德树人的目的,也就是说"四层"中的"必备知识"是提升学生能力和素养的载体。怎么利用好这个载体,并不是说说就能落实的,需要一节课一节课地精心设计,就像儿童每天吃的饭一样,如果吃得比较好,身体就会茁壮健康,如果吃得没营养,身体就会发育不良。所以每一节课都要思考:要教给学生什么知识?这些知识能培养学生的什么能力?真能培养学生的能力吗?还有什么更好的设计方案吗?在不断的反思中提升自己的专业素养。

现在的很多课注重知识传授更多一些,对于这些知识能培养什么能力,对于能力立意的题目越来越多的考试,学生该如何应对,有的老师从来没有想过,要知道,老师再厉害,也不可能把所有的题目都教给学生,培养学生的关键能力才是促进学生自我成长的人间正道。

建议老师们把能力目标当成上课的关键目标,要在一节课结束后反思,该培养的能力真的培养了吗?学生能自主地解决问题吗?要是在考试中遇到没有讲过的题目,能不能自信地说:"我的学生能解决。"

能力培养是学生成长中重要的一步,但不是最终的一步,我们应该在能力的基础上再进一步地反思:这节课对学生的人生发展有什么启示?对学生世界观、人生观、价值观的形成起什么作用?因为教育的落脚点还是培养人,还是要落脚在把学生培养成什么样的人的问题上,如果每节课每位老师都能注意到学科素养和社会主义核心价值观的渗透,我们培养的学生将来就能成为合格的、优秀的社会主义国家建设者。

4.5 课堂拿什么来吸引学生

学生宁可睡觉也不愿意听老师上课,是学生的悲哀,也是老师的悲哀。对学生来说,可能失去了学习的机会,可能以后再也听不了课,可能一辈子的课堂学习就结束了,这是一辈子的事,不是现在的、当下的,更多的是将来的,这是学生对自己的失望,也是对老师的失望,也是对整个教育的失望,如果不是家长阻拦,按照他们自己的意愿,恐怕早就要走出教室走向社会了。学生在上课时睡觉,对于老师而言,得讲得多么无聊才能把学生讲睡着,讲得天天睡着,讲得学生对老师不感兴趣。这里面有学生对老师的不尊重,当然这个和学生一生的发展来说不值一提,老师怎么改变自己的教学,把学生重新吸引回课堂,不仅会获得成就与存在感,更能获得挽救一个人一生的荣光。

1. 走进孩子的世界

每一个孩子都是独一无二的,老师作为学习的引领者,要主动走进孩子的世界,多倾听孩子的想法,少一些命令式的要求,多鼓励孩子,少讽刺挖苦,多教给学生一些方法,少一些机械学习的所谓严格要求。

一个对学习、对老师不感兴趣的学生,要想把他拉回到正规的轨道上来,需要学生先认可老师,认可老师的要求,认可老师的思想,认可老师的做法,信任老师,相信跟着老师学,一定能学好,老师一定不会扔下自己不管。要让学生有一种感觉:原来学习不好是因为没有早点遇到你,要让学生因为遇到你而感到温暖幸福,无论以后老师着急,他都能理解,这样老师和学生之间就建立起了一种信任关系,这种信任关系,是维系教学发展的重要因素。如果你的课堂能建立起老师与学生的高度信任,那么你的教学成绩一定是非常好的,老师教得不累,每天走进教室都觉得是一种愉悦和幸福,学生学得不苦,什么知识都能轻松学会,所以,提高教学成绩的第一步是建立学生与老师的信任关系,正所谓"亲其师,信其道"。

这种信任关系的建立可能源于老师高超的教学艺术、高尚的人格魅力、和蔼可亲的态度、风趣幽默的语言以及对孩子无微不至的关心等。做一个让学生长大后就成了你的老师,做一个自己感觉幸福的老师。

2. 把流失的学生拉回课堂

让学生重新燃起学习的兴趣的关键一定在老师,我们经常见到一个学生对学习失去信心,但是换了一个老师后,学生成绩又提升了,这样的情况很多。所以说,老师要改变自己,想办法把流失的学生重新拉回课堂。

(1) 老师的上课定位要转变

在我们的课堂上,不是老师不知道学生的真实水平,而是知道学生的水平也无动于衷,在巡课中经常发现,学生有一搭无一搭地应和着老师的问题,能从中听出应付,仔细观察学生听课的状态,能发现绝大多数学生没有听课,而老师却讲得津津有味,特别投入,陶醉在自己的世界里,没有察觉学生没有听课,或者被一两个听课的学生迷惑了,认为所有的学生学得都很好,跟得都很紧。

老师在上完课后要反思自己一节课学生的收获应该有多大,要通过做练习,再一次对学生学习做定位,看看预期与实际有多大的差距。如果每天都有很大的差距,后果不堪设想。

老师上课定位要转变,一是要对学生的学情有真正的了解,对班内哪位同学学习究竟有什么问题要做到了如指掌。二是降低上课的门槛,不能认为学生什么都会,什么都掌握得挺好了,要摸到学生的实底,在70%以上的学生都掌握的基础上再开展教学,否则一节没有听众的课效率是零。

(2) 老师要苦练"内功"

教着教着听课的学生越来越少,一定是教师的问题,老师要苦练"内功",增加自己的课堂魅力。

首先,老师们要锤炼自己的语言,语言要简练、流畅、感情饱满。一节课老师说话啰哩啰嗦,不能把要表达的表达出来,学生不知所以然,怎么能听懂呢？老师语言是专业语言,老师的语言表达要规范,不能用非专业的语言随意说说。老师的语言中要有充沛的感情包含在其中,不能像白开水一样没有感情,否则怎么感染学生,怎么提升学生的素养,这些都很重要。老师的语言应该向央视的主持人学习,比如董卿、龙洋等,语言中包含着深深的感情,很容易感染周围的人,不自觉地就把学生吸引过来了。

其次,老师要苦练学科"内功"。我们经常说,要把课上出"学科味",这里的"学科味"实际上就是学科的核心素养,如果老师对于学科的核心素养都不能深刻理解,怎么给学生讲出"学科味"？所以老师要研究教材,反复地备课、读教参,增加自己知识的厚度,订阅本学科的核心期刊杂志,了解学科前沿,看到外面的世界在研究什么,借鉴不同老师的优点。利用好一师一优课平台,多听优秀教师的课,体会他们对教材的处理技巧,学习他们的思想境界。

老师们有时间还要多读一些教育学的书籍,这些书籍能增加老师们的教学深度,使自己的教学有理论指导,教学上的理论指导实际上是很多人教学经验的总结与升华,是教育教学的基本规律,这些规律不能违背,如果在教学过程中出现违背教育规律的事情,那么教学一定是失败的。比如很多老师在让学生讨论之前没有让学生先自己思考,有了自己的想法以后再讨论,而是直接让学生站起来讨论,学生站起来以后鸦雀无声,过了一段时间后才开始讨论,这种做法就是违背教育基本规律的。老师们要多读书,苏霍姆林斯基的《给教师的一百条建议》可以反复读,常年读,对于提升教师的素养非常有帮助。

老师上课要真正地树立为学生上课的思想,不能只顾自己,不管学生,要时刻关注学生的学习状态、学习习惯。有的老师上课只顾自己拿着书本埋头讲,书本一刻也不敢放下,生怕一个字读错了,至于有多少学生在听课,学得怎么样,没有关注到,上课效率非常低。还有的老师可以下功夫不断地磨砺自己的备课,把自己要讲的内容备得炉火纯青,但是学生怎么学涉及很少,这是老师备课存在的问题,还是不关注学生的学。老师在备课时要注意专门对学生的活动进行设计,这是解决学生学的问题,单纯的备课只是解决教师教的问题。上课之前要考虑怎么让学生动起来。

4.6　让教学真正发生(1)

1. 学习方法的指导

很多学生还没有形成学习方法,甚至有的学生基本没有学习方法,只是凭经验利用初中的学习的方法来克服高中学习的各种问题,所以对学生学法的基本定位是"没有学法"。老师上课不应只传授知识,还应该讲授方法,授之以鱼不如授之以渔,就是说明这个道理。这需要引起任课老师的高度注意,这里的学法不是单纯指的班主任讲的普适性的学法,而是本学科的学法,是怎么学才能用时最少、学得更好。老师要向学生传授方法,传授自己学习的经验、心得。各任课老师要专门拿出一节课来专门讲学法,磨刀不误砍柴工。教育的目的是让学生学会学习,不是老师一直牵着学生的手走路。

各学科在教研活动时要专门抽出时间来讨论学习方法如何指导,形成书面的具体的指导意见,意见应该以学生已学习过的例子为支撑,不能空洞地说教,空洞的说教等于白说,没有任何意义。

学法指导要有初高中对比,告诉学生初高中的具体差别。

学法指导要可检查,可操作,每过一段时间老师可以检查、可以反馈。不是给学生讲一遍就完成任务了,要想办法让学法措施能真正落实到学生的学习中。

一句话,我们的学法指导必须让学生学得会、用得上、可持续、有效果。

2. 基础知识的夯实

老师们在总结期中考试问题时用到最多的词语是基础知识不牢固,对策措施中最多的是夯实基础,怎么夯实,就需要把基础知识夯实落实在教学行动中。

(1)基础知识夯实要融入日常教学中,不能攒到一起集中练习。

(2)基础知识夯实要滚动式复习,反复复习,不是一蹴而就。

(3)基础知识夯实不是单纯地背诵记忆公式、定理、条条框框,而是应该包括知识的应用,也就是在题目训练中巩固基础知识,注意题量要大,知识要简单。

(4)基础知识夯实要注意即时性,在学生训练背诵后要第一时间给学生订正,不能让错误的知识在学生记忆里存在。

3. 教学要注意学生思维能力的培养

现象:

(1)现在高考一个明显的特点就是能力立意的特色非常明显。平时自己出题训练时,题目比较简单直接,几乎是教什么考什么,老师怎么教就怎么考,对我们的教学没有太大的触动。

(2)高一高二成绩很好,高三成绩下滑。

(3)考试完了,老师总是抱怨这个讲了学生不会,那个讲了学生做错了。这个题没讲,这次一定考坏了,要是讲到成绩就好了。

(4)市里教研员在高三督导时提出教学存在的问题:知识、能力、核心素养、个人发展四个层面,多数老师停留在第一个层面,仅仅是老师对知识的传授、学生对知识的记忆。少数老师涉及了能力培养,但是没有老师涉及核心素养,更不用说学生成长发展了。

本质:

我们的教学出现的问题是:注重知识的记忆,轻视知识的生成,注重知识的传授,轻视知识的系统,注重让学生做各种不理解的题,轻视能力的培养。没有告诉学生要学什么、为什么要学、怎么学、它和原来知识有什么联系、怎么用。

措施：

(1)把知识放在系统中讲授。一定要告诉学生已经学了什么，现在要学什么，为什么要学，下一步学什么，了解知识的前世今生。让学生在系统中学习知识，学生对知识的记忆会更深刻、理解会更深入。

思维导图是一个很好的工具，感兴趣的老师可以学习。这个工具对学生学习能力的培养特别有帮助，老师们要试试。

(2)学生能力的培养。各科根据本学科的特点，筛选出本学科的学科能力有哪些，然后在每一节课备课时要研讨本节课能培养学生什么能力，通过什么载体培养学生能力，学生能力真达标了吗。这里需要注意，学生能力的培养是具体的，不是等一节课结束了，老师总结这节课，只有简单的一句话：我们要提高什么什么能力，这样的话说不说一样，没用的。

学生能力培养需要出能培养学生能力的题，这样的题需要具有以一当十的作用。学生通过做这样的题真正做到思考。各科可以具体研究期中考试试题，看看哪些是学生现有的知识就能解决的特别难得题。然后，在平时出学案、上课中注意多训练这样有价值的题。

不能一味迁就成绩差的学生，你讲再多的题，这些学生也不一定能懂。但是，前面的同学耽误了提升，整体拉动性就小多了，时间长了，学优生视野越来越狭窄，整体成绩就会下移。对于成绩差的学生，等成绩好的学生会了，他们可以向成绩好的学生学习，同样可以提高他们的成绩。

(3)情境教学。是指将知识放在一定的情境中，然后让学生在情境中抽象出有价值的信息，然后利用这些信息解决问题的教学方法，主要锻炼学生的信息收集、处理能力，这是学生核心素养的重要组成部分。

我们在编学案、出练习题时要多设计这样的练习题。

(4)生成教学。生成教学是相对于预设教学而言的，是一种新的教学形态。生成教学强调教学的过程性，突出教学个性化建构的成分，追求学生的生命成长，是一种开放的、互动的、动态的、多元的教学形式。

生成性教学不是"罐头式"的、"木乃伊式"的、偶然的、随意的、学生被教师牵着鼻子走的教学。它是指在师生互动的过程中，通过教育者对学生的需要和感兴趣的事物的价值判断，不断调整活动，以促进学生更加有效学习的教学发展过程，是一个师生共同学习、共同建构，对世界、对他人、对自己的态度和认识的动态过程。

我们教授的知识，很多情况下是预设教学，学生必须进入老师预设的"埋伏圈"里，必须按照老师预设的步骤亦步亦趋，如果出现了偏差，老师就会出现着急、生气、抱怨等负面情绪。这样教学就没有顾及学生已有知识与要学知识之间如何生成，即如何在已学知识的基础上自然生成现在的知识。知识的生成过程就是教学的重点。

因此我们必须得尽早修正教学方向。

4.7 让教学真正发生(2)

教学是教师的"教"和学生的"学"所组成的一种人类特有的人才培养活动。通过这种活动，教师有目的、有计划、有组织地引导学生学习和掌握文化科学知识和技能，促进学生素质提高，使他们成为社会所需要的人。

1."6+1"高效课堂的思考

什么是高效课堂？百度回答：高效课堂是以最小的教学和学习投入获得最大学习效益的课堂。高效课堂应该是学生真正学习、成长的课堂。高效课堂研究就是研究怎么把老师知道的知识传授给学生。如果一节课学生没有学到东西，那么这节课就不是高效的，每位老师下课走出教室的时候可以思考一下，这节课让学生学会了什么？真学会了吗？

是不是需要高效课堂，回答是肯定的，必须进行课堂改革，不进行课堂改革就没有出路。不思考怎么让学生学得会、学得好，就会闭门造车，故步自封，被时代淘汰，就会以"老师认为学生会了"为标准来展开教学，造成教与学"两张皮"。

课堂改革是围绕着高效展开的，是围绕着学生真正学习展开的，而不是围绕着环节展开的。在课堂改革之初，我们必须要形式、要环节，没有这几个环节，就不知道课堂该如何展开，如何推进，改革就没有抓手。2009年，平原一中初次尝试课堂讨论，小组合作。相对于教师死气沉沉的一言堂来说，让人眼前一亮，冲击力是特别强的。老师们发现学生还能这样学习，大大地拓展了课堂教学的组织形式。但随着时间的推移，如果不论课型、不论学生实际，每节课必须按照几个环节来上课，可能又过于死板，又限制了课堂的高效。

现象：

(1)导入部分只是学习目标的解读，出发点是好的，先定好学习的方向，然后努力向着目标前进。但是，对于新授课的学生来说，没有预习，很多名词都不知道什么意思，现在就说要理解什么掌握什么，真的没有太多意义。再说了，对老师而言，也不一定能说清楚理解是什么程度的学习，掌握是什么程度的学习，对学生来说，除了浪费时间，更没有实际意义。原来的课堂教学也有导入环节，所谓的导入主要是复习旧知引入新知，现在仍然可以用。现在课标中更注重情境引入，让学生在实际情境中自己抽象出要解决的问题，发展学生分析问题解决问题的能力，是一种好方法。最常见的"导"：直接导入、复习旧知、活动导入、问题导入、实验导入、创设情境等。

(2)学。因为上课时给学生的时间是短暂的，学生不容易深入思考，建议在自习辅导时安排学生进行初步预习，然后上课时再让学生带着问题进行学习思考。另外，要区分好两段学的区别，第一段学习是对于知识初步了解，弄清楚要学什么知识就可以了，第二段学就要带着问题思考了，重点是什么？和原来知识有什么联系？自己有哪些疑惑的地方？这些地方自己能不能解决？小组讨论时要重点听哪些问题？

(3)议。"不愤不启，不悱不发"，对待学生讨论，一定坚持：学生没有思考没有疑问，不要讨论。最好老师列出学生学习中的困难问题，而且部分学生可能学会，然后再让学生讨论，这样讨论有针对性，不是漫无目的地讨论。

讲评课时，在给学生答案后，最好给学生一段时间让他们自己改错。在学生自己能改过来的错误完成后，再讨论困难问题，讨论才有针对性。

在学生讨论的过程中，要关注各小组游离于讨论之外的那些同学，这些人就是学科边缘生，成绩提升的关键人，观察这部分人在干什么，思考和调整教学。

(4)展与评。能让学生上讲台展示的让学生展示，一个学生，尤其是不常发言的学生，上台展示对他自信心、学习热情的提升非常好。给学生说一百遍好好学习,不如让他体验一次尊重与成功。除了让学生上讲台展示以外,也可以边展边评,好处是主动权掌握在老师手里,可以防止学生讲偏,造成的时间浪费。

除了展评这样的活动方式,应该还有更多的活动方式,尤其是使那些不喜欢发言的学生参与到课堂中来的活动方式。

不要有错觉:讨论完了,展示完了,学生就会了。

(5)固。形式多样化,可以测试本节学习内容,也可以帮学生梳理知识。

2. 教给学生学习的方法

学习方法是通过学习实践总结出的快速掌握知识的方法,能大幅度地提高学生的学习效率,因此老师要教会学生如何学习。

现在的很多学生对学习方法的认识不够,不会学习,不能很好地安排自己的学习时间,基本的学习程序不清楚。不会记忆方法,不会预习,不会听课,不会记笔记,不会复习,不会改错,不会用草稿纸,不会整理学案,不会考试,不会分析考试情况,甚至于不会合理安排吃饭和休息。

老师要制订出本学科的学习方法和指导计划,每两周上一次学法指导课,要出学案,要有本学科的学习特点,结合当前的教学举例子,不要空泛地谈学法。比如,文科的东西可以教学生如何阅读理解,理科的可以展示思维的魅力。

班主任不要埋身于具体的事务性的工作中,要拿出时间多讲学习方法,可以结合自己的学习体会和学生分享方法。有心的班主任可以疏理一下高中学生应会的学习方法,把学习方法成体系地开发出来,开让学习真正发生的系列学法班会。

3. 教学中的几点思考

(1)搬家式学习。挖空式预习,学生学习的功利性是很强的,他只会找到课本与空相近的地方,然后不思考就抄到学案上,可能自己写的是什么他都不知道,这样的学习没有思考,学生只是做搬家式的学习,这样的学习还是少一些好。

(2)罚学生抄写××遍。这种出气式惩罚还是少一些为好。

(3)罚学生上课站着,还不是真正意义上的站军姿,而是站着继续违纪。有的同学站着交头接耳,有的同学站得摇头晃脑、抖腿踏脚、姿势懒散,甚至有的同学站着跳舞,向其他同学展示的是一个散漫的、无所谓的状态。没有起到惩戒作用,这样的罚站还是少一点。

(4)自习与课堂脱节。自习学的内容和上课没有什么关系。

(5)老师们把基础知识总结好,学生只需要背诵就行了。学生的大脑不是容器,打开口向里面灌就行了,他们有判断,不理解的知识是很难记住的,即便记住了也是短时记忆,效果不佳。

高考考试要求优化情境设计,增强试题的开放性、灵活性,充分发挥高考命题的育人功能和积极导向,减少死记硬背和机械刷题现象。

(6)限时讨论,讨论有很多不确定性,不可能所有人整齐划一,到某个时间点都讨论完了。建议和学生约定讨论完了就坐下,这样老师才知道哪个组讨论完了。另外,老师应向学生强调做学问要实事求是,一是一、二是二,不能弄虚作假,不能一看别人坐下来,自己就马上坐下。讨论不是演戏。

(7)老师提出一个问题时,学生齐刷刷地抢答,是不是问题太简单了,没有提问价值,热热闹闹的课堂是不是真实的课堂。

(8)在同学回答问题时,其他同学在干什么?是倾听还是在思考?

(9)我们的教学是不是处于一种不良循环中,不停地拼命赶课,学生已经被老师远远地甩在后面了,老师却不知道,还在拼命向前跑,直到身边的学生越来越少,开始抱怨:怎么教了这么些遍学生还是学不会呢。

(10)老师在一个班讲完题了,没有做好学生的安抚工作,就急匆匆赶到另一个班讲课,老师走后学生乱成一团,老师不知道,时间被大量地浪费。

(11)任务完成式教学和执行性课堂。认为一节课要执行一个一个任务。教学浅表化,教学充满了功利色彩。

(12)老师教研一样,备课一样,课件一样,上课一样,学生不一样。用一个模子来套所有的学生,没有根据自己班的学生情况进行二次备课,没有再创造的过程,生搬硬套,教学与学生实际脱节。

(13)教学设计中有多少思考?有多少再创造?一节课学生能学到什么?知识、能力、成长……课堂拿什么来吸引学生,有多少课堂是学生终身难忘的课堂?学生听课应该是一种享受,而不是折磨。应该是欣赏老师对于知识的再创造,而不是被要求生硬地死记硬背。

(14)高一高二成绩可以,高三成绩下滑,为什么?课堂出问题了!教学出问题了!

(15)佐藤学教授在《静悄悄的革命》一书中指出:我们现在进行的课堂变革,有一部分,看上去课堂变得热闹了,学生参与度高了,但是课堂效率低了,教学深度浅了,课堂由教师展示的舞台变成了学生表演的舞台。我们一边努力地进行课改,希望充分调动学生的积极性,让学生独立思考、小组合作,老师出色地完成教学目标,一边又面对着重重阻力,课堂时间的限制导致学生很难在有限的时间里充分地思考和交流,学生的水平导致他们的交流和讨论总是浮于表面,部分学生的语言表达能力不足以完整流畅地表达自己和本组同学的观点,等等。看似以生为本的课堂,实际上出现了主体性的假象,这个问题困扰着笔者,也困扰其他许多改革中的学校。

(16)教学成绩出现了问题,一定是教学出现了问题,一定是课堂出现了问题,这应该是公理。

(17)教学太容易被行政事务性的工作冲击了,学校有太多事务性的工作需要做,应把老师从这些事情中解放出来,让老师安心教学。

4.8 让教学真正发生(3)

考试中暴露出的问题都在平时练习中多次出现,抓好平时教学至关重要。

1. 上课前的组织教学就是学习习惯的养成

上课前存在的问题比较多,好多老师到教室就开始讲课,没有组织教学的过程,上课没有仪式感,学生上课也特别懒散。

要求老师们课前三分钟到教室,让学生坐好,拿出学习用品,然后预备上课,上课过程中要关注学生的学习状态,学习过程中不合理的地方及时纠正。学习习惯问题不是老师说一遍就能解决的,要求老师们天天反复说,直到形成习惯,这是长期的过程。

2. 关于背诵

现在很多科目都有背诵任务,往往也是老师布置学生背诵某某课文,然后学生就开始大声背诵,这样的效果怎么样?还有没有更好的学习形式?

也有老师上课自习,拿出比较长的时间来让学生背诵,然后检查,记忆也分短时记忆和长时记忆,学生短时能记住一些知识,时间长了,如果再没有复习,可能原来的知识逐渐就没有印象了。

关于背诵,建议按照如下顺序:理解内化—梳理思路—记忆背诵(记忆方法)—形成体系。前两个步骤很重要,关系到学生背过以后能不能在应用时顺利提取出来,如果没有前两个环节记忆就变成了死记硬背,效果很差的。

理解以后的记忆是有方法的,老师要教给学生一些方法,像图表记忆、链式记忆、口诀记忆、谐音记忆及联想记忆。

图表记忆就是通过列表把相关的材料进行对比、使对比的材料特征明显的记忆方法。包括一览表、系统表、比较表、关系表、思维导图及知识结构。

歌诀记忆,像历史朝代歌、二十四节气歌及化学价口诀(一价氢锂钠钾银,二价氧镁钙钡锌……)。

谐音记忆就是把有些知识按照其他同音汉字去理解,使原来无意义的音节变成有意义的词句,使之生动有趣。像数学里面的绝对值不等式的解法,"大鱼取两边,小鱼取中间",记忆马克思的生日1818年5月5日时,联想为"马克思一巴掌一巴掌打得资产阶级呜呜地哭"。

记忆比较长的政史大题时可以每句话取一个最具代表性的字,然后把这些字连起来,形成一句有意义的话。

这些记忆方法都是上学时老师教的,在我们上课时可以大量使用的记忆方法,把孩子们从无意义记忆的苦海中捞出来。让他们发现学习的快乐。

3. 上课学生罚站

学生违纪、没有完成作业,老师们最常见的处罚措施是让学生站着上课。学生罚站是老师们对学生用得最多的惩罚的方式,没有之一。为什么老师都用罚站呢?简单粗暴,还不会出体罚的口实。但实际上我们的罚站真起作用了吗?罚站是让学生脱离学习的集体,限制他的人身自由,让他孤独,然后达到惩戒的目的。老师们觉得罚站好像管着学生了,仔细观察学生站着上课的具体表现呢,它产生的不良影响要大得多。一是学生站着上课遮挡了他后面的同学听课,实际也惩罚了他后面的同学。二是站着的学生大多站不直,歪七扭八的,显得特别懒散,会带坏学风。上课让学生罚站得不偿失。老师好像是出了一口气,实际上并没有,甚至让学生到教室外站着,剥夺他学习的权利,他们也不在乎,因为他们不在乎学习,惩戒要考虑学生的痛点,才能真正起作用。

建议罚站就真正的罚站,让他暂时脱离学习,到教室后面站军姿,限制他自由散漫的形象,面壁思过。时间不要过长,5~8分钟为宜,时间再长容易产生老师与学生的对抗,起不到教育意义,不要罚站整整一节课、一天甚至几天,如果那样的话,老师可以观察罚完以后是否真起到了惩戒作用。

另外,老师们在惩罚学生时,一定要让学生感觉到自己确实做错了,应该受到惩罚,要让学生感觉到老师对他的惩罚是源于对他的爱,老师只是恨铁不成钢才惩罚他。要真正入心的教育才能起到惩与戒的作用。

4. 赛课与常规课

整体上来说,赛课质量明显要高于常规课。

赛课基本能做到以教师为主导、学生为主体、问题为主轴、思维为主线、能力为主攻。一节课围绕一个主题展开,有铺设、有核心问题、有学生思考展示、有能力点的提炼、有全面育人的升华。这些课不仅设计了老师的"教",还设计了学生的"学",本着学生真学好、真学会的目的设计教学。另外,更可喜的是老师们在一节课的设计中有对教学内容的再创造。有老师们对于教学、对于学习的理解在里面,所以这样的课的价值很高,如果每节课都是这样有思考的课,成绩就是不值得担心的事情了。

常规课质量要明显低一些,老师只是在上课前简单想一想这节课应该怎么怎么上,然后就开始上课了,例如让学生背一节课的书,没有设计,随意性很大。存在不少老师一讲到底,学生一听到底,没有任何活动的课;还存在高耗低效的课堂;还存在只为了讲知识而讲课,没有任何思维能力培养的课;还存在不注意知识的生成过程而生硬地告诉学生是什么的课堂。

一节好课应该由知识输出变成素养提升,一节课浅层面上是教会学生多少知识,深层面上是由这些知识发展了什么能力。一节好课不一定场面热闹,但学生思维的碰撞一定是热烈的,由此产生的思维的火花可以点燃一个个学生热爱学习的火炬。

一节好课应该有老师对知识的再创造,能牢牢吸引住学生和听课老师。

希望将来有一天,我们老师展现的每一节课都是真实的、有情感的、有智慧的、生成的课堂。

5. PPT与上课

现在的课堂,尤其是赛课,离不开PPT,PPT可以展示文字、图片、视频,让课堂变得有声有色,直观形象,还可以提高课堂容量。但是PPT在带来快捷方便的同时也存在不少的弊端,例如PPT都是事先设计好的,上课时老师主要是跟着PPT走,课堂被预设的课件限制了,课堂的活力在减少,变得僵化,有人说不是老师在用PPT而是PPT在指挥老师。一张张PPT的播放只是信息的累积,学生不能理清知识的脉络,一节课下来没有头绪。有了PPT以后,老师们的板书大量减少甚至零板书,不断切换的幻灯片使学生应接不暇,无法记笔记,一节课下来不知道学的什么。

我们要对PPT定好位,PPT是辅助我们教学的,它是上课的一个工具,不是做几张PPT,上课一放就OK了。

建议尽可能地减少PPT的页数,不要把所有的内容都在PPT上展示出来,要留出知识的生成过程,要适当地进行板书。板书既是一门技术,也是一门艺术,它将上课内容系统化、条理化、形象化,直观地呈现出来,能给学生起到示范作用。

6. 集体教研与个人修为

集体教研为老师们上课指出了思路及需要注意的问题,但是具体这节课要怎么上,还得根据本班学生情况具体设计,因为集体教研面向的是全体学生,而教师个人面向的是自己班的学生,学生不一样,上课也应该不一样,即便是同一个老师上两个班的课,也应该在上完一个班的课后有所调整。所以我们的备课应该是集体智慧+个人修为,一定有自己根据本班学生的实际所做的细微调整,不能生搬硬套。

7. 高效课堂的环节思考

高效课堂都有环节,不同的名称的高效课堂环节大同小异,仔细想想,这些所谓的环节实际上是起一样的作用。一是在高效课堂推进之初,作为一个推动的抓手,需要要求老师们严格按照步骤来亦步亦趋。二是这些环节实际上是为了防止学生学习疲劳而不断改变的学习方式,也就是长期使用一种学习形式学生比较累,而变换不同的学习形式可以消除疲劳感。

但是高效课堂进行一段时间后,它的弊端也逐渐显现出来,每节课都是一样的模式,不要说老师,学生也会审美疲劳,课堂缺少了变化,缺少了五彩斑斓,也就缺少了生机和活力,课堂效率也就逐渐降了下来,所以绝大多数的高效课堂多以失败而偃旗息鼓。

高效课堂的环节是死的,但是人是活的,老师上课时应该根据课型的特点来安排不同的环节,以此来提高课堂效率,切忌生搬硬套,不讲求本班学生实际而妄谈高效。

8. 学法指导真的很重要

意义:高效率的学习

现状:

学习三境界:苦学—好学—乐学,大部分学生处于苦学阶段,学生几乎没有学习方法,或者有很零碎的一点,但不系统。

老师们可以思考一下,有多少老师在抱怨学生学习能力差,不会学习。同时又有多少老师和班主任系统地给学生讲过如何学习,有多少老师把系统讲授学习方法列到了议事日程上。

学生学习习惯差、学习效率低、不会学习等问题,如果只是班主任泛泛地讲学习方法,不适用于全部学科。任课老师要根据自己上课时学生学习的实际给学生讲方法,让学习方法走进学生的心里。

如何上课?

学法指导课是专门教给学生如何学习本学科知识的课,老师需要给学生讲本学科学习的方法,学法指导一定是结合本学科现在所学的内容进行讲解,要避免泛泛而谈。

(1)日常教学中要渗透学法指导,及时纠正学生学习中存在的问题,要反复说、给重点学生单独说等。

(2)老师要收集好学生在日常学习中存在的问题,及时用手机拍照留存。一周后整理其中比较突出的问题,拿出来集中处理。处理问题时结合学生的实际例子,最好是自己班里的学生的问题。

例如学生答题规范问题;分步得分方法;如何高效改错;考前复习方法;薄弱学科如何补弱;上课能听懂不会做题;考试中不该有的小失误如何杜绝;怎么审题;专题知识突破方法,等等,甚至于对于学生所学知识的系统整理与总结也是教给学生方法。

(3)开拓学生视野,提高学生学习兴趣。例如学科规律特点;学科学习方法;学科魅力;学科文化;学科发展史;学科前沿;学科与生活应用;高考学科要求等,让学生喜欢学习这个学科。

(4)学生学习本学科需要更深一层培养的核心素养有哪些?要求老师向学生逐一解读。

高考要求:"一核四层四翼"。

"一核"是高考的核心功能,即"立德树人、服务选才、引导教学",回答"为什么考"的问题;"四层"为高考的考查内容,即"核心价值、学科素养、关键能力、必备知识",回答"考什么"的问题;"四翼"为高考的考查要求,即"基础性、综合性、应用性、创新性",回答"怎么考"的问题。

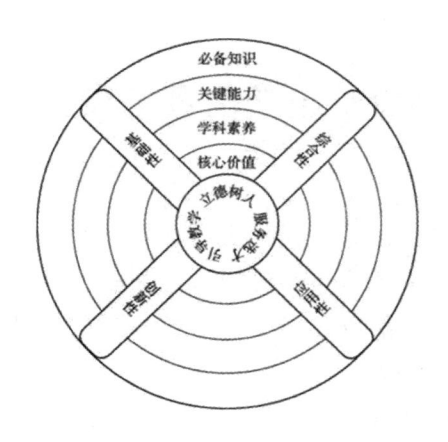

图 4-1 中国高考评价体系

"四层"的深层含义是什么?

第一圈层"必备知识"——强调考查学生长期学习的知识储备中的基础性、通用性知识。

第二圈层"关键能力"——重点考查学生所学知识的运用能力,强调独立思考、分析问题和解决问题、交流与合作等学生适应未来不断变化发展的社会的至关重要的能力。

第三圈层"学科素养"——要求学生能够在不同情境下综合利用所学知识和技能处理复杂任务,具有扎实的学科观念和宽阔的学科视野,并体现出自身的实践能力、创新精神等内化的综合学科素养。

"关键能力"和"学科素养"的考查,往往体现在那些"难题"上,我们将出品专题文章《学科核心素养如何考?》,重点解读学科考查内容。

第四圈层"核心价值"——要求学生能够在学习过程中逐步形成正确的核心价值观,这也体现了高考所承载的"坚持立德树人,加强社会主义核心价值体系教育"和"增强学生社会责任感"的育人功能和政治使命。

9. 课间提问的意义

现象:级部要求课间可以检查学生学习情况,其实就是课间把学生叫到办公室提问。老师们是很敬业的,于是下课后,办公室内人满为患,连站脚的地方都没有了,楼道内随处可见奔走于各个办公室的学生,有说有笑,有打有闹。教室内剩下的不到一半的学生,没有被提问到,但是人心涣散,上课了不知道拿出学习用品。上课后,不时有提问完了的学生返回教室,这些学生回到教室不是立即进入学习状态,而是需要3~5分钟才能安静下来,所以教室内的纪律很难维持,学生一直处于浮躁的学习状态,无法安静下来投入思考学习。

本质:课间提问实际上是上课时间的无限制延长,增加了老师和学生的负担,也是课堂低效、没有完成应该完成的任务的表现。另外还会给学生带来错觉,就是学习很努力,但是没效果。

危害:课间提问往往是一下子提问7、8个学生,这样提问的针对性很差,不是针对学生的弱点和个性指导学习;返回教室的时间不一致,影响了其他同学的学习,影响了学生薄弱学科的补习,学生为了应付老师的检查,有时在上课时不听课,也影响了其他学科学习;学生疲于应付,学习没有快乐可言,心理负担很重;老师们的提问多是记忆性的知识,短时记忆有效果,长时间遗忘很快。

建议:老师减少交流学生的人数,一次1~2人,时间不宜过长,3~5分钟即可,老师在交流之前要事先备课,事先思考学生学习中存在的问题及学习建议。总之,把好事办好。

4.9 让学习真正发生

老师们总是抱怨:为什么这道题讲了这么多遍学生还是做错了?为什么学生上课拒绝思考,只是被动地跟在老师后面亦步亦趋?老师精心准备了一节课,没有多少学生真正在听,等等。这些现象说明学习没有真正地发生。由老师的"教"到学生"学"的转化路径出现了问题,老师和学生都需要转变。

1. 老师方面

(1)备课教研要更多地研究学生的学情。一节课老师按照自己所想,而不是学生的真实学情去备课,可能听的学生寥寥无几。课前要研究学生已经学会什么了,会了多少,还存在什么问题,是个别学生的问题还是共性的问题,这些问题是什么原因造成的,在以后教学中能不能避免这样的问题发生。上课时研究学生的学习状态如何,有多少人在听课,有多少人走神,讨论时有多少学生游离于小组学习之外。课后研究学生掌握了什么,掌握得怎么样,哪些学生没有掌握,为什么,课后怎么巩固所学的知识,等等。

(2)备课要强化活动设计。一节课需要老师活动与学生活动来推动,如何设计活动形式,使学生能充分地参与到学习中去,这个问题需要老师细致思考,并且要考虑活动的实效性,对活动效果做评估。常见的活动:老师讲解、演示、学生动手实验、分组讨论、自主学习、角色扮演、设置情境、提问、学生板演展示、学习竞赛、游戏活动、展示汇报等,让学生始终在活动中学习知识。让学生做活动的主人,让学生动起来。

(3)低起点设计问题。问题设计起点要低,设置更小的台阶,让学生可以通过自己的思考获得问题的答案,让学生体验成功的快乐。问题设计应该贴近学生的生活经验,不能超出学生的认知范围。强化对学生的激励奖励,让学生愿意回答问题,主动表现自己,让学生的思维动起来。

(4)关注知识的生成过程。课堂上老师不能仅仅告诉学生这是什么,还应该告诉学生为什么是这样的,让学生明白其中的道理。让学生体会新知识是怎么一步一步生成的,难题是怎么一步一步解决的。不是只告诉学生解决问题的方法,还应该让学生有自己的解决问题的方法。

(5)了解学情。老师要知道学生已经学会了什么,还不会什么,这样才能落实"三讲三不讲"("三讲",讲重点,讲难点,讲易错易混易漏点;"三不讲",学生自己已经会了的不讲,学生自己能学会的不讲,老师讲了学生也不会的不讲)。另外,每次检测就是一次学情调查,能暴露出学生学习上存在的问题,只是不知道能不能引起老师足够的重视。

(6)指导学生学法。这不是班主任老师一个人的事情,所有的任课老师都得齐抓共管。在学法问题上存在几种情况:老师重视学法,但是不得法,不知道如何指导学生学习;老师不重视,不关注学生的学习,不关心学生学法指导;老师没有学法指导意识,上课还是老一套,要求学生死记硬背,不求理解。这些有的需要老师水平的提升,有的需要教学理念的提升。但无论是哪一种,都需要老师从本学科出发,从自己每一天的教学出发,不断地渗透学法,指导学法,不能只简单粗暴地要求学生记忆背诵。

要指导学生站在系统的高度看问题,对于知识要既见树木又见森林,在联系中理解知识,不是孤立地记忆知识。要善于发现知识之间的内在联系,不断地把新知识纳入自己的知识结构中,扩大自己的知识范围。

学生应该学会画思维导图,能用思维导图表示知识之间的联系。思维导图是个很好的工具,利用它可以建立起知识之间的内在联系。

2. 学生方面

(1)学生学习的内驱力的唤醒。如果问学生为什么要学习,可能学生的回答五花八门,有的是为了向同学炫耀、有的是为了父母、有的是为了获得老师的赞扬奖励、有的是为了爱情,等等,这些可能是能让学生获得一段时间的学习动力,但是总有腻了的一天,那时可能会更加迷茫,不知道自己究竟要什么,为什么学习。因此,要获得更加长久的动力,应该有更加远大的理想和追求。班主任要多和学生交流那些为家为国舍生忘死的杰出科学家的故事,要和学生多交流那些为了国家崛起的奋斗者的故事,要和学生多交流那些为人类发展做出杰出贡献的科学家的故事,要和学生交流那些默默无闻普普通通的劳动者创造世界奇迹的故事。班主任要告诉学生,要做一个对社会有用的人,现在的学习是为了将来能有更大的舞台,能为社会、为国家、为人类做出更大的贡献。记得2008年毕业的31班教室门口曾贴过一副对联:为实现理想走进来,为服务人类走出去。这是时刻激励学生心中有一个大我,有更高的目标与追求,为了实现自身价值而读书,找到读书的基石,这样才会有持久的动力。

班主任要召开主题班会严肃而认真地和学生交流为什么而读书,设计班会的活动,力争通过班会触及学生内心,触发学习的原动力。然后班主任和学生制定自己的短期、中期、长期目标,不和别的同学比,只和那个曾经的自己较量。目标制定好后再指导学生把任务分解到各个学科,分解到每一道题,让学生有完成任务的信心。

(2)学生要知道自己知道了什么。学生应有自知之明,明白自己还存在什么问题,找到增分点、增分科目、增分可能性,增强学习信心。

(3)学习习惯。学生的学习习惯的养成是一项系统工程,不是一蹴而就的,不是说实现就实现的,需要各科老师长时间的、有目的地培养,而且要有培养计划。

有时笔者从主控室观察学生上课,发现学生浪费时间的情况真是令人痛心,有多少学生上课在走神,在说笑,在睡觉打盹。看完监控就会知道为什么这些学生学习不好,因为他们根本就没有学习,他们的心不在学习上,因为一节课中他们大约有一半多的时间没有听课,当我们看到自习课他们好像学习很努力,才发现这是一个假象。一个学生丢失了课堂,还能学好吗?

有很多学生上课跟着老师的步调听课,不管听懂没听懂,迷迷糊糊,课后没有时间复习,错题没时间改错。长期"消化不良","吃"的东西吸收不了,怎么能学好?

好的习惯需要学生自己有意识地培养,需要老师有意识地引导。二者形成合力才能更好更快地形成习惯。

4.10　教师主动学习的流失

某天笔者和本校校长交流教学问题。

笔者问:现在的课堂展示环节主要有口头展示、书面展示,形式有学生爬黑板、上讲台讲解、小组成员相互交流学习等,感觉有点单一,还有没有其他的展示形式?

校长说:其实比较好的展示就是学生展示,你可以试试单元教学法,就是老师进行单元备课,计划好有几个专题,每个专题安排学生进行专题备课,每半周安排学生展示研究成果,成果展示完全由学生主持展示。老师退居幕后,仅作指导者、参与者,做好顾问工作。具体细节可以由参加的老师和学生共同解决,这样学生由听众转变为直接参与活动者,学生的思想可以通过这种方式表达出来,是一种很好的学习方法。

笔者感觉到这应该是一个很好的教学试验,准备在期中考试后组织部分老师开展试验。问了几位年轻老师是否愿意参加课改,结果被婉拒。年轻老师也越来越保守,也是安于既得利益。老师们本来思想就容易固化,不易学习新的东西,现在看来确实是。

俞敏洪曾说过:一群不读书的老师在拼命教书,这是多么可怕的现象。近几年来,几乎每5年一个行业的知识体系就要发生颠覆性的改变,而只有教育这个行业,一直沿用着师承的方法在一代一代地教书,也就是老师上课不是先进的教育教学理论的实践,而是老师在当学生时,老师的老师就是这么上课的,所以老师也就这么上课了。所以几十年来,上课的形式几乎没有改变,上课的理念几乎没有改变。老师不学习不读书是制约教育真正进步的难点。

笔者身边的老师,主动学习的人几乎没有,天天忙于上课备课批改作业,一年又一年,周而复始,除了额头的皱纹增加了,对孩子教育的耐心减少了,自己什么都没有增长。

教书应该是教师和学生相互学习、相互提高的一个过程,不能只是学生在学习,而老师不学习,不要真把老师当成了蜡烛,只燃烧了自己。

4.11 打造有仪式感有张力的课堂
——学记读后感

《学记》是中国古代的一篇教育论文,是古代中国典章制度专著《礼记》中的一篇,是中国也是世界上最早的专门论述教育和教学问题的论著。一般认为是战国晚期思孟学派的作品,据郭沫若考证,作者为乐正克。其文字言简意赅,喻辞生动,系统而全面地阐明了教育的目的及作用,教育和教学的制度、原则和方法,教师的地位和作用,教育过程中的师生关系以及同学之间的关系,比较系统和全面地总结和概括了中国先秦时期的教育经验。其很多思想现在也有借鉴意义。

最早读《学记》是本校校长推荐笔者阅读,看了看,没看懂,还有很多字不认识,就放下了。后来,和本校校长谈话,他背诵了《学记》中的一大段,笔者彻底惊呆了。这才赶快找出推荐的黄能武先生的《学记》讲稿读了起来,期间又在网上找了很多其他版本的视频讲稿,如清华大学彭林教授的讲座,收获很多,对古圣先贤越来越敬重。下面就其中几点教学原则谈一下读后感受。

1. 教学相长

这个理念太有名了,两千年前人们就知道了这个道理,这里主要是从教师的角度提出的,要求教师在教学的过程中不断地加强自身的学习,从而推动自身素养的不断发展。

(1)教与学的关系处理得不好的时候,会出现教学相消。什么是教学相消呢?就是老师和学生相互埋怨,老师觉得学生不受教,学生觉得老师不会教,所以彼此对立明显,冲突很大。在学校里面有很多老师抱怨:现在的孩子一届不如一届。身为一个有德行的老师不应该去抱怨学生,而应该反省自己。老师和学生应该是老师全心全意教,学生认认真真学,应该是和谐的关系,而不是相互指责。

(2)"水"与"火"的关系。我们常说,"要给学生一杯水,老师要有一桶水",还进一步说,"不仅仅要有一桶水,还要有长流水",要有"源头活水来",要不断持续地学习,在教中成长。现在又有一种观点:老师不仅像水,更像火焰,老师要点燃学生内心的火焰。其实不论是哪种说法,都要求老师必须常更新自己的思想,常学习。读书活动就是增加老师的教育教学知识,反思自己的教学,是自我成长的一个重要途径。

(3)"6+1"课堂要求学生讨论,要求小组内会的同学给不会的同学讲题,实际上是把教学相长放到了学生身上,学生通过教其他同学知道自己哪些知识没有真正掌握,教然后知困。小组内互学,让同学之间明白相互的差距,知道自己的不足,知不足然后自反也。

2. 培养学生的仪式感

《学记》中有这样一段:"大学始教,皮弁祭菜,示敬道也;宵雅肄三,官其始也;入学鼓箧,孙其业也;夏楚二物,收其威也",这段话就是要求教育学生必须要有仪式感,有规范意识。

高一新生刚入学,各方面的规范意识很差,要花大量的时间培养学生的仪式感、培养学生的规范意识。如诵读规范,一定要学生把凳子放在课桌底下,书本端起来,视线与书本齐平,大声诵读,这样要求其实就是告诉学生学习是很神圣的一件事情,我们开始学习了,就要规规矩矩、认认真真地学习,有的班级,学生诵读课文时没有把凳子放在课桌底下,学生站得不直,感觉很懒散。主要原因是学生没有规范意识,不知道为什么要这样做。所以我们不仅要对学生提出规范要求,还要给学生讲清楚为什么这么做。再比如:宿舍内务练细心、耐心;课间操练协同、专注力;宿舍就寝练时间观念,等等。

让学生认识到所做的每一件事情都是有意义的,都对自己成长过程中的某一个方面起锻炼作用,都要认认真真地去做。

3. 教学通病

"今之教者，呻其占毕，多其讯，言及于数，进而不顾其安，使人不由其诚，教人不尽其材，其施之也悖，其求之也佛。"它讲的是作为一个老师，在教学过程中容易犯的一些错误，用我们现在的话来说就是教学弊病。

（1）"言及于数，进而不顾其安"，就是老师讲课不管学生心里的感受，也不管当下的学习状况：反正我就是要把我的课讲完。可见，老师"满堂灌"在古代都不提倡。"满堂灌"实际上是老师备课时只备了老师的"教"，而没有备学生的"学"，是把教与学割裂开的一种表现，教学效率不会很高。

（2）不断设计教学活动，让学生动起来。高效课堂可以根据自己学科的特点来理解其含义，但是总体原则是设计活动。一节课学生能不停地学习，听说读写忙个不停，不能有空余时间，老师要不断地改变学习活动状态，让学生动起来，让学生参与到教学之中，这样效率才能高。不能只是让学生简单地听老师讲，那样学习效率太低。笔者也不排斥讲课，但讲的时机应该是学生状态较好的时候。如果学生有疑问，急切地想听老师讲，讲的时间不要超过 15 分钟。一节课如果学生只是坐着听，很容易走神分心，这时学习效率在降低。

（3）想办法让尽可能多的学生参与到教学中。老师在设计教学活动时要考虑，某一部分学生在讨论、展示，其他的学生干什么？怎么样能让学生学得更好，不能让有的学生游离于活动之外。

比如说课堂讨论环节，多数老师都是一句话："同学们讨论一下"，然后学生起立讨论，老师巡视指导。但是笔者发现，每个学习小组都有一些同学不能很好地融入学习讨论中去，有性格原因，也有学习成绩原因，而这些同学，尤其是 A 层班的，是整体成绩上升的决定性力量，这些人不能很好地参与讨论学习，展示机会也很少，时间长了学生会逐渐放弃学习，这对教师来说是很危险的。

老师需要设计讨论而且要设计能关注到关键学生的讨论。比如设计成 1 对 2 模式，小组内选出两个本学科成绩突出的学生作为主讲人，让每个主讲人对应两个关键生，然后展示时只让关键生展示，这样学习效果会好一些。

（4）课堂的张力。笔者最近听的很多老师的课，都是中规中矩的"6 + 1"课堂，但是总觉得少了点什么，听起来有点累，原因是表面的"6 + 1"没有进一步深入，学生只是浅层次地简单地读写记，没有思考，少见思维与思维的碰撞，少见有学生一节课后在能力与方法、思维方面有什么提升。课堂总结中知识的罗列居多，更高层次的反思、启发少，所以总感觉少了点什么。

有张力的课堂最基本的特点是开放性，不是闭合的。老师应该下大力气设计更好、更高层次的问题。老师在备课时应该反复模拟思考学生的思维，可能有什么样的思考方向、设计什么样的问题、怎么一步一步把问题引向更深层次、最后得到了什么，这样才能使学生的能力每一节课都有提高，每一节课都有不同角度的提高。当然，这样备课肯定是很累的，但是这样一个轮次下来，老师基本能成为名师，学生的成绩也不用担心。

以前有这样的规律：学生成绩在高一高二还比较好，但一到高三就逐渐下滑，问题肯定出在课堂，因为高一高二只是知识方面的简单的模仿，没有深入思考，学生思维闭塞，高三题目一综合就傻眼，所以功夫要下在平时，功夫要下在每一节课，这样好成绩是自然而然的，是持续的。

4.12　体会课堂教学中的快乐

　　课堂,是一个平常、普通而又神秘的地方,是一个赋予没有生命的知识以生命的活力,给予不太成熟的孩子以成熟的魅力,让孩子动起来,让知识活起来,让生命绽放光彩的场所。什么样的课堂才是理想的课堂?如果用一句话来概括,那就是:焕发出生命活力的课堂才是理想的课堂。

　　教学中的每一节课都是对知识的再创造,是把知识以自己的理解、自己的语言告诉给学生。我们每天面对课堂教学、面对学生,要在创造中体会教学的快乐,要思考怎么让书本上的知识活起来,怎么让孩子们动起来,怎么让课堂更有效。我们要每天思考这些问题,不断地改进存在的问题,教学不是重复昨天的自己,教学中有创造有思考才有快乐。如果每天不思考不改进不提升自己,那么每天都变成了毫无意义的重复自己,和学习成绩比较差的学生、听不懂老师上课的学生是一样的,每天如果没有提升,工作的快乐、创造的快乐就无从说起。

　　每天思考问题是不是会很累,会不会很伤害脑细胞?不会的,大科学家们,如华罗庚、苏步青、程开甲等都是工作到生命的最后一刻,杨振宁、钟南山,都还在工作。他们都是体会到工作的快乐而忘记了所有的烦恼,他们的生活是充实的,心情是愉快的,精神是富足的。可以想象,如果强令钟南山停止工作,他应该会很无聊、苦闷。

　　我们的教学和这些大科学家的研究工作一样,我们每天研究的是教学,研究的是教法,研究的是学生,研究的是高效课堂。研究使我们每天感到充实、富足、快乐。希望老师们能投入到教学研究中去,在研究中体会教学的快乐,乐而忘忧。

　　通过听课能发现,现在的课堂,老师们或多或少的都在进行教学设计。教学设计还是比较简单、直接,中间附加值还比较小,能迅速地抓住学生注意力的设计还比较少,设计得比较精巧的少,还有很大的提升空间,但是我们已经迈出了可喜的一步,愿我们的老师们能在教研中找到自己的价值与快乐。

4.13 小组讨论

小组讨论是为了提高学生参与课堂教学的积极性,提高课堂效率的很好的方法。通过学习讨论,学生之间相互交流学习中的问题,互通思想。现在我们课堂的小组讨论,存在的问题还很多。

讨论具有随意性,想讨论就站起来讨论,不管是否需要,不管问题是不是适合讨论,不管是不是讨论的时机,讨论前没有设计好讨论问题,没有进行思考,讨论小组没有安排好发言人,学生七嘴八舌,没有中心,学生讨论与本节课问题无关的其他问题,学生拼凑问题答案,缺少个人真正的思考,思维没有得到真正的发展,这些都是小组讨论容易出现的问题。

对于小组讨论提出如下建议:

(1)讨论前一定充分备课,设置好讨论问题,讨论的问题应该是本节课的难点或重点,如果有些学生个人无法突破,部分学优生可以突破,让学优生给边缘生讲。

(2)讨论前,学生应该有充分的思考,有思考就得有时间思考,不是把问题抛给学生以后,马上让学生站起来讨论,学生思考以后知道自己解题的阻力在哪里,渴望知道别的同学的解答,渴望从别人那里获得帮助。

(3)讨论时有组织,有领导,每个小组再分成 2~3 个小组,每个小组一名组长,不同的学科小组长不同,确保 1 人讲,最多两人听,最多 3 人一起讨论。

(4)讨论完成以后,让该小组负责听的同学总结整理问题答案,在展示时,让这部分同学多展示。

(5)展评过后,整节课要有总结性的升华,把这节课所用到的解决问题的方法明确地告诉学生,让学生的头脑中有清晰的思路。

小组讨论环节是高效课堂中重要的环节,只有事先做好充分的准备,才能使讨论不落于形式,使讨论有效果,学习有收获。

4.14 课堂效率低,课下抢时间

学生上课的时间是有限的,为了提高学生成绩,很多老师把学习时间延伸到课下,主要实现手段是布置大量的作业。

我们每天上午第四节、晚上第一节是反思课时间,目的是让学生反思整理一天的学习内容,对知识进行消化吸收,以便于巩固已学知识,预习未学内容。反思课的设置是高效课堂的一个重要环节,不可或缺。

现在反思课被大量地侵占,各科课代表在上课之前布置任务,下课收作业,意思就是这节反思课就得做,有时一节课能有三四个课代表布置作业。学生每天疲于应付作业,而且这样的现象还在蔓延,因为各科老师都在布置作业,如果自己学科不布置点作业的话,在时间争抢中落于下风,没有时间保证的学习成绩不会太好。

学生在这场时间大战中处于被动状态,老师布置作业就得做。太多了做不完怎么办?哪个老师难对付先做哪一科。还做不完呢?那就抄作业。这对不良学风的形成贡献很大。每个学生都有不同的薄弱点,这个时间是学生补弱的时间,如果被占用了,也就意味着无论学生成绩好坏,都必须完成,这门课成绩好的学生再做垃圾题不是一种时间的浪费吗?抢占时间的做法对于总成绩的损伤是非常大的。

老师是很"可爱"的,他们知道课堂上存在的问题,知道在课堂上有很多知识没有讲透,怎么办呢?自己的课堂时间不够用了,没有时间再讲再练了,那就把时间拓展到别的时间,课间、学生休息时间甚至学生吃饭时间,等等,目的是亡羊补牢。

其实,对于老师来说,最正确的做法是管理好自己的课内时间,向课内时间要效率要成绩,让学生在课上消化吸收好,不能把希望寄托于课下时间的抢占,这是一种理念问题,也是只顾自己不管整体的错误思想。这样不是培养学生学会学习,而是简单地模仿记忆,对学生能力的培养也没有太大的好处,无论对学生还是对老师来说都是体力活,而不是脑力活。

老师怎么教,学生就怎么学。老师抢时间,学生就疲于应付,老师讲思维,学生就学会了思考问题的方法。教学的主动权很大程度在老师手中,请老师们多上几节有思维的课,多在培养学生能力上下功夫,多在发展学生素养上下功夫,让课堂精彩纷呈。

4.15　执行性课堂要不得

2021年3月24日　数学　课题《正切函数的性质与图像》

流程：

(1)复习引入正切函数的定义，正切线的定义及在四个象限的做法，老师全程讲解。

(2)给学生两分钟时间阅读课本，然后老师接着讲正切函数的性质，老师领着学生完成性质与图象，共用时25分钟。

(3)PPT出示练习题，学生老师一起完成。

启示：

(1)老师在设计一节课时，"心中是否有学生"是评价一节课是否有效的一个标准。有多少老师在备课时只备自己而忽略学生，只关注自己能不能教完这节课来，而不管学生是否学会了。

(2)每节课都有这节课的一个学生能力提升点。老师在备课时是不是能注意到，能细心地把他们提炼出来，发展学生能力。

本节课可以考虑这样设计：学生不要预习，上课后，老师和学生一起梳理前面学过的知识，然后提出问题，研究正切函数的图象和性质，让学生自主探讨，然后交流展示。让学生经历学习的过程，才能够有学习体验。

老师帮助学生走过了一段路，学生的能力没有提高，以后遇到问题还是不会解决。

高考很注意考查学生分析问题解决问题的能力，往往让学生在陌生情境下利用所学的知识解题，很多时候学生不会解，但是一看答案还不以为然，认为这些东西自己也会，实际上学生会的是知识本身，而不是运用这些知识解题，等到看答案时还会误以为自己真明白了。学生欠缺的是能力培养。

我们在拿到考试试卷时往往有这种感慨：这一道题我没有讲到，那一道题我没有讲透，差一点讲到原题，但是又有一些变化，学生能会吗？学生不是温室里的花朵，他们也要经历风吹日晒，老师不可能把要考的所有题都教给学生，唯有培养学生独立思考、解决问题的能力才是人间正道。

(3)"这节课为什么这么赶"也是典型的执行性课堂，认为老师讲完了学生就会了，这是巨大的误区。

处理习题时，学生只动口不动手，好像是练老师的解题熟练度，老师与学生角色错位。该练习的未练到，不该练习的练得很熟练。

(4)PPT呈现知识不如粉笔自然，我们的目的是让学生学会知识，不是做"电影放映员"。PPT的入侵，直接影响了学生的成长。

(5)老师提问了学生一个问题：正切函数的周期 $y = A\tan(\omega x + \varphi)$ 的周期是多少？没有学生回答。老师告诉学生 $y = A\sin(\omega x + \varphi)$ 的周期是 $T = \dfrac{2\pi}{\omega}$；"你们看正切的周期是不是 $T = \dfrac{2\pi}{\omega}$?"学生随声附和。这个细节中体现出来的思想是记住一些结论，可以快速解题就行，但是为什么会有这样的结论，对于这个结论怎么来的、稍微深入一点的思考是没有的，学生的学习会越来越短视，没有在应该培养学生能力的时候抓住时机，到高三也要"还账"，要补这一课的缺漏，但到那时就晚了。

4.16 数学要注重知识的生成过程

2021年4月　数学　课题《两角和与差的余弦》

流程：

(1)复习引入：

①特殊角的三角函数值；

②角α的终边与单位圆的交点坐标$(\cos\alpha, \sin\alpha)$；

③数量积的定义和坐标形式；

④$\cos15° = \cos(45° - 30°) = \cos45° - \cos30°$是否正确。

(2)提出问题：$\cos15° = \cos(45° - 30°) = ?$ 在单位圆中标出45°和30°角的终边P, Q。让学生思考证明。

(3)问题：对于一般的$\cos(\alpha - \beta) = ?$ 思考并证明。

(4)学生练习公式运用，部分学生板演。

启示：

(1)应该说两角差的余弦公式的推导是本节课的难点，也是一个重要的核心素养提升点。学生要通过公式推导来体会在遇到比较难的问题时思考的方法，同时本节课的设计也很考验老师的创造力。本节课宋老师按照从特殊到一般的方法，很好地突破了两角差的余弦公式的推导，这也是数学中解决问题常用的方法。

对于公式的推导，笔者也很困惑，找不到很好的设计方案，在一师一优课平台上连续看了6节老师的优课，最后感觉济南中学一位老师的设计还是很好的，笔者在上课时也采用了这种方式。她的设计思路如下。

复习旧知：

①本节课的地位。

②已学过的三角运算有哪些？有什么特点？证明这些三角运算的方法是什么？

③如果对于诱导公式中的特殊角一般化，会得到什么？即把$\cos\left(\dfrac{\pi}{2} - \alpha\right) = \sin\alpha$中的角$\dfrac{\pi}{2}$一般化成角$\beta$能得到什么？

笔者复习旧知，提出问题的环节和宋老师的设计几乎一样，不再赘述。

在提出问题后，问：$\cos(\alpha - \beta)$的值和哪些量有关系呢？利用特殊值进行试验，例如当$\alpha = \dfrac{\pi}{2}, \beta = \dfrac{\pi}{2}, \alpha = \pi, \beta = \pi$等，发现结果与$\cos\alpha, \cos\beta, \sin\alpha, \sin\beta$有关系。

$\cos(\alpha - \beta)$和$\cos\alpha, \cos\beta, \sin\alpha, \sin\beta$是什么样的关系呢？利用特殊角进行观察，见表4-1。

表4-1　两角差的余弦公式探索

$\cos(90° - 30°)$	$\cos90°$	$\cos30°$	$\sin90°$	$\sin30°$
$\dfrac{1}{2}$	0	$\dfrac{\sqrt{3}}{2}$	1	$\dfrac{1}{2}$

还可以继续验证$\cos(90° - 60°)$来看猜想的正确性。通过特殊值的验证，得到$\cos(\alpha - \beta) = \cos\alpha\cos\beta + \sin\alpha\sin\beta$。

最后给出证明，并练习应用。

因为这个公式是对前面诱导公式的一般化，诱导公式的证明是利用单位圆中的坐标证明的，所以学生能很自然地想到画单位圆。但是特殊角和一般角还是有区别的,特殊角是利用单位圆中的坐标对称得到诱导公式的,一般情况下是不能这样做的,那么怎么解决?学生思考讨论。学生的方法应该更多更自然。

两种设计方案哪个更好呢?不好评说,如果学生层次较差的话,可以考虑宋老师的方法,如果学生层次较好,上面的设计方案是不错的选择。

(2)在问题解决时,本节课充分发挥学生的主动性,让学生去做、去讨论、去展示。有的老师感觉这样做会影响教学进度,但其实一节课让学生学会一种数学的解决问题的方法就是很大的胜利,不在于做多少题,做题可以有很多的时间,像自习课,以后的练习课,但是培养学生能力的素材可不是能常常见到的。所以要利用好难得的素材,发展学生的能力。单纯的做题不能提高学生的核心素养,只是练习了熟练度而已。

(3)一节好课,浅层面上看是教会了学生多少知识,深层面上是利用这些知识提高了多少能力,发展了什么思维。

(4)场面上不热闹的课不一定不是好课。是不是引发了学生思考也很重要。

(5)课堂——我们拿什么来吸引学生,每一节课有多少再创造,老师们思考了吗?

(6)PPT是上课的辅助,不是上课的累赘。

(7)不足:开始复习引入时耽误时间较多,学生做完之后直接投影即可,不用老师再讲一遍了,有些浪费时间。另外,在证明公式时有些操之过急,可以给学生更多的时间自己证明。

4.17 讲评课需要注意的几个地方

2020 年 9 月　数学　集合测验讲评课

上课流程为：

(1)上课伊始学生拍桌子站立,激情宣誓,宣誓声音洪亮,学生真情投入。

(2)老师把学生测试的成绩单展示给学生,对于 90 分以上的学生进行表扬,对于成绩 60 分以下的批评,要求改错后找老师面批面改,并将错题给老师听。

(3)出示学生出错比较多的题,6、7、8、9、10、11、12 题学生小组重点讨论,学生小组讨论时存在的问题:学生没有站起来,只是斜着身子在座位上交流,没效果,限制了活动其实也限制了交流的。不如让学生站起来,可以更好地倾听其他学生的讲解。

(4)学生展示讨论成果。学生上讲台展示,学生展示肯定不如老师讲解精确。但是,锻炼学生的表达能力也是数学核心素养之一。也就是用数学的语言来表达世界,这个不是一天就形成的习惯,老师要注意帮学生纠正平时的语言问题,时间长了,学生的表达能力会逐渐提高的。

(5)巩固练习。

反思：

(1)老师上课对于批阅了的试卷尽可能地出成绩单,让学生能更好地定位,这样精确到人的成绩能引起学生的更大的注意。以后考试各科能算出总成绩的话也要尽可能地出总成绩,使学生能及时地反思学习上存在的问题,协调各学科之间的学习时间,均衡发展。

(2)对于典型题目的点评要有拓展,学生会一道题只是听会了,离自己能动手做出来还有十万八千里(这里笔者经常给学生讲的三个"十万八千里理论":听会了到自己会做还有十万八千里;自己会做到自己能做对还有十万八千里;做对到能又快又对还有十万八千里)。学生仅仅停留在把老师讲懂了,这才刚刚开始,应该有练习巩固、有拓展总结,不然前面讲的知识也会逐渐地忘了,一点效果也没有。

(3)备课组讲评课教研也是容易忽略的地方,看似是老师们自己根据自己学生的情况确定一节课重点讲解的题目,但是其实老师在出题时知道哪些题是学生容易出错的,教研组可以集体研讨出错率可能高的题目,分析可能的原因,想出教学对策,拓展题目等。在出试卷时同时出一份巩固练习效果更好。

老师备课很努力,做了很多题,查阅了很多资料。对于一个教研组来说,如果能把老师们的智慧形成合力,相互借鉴,那么每个人都能省很多力气。

(4)本节课美中不足的地方是题目是一个一个向后讲的,没有进行归类,讲题可以按知识点讲,也可以按方法讲,还可以按思维方法讲。

4.18　跨学科听课可以更大胆一些

2020 年 9 月　生物　课题《细胞中的糖类和脂类》

(1)课前三分钟学生以标准坐姿大声诵读。

(2)复习提问上节课学习的内容,学生口头展示。

(3)学。因为本节课内容很多,课本上有 4 页,因此,老师课前已经安排学生学习了部分内容,这样就把"6+1"课堂用"活"了。"6+1"课堂是"活"的,不是固定不变的,老师可以根据教学内容、学科特点灵活地安排各个环节,原则是学生学得好学得多。

课堂上,学生速读课本并背诵部分基础知识,这个环节安排了 10 分钟,还是比较合理的。

3 分钟后,学生做学案练习题。小组内更正答案,标出学习中的疑难问题,耗时 3 分钟。学生提问,老师回答,约 4 分钟。

(4)议。起立讨论,老师巡视,参与学生讨论,了解讨论进度。

(5)展评环节。学生自学检查。

(6)小结。你学到了哪些知识？学生总结回答。

(7)固。2 分钟,完成判断题。

反思：

(1)一节课正常情况下应该是备课比上课累。如果倒过来,那一定是课堂随意性很强。

(2)高效课堂一节课应该让学生不断地变换学习方式,一直不停地听说读写。千万不能让老师讲一节课,学生听睡着。

(3)跨学科听课势在必行,一个学科内的老师,尤其是老教师,决定了本组的上课水平,因为年轻老师是先听老教师上课再上课,以老教师为榜样、模板,如果老教师的上课理念出现了问题,会带偏一大批年轻老师,老教师应该率先垂范,主动听课,听不同学科的课,引进新鲜的教学思想和教育理念,保持活力。

(4)小组讨论。一个小组有 6 个人,小组人太多的话,在小组讨论时,总有"边缘人"游离在小组讨论之外,这些人往往是成绩较差、性格内向、不善表达的学生,这也是学科成绩的一个增长点,这一部分学生能学好的话,总成绩会有很大的提升,这是一个普遍问题。

建议：

各科根据自己学科成绩、学生性格特点安排两名主讲人,采用 1 对 2 的方式讲题,这样学生的讨论效果会更好。亦可以采用分层即 A1 给 A2 讲,B1 给 B2 讲,C1 给 C2 讲的模式,然后不同层次之间再讲,这样组织有些麻烦。

4.19　死记硬背的课堂使学生越来越幼稚

某节政治复习课的教学流程如下。

前20分钟学生背诵,老师巡视时也有检查。10分钟完成训练案选择题。然后对答案,学生讨论3分钟,学生背诵6分钟,对答案,老师讲5分钟。这是一节课的教学设计。

这样一节课是高效课堂吗?学生活动是背诵、做题对答案、背诵对答案。老师活动是巡视、简单的讲解。老师讲得很少,学生背诵的时间很长。

反思:

(1)背诵的基础是理解,如果不理解,背诵是短时记忆,没有太多的用处。等学生学的知识越来越多,背诵就会越来越难,考试时还不知道怎么答题。死记硬背的课堂危害性巨大,著名教育家苏霍姆林斯基在《给老师的建议》一书中反反复复强调:死记硬背会使学生患幼稚病,学生的思维发展将会停滞。不仅文科中死记硬背的现象比较多,在数学课堂中死记硬背也很突出,比如,老师讲授一个定理,在学生还没有完全理解的基础上就开始大量地训练,学生简单地记忆模仿,这样浅层次上的教学不利于学生能力的发展,会让学生越学越短视。

(2)提问学生时,最不动脑的提问是从前到后一个一个提问,提问的目的是掌握一些学生的答题情况,这样提问少了针对性,提问的目的性大打折扣。

(3)本节课的学习目标是什么?只是记忆知识?

(4)班内最后面小凳子上坐着一名学生,笔者以为是违反了纪律接受惩罚,一问才知道,这是值日班长,笔者问值日班长,坐在座位上听课不行吗?学生说需要记班级回答问题的学生并加分,坐在后面看得清楚。坐在自己的座位上不能完成这项任务吗?笔者问学生,你坐在这里舒服吗?学生说确实不舒服,要是能有个桌子也好一些。

班主任的班级管理不反对创新,不反对检查,但一定要注意,创新不能违反教育规律,不能过度检查。

这位班主任在早读时,让4个学生举着课本,在教室内边走边诵读,问这是在干什么,说是在检查其他同学诵读,笔者脑海中出现了一个大大的疑问:这些学生举着课本在教室内转,自己真能学进去吗?对其他同学没有影响吗?这些问题班主任在安排工作时想到了吗?教育有教育的规律,不能头脑一热就盲目创新。

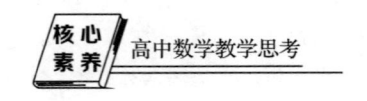

4.20　教学要贴近学生的生活实际

2020年11月　语文　课题《芣苢》

教学流程：

先说明本节课的教学目标：学生学习《芣苢》。提出两个问题，让学生展示问题答案，然后学生齐读。继续学习杨万里的《插秧歌》，学生齐读杨万里简介。提出3个问题，让学生在答题纸上写答案，耗时10分钟，小组讨论5分钟。展示环节采用小组抢答，对于没有抢答的小组要求口头作文，作文题目到展示完成后再说。最后三个小组因为没有抢答到题目被要求现场讲关于劳动的故事。最后5分钟，写100字劳动感想。

反思：

（1）这节课是讲劳动，在开始时应该给学生展现一些劳动的视频，集体劳动的歌曲、图片。这样学生对于劳动有一个感性的认识。

（2）我们经常讲教学应该有两个尊重。一是尊重学生的现有的知识水平；一是尊重教学规律。本节课在口头作文阶段，老师要求学生讲田间劳动的感受，结果9个小组没一人回答这个问题。下课后笔者问学生做过农活吗？学生都说没有，在电视上看过。很显然，学生的实际生活经验不足，当然也就无法谈劳动的感受了，当然也说明老师在备课时没有想到学生的生活情况，准备不充分。

（3）杨万里的《插秧歌》是讲劳动人民农忙时插秧的场景，学生对于秧苗是什么、为什么插秧而不播种等问题也是有疑惑的，因为北方的孩子从来没有见过插秧。

（4）本节课是讲劳动，但劳动这个话题很大，具体讲劳动的哪一方面呢？本节课没有重点涉及，到最后谈劳动感受时谈什么的都有，就是因为没有限定具体的角度，显得整节课有点散。

4.21 设置台阶,拾级而上

笔者听数学课是听门道,听其他学科的课多数是听环节、观察学生的学。所以笔者更喜欢听数学课,更喜欢和同行切磋交流学习。

某天笔者听了两位老师的课,也算是"同课异构"吧,两位老师上的都是对数函数第二课时。

两位老师课前都出示了对数函数的图象和性质图表让学生记忆填写。

对数函数 $y = \log_a x (a > 0, a \neq 1)$ 的图象和性质见表 4-2。

表 4-2 对数函数的图象与性质

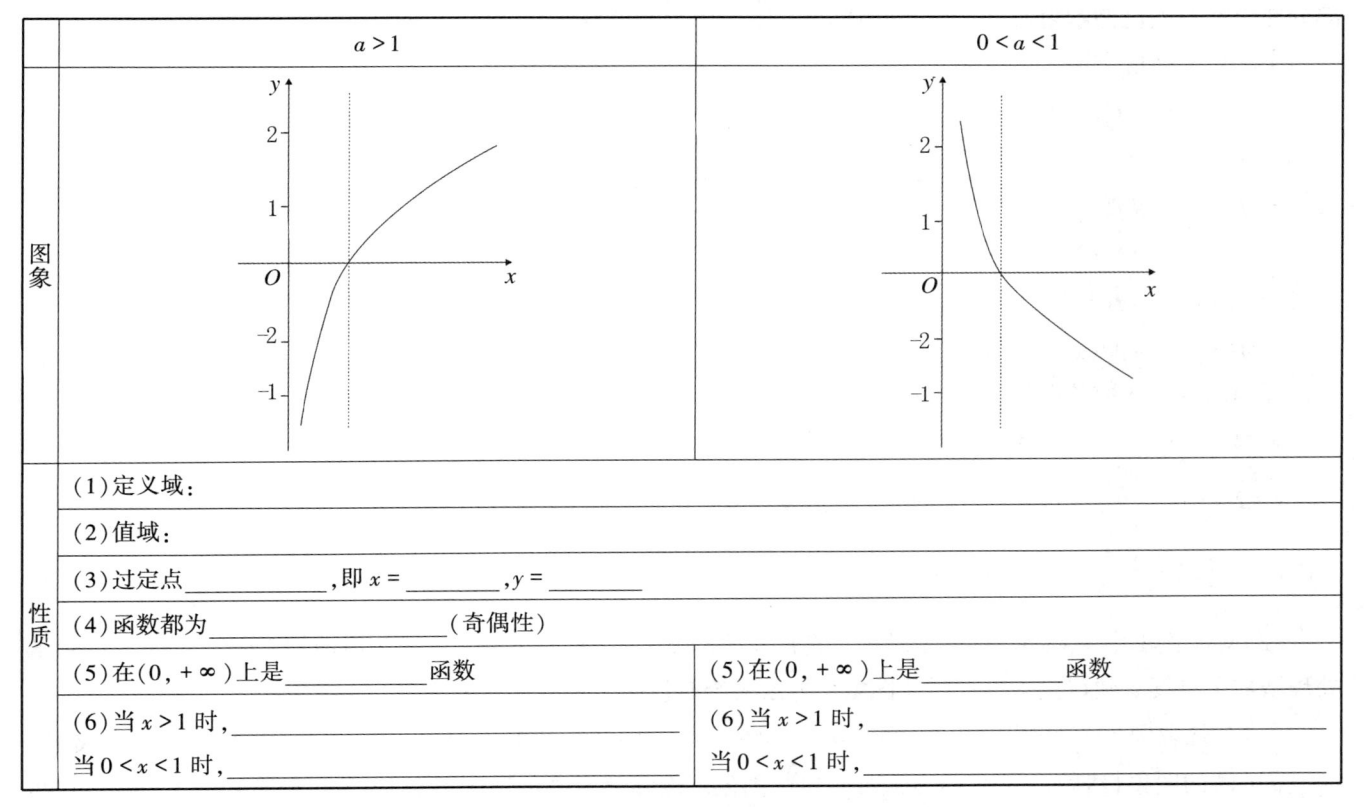

	$a > 1$	$0 < a < 1$
图象		
性质	(1)定义域: (2)值域: (3)过定点_____,即 $x =$ _____,$y =$ _____ (4)函数都为_____(奇偶性) (5)在 $(0, +\infty)$ 上是_____函数 (6)当 $x > 1$ 时,_____ 当 $0 < x < 1$ 时,_____	(5)在 $(0, +\infty)$ 上是_____函数 (6)当 $x > 1$ 时,_____ 当 $0 < x < 1$ 时,_____

然后按照学案上的题目顺序依次处理,中间有和学生的交流。学案题目如下。

例1 (1)函数 $y = \log_2 |x|$ 的图象是下图中的( )。

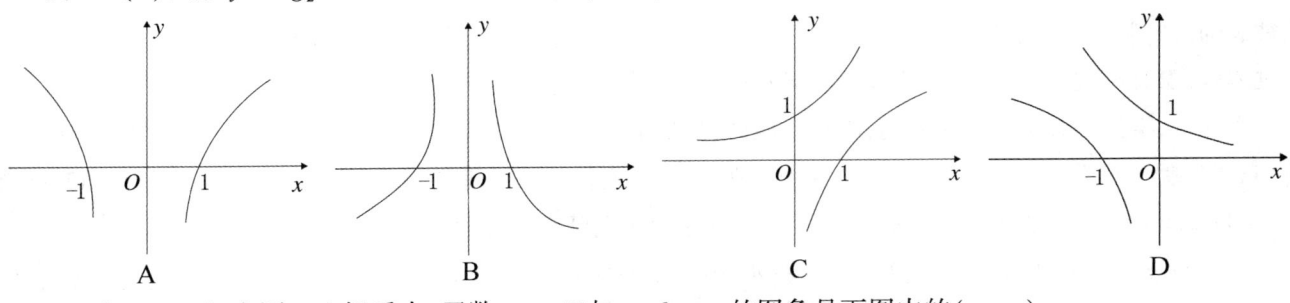

A　　B　　C　　D

(2)当 $a > 1$ 时,在同一坐标系中,函数 $y = a^{-x}$ 与 $y = \log_a x$ 的图象是下图中的( )

A　　　　　　　B　　　　　　　C　　　　　　　D

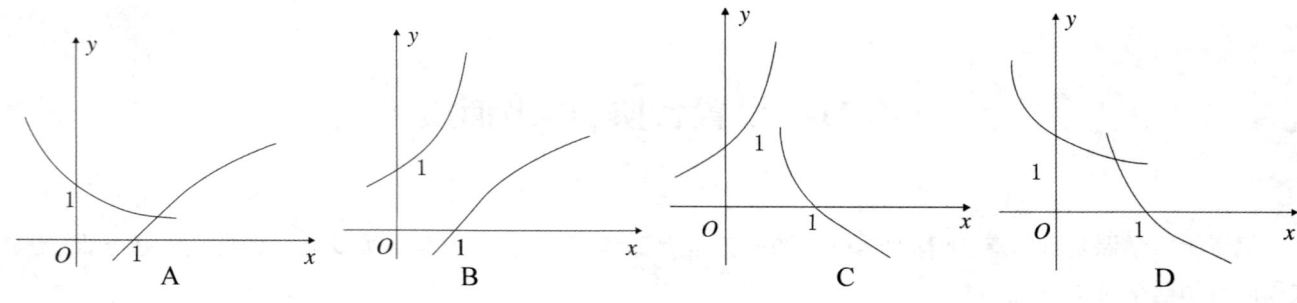

(3) 画出 $y = \log_2 |x+1|$ 的图象

(4) 画出 $y = |\log_2(x+1)|$ 的图象

几点思考：

(1) 因为本节课主要是画函数的图象，所以课前除了复习基础知识以外，建议复习函数图象变换的规则，这部分知识在前面已经学习过，应该让学生熟悉一下。

① 图象变换的方法

$y = f(x) \to y = f(x+1)$；

$y = f(x) \to y = f(x-1)$；

$y = f(x) \to y = f(x) + 1$；

$y = f(x) \to y = f(x) - 1$；

$y = f(x) \to y = f(|x|)$；

$y = f(x) \to y = |f(x)|$。

② 画出以下函数的图象：

$y = 2^x$ 　　　　$y = 2^{x-1}$ 　　　　$y = 2^{x+1}$

$y = 2^x + 1$ 　　$y = 2^x - 1$ 　　　$y = \left(\dfrac{1}{2}\right)^{|x|}$

$y = \left(\dfrac{1}{2}\right)^{|x+1|}$ 　　$y = |2^x - 1|$

(2) 对于例1中 $y = \log_2|x|$ 的处理都是选出正确答案，老师没有讲解。这样为后面例3中 $y = \log_2|x+1|$ 的处理增加了难度。建议例1处理时从图象变换及去绝对值两个角度让学生理解。

(3) 在处理例3时，学生对于 $y = \log_2|x+1|$ 的处理出奇一致，即由 $y = \log_2 x$ 的图象经过图象变换变成 $y = \log_2(x+1)$ 的图象，然后再变成 $y = \log_2|x+1|$ 的图象。老师都说这种做法不对，应该按照先变成 $y = \log_2|x|$ 再向左平移1个单位变成 $y = \log_2|x+1|$，至于为什么不对，没有给出理由。

为什么学生做的老师说不对呢？因为老师知道哪些路走起来近，学生不知道，当学生快走上弯路时，马上就被老师及时制止住了。笔者认为学生应该自己走的弯路就要让他们自己走，老师是替代不了的。学生没有经过体验，没有经过选择，是不会成长的。老师应该尽可能地暴露学生的思维过程。

实际上，学生的做法是没有错的，不是不能做，只是不符合老师的思路。那么 $y = \log_2(x+1)$ 怎么变成 $y = \log_2|x+1|$ 呢？只需要让 $y = \log_2(x+1)$ 的图象在 $x = -1$ 右侧的保持不变，并对称到 $x = -1$ 的左侧即可，也就是 $y = \log_2|x+1|$ 的图象自身关于 $x = -1$ 对称。这是很多老师没有发现的。

画 $y = \log_2|x+1|$ 的图象除了这两种方法外，还可以进行去绝对值讨论，然后分段画图象，这也是基本方法。即画 $y = \begin{cases} \log_2(x+1) & x > -1 \\ \log_2[-(x+1)] & x < -1 \end{cases}$ 的图象。当画 $y = \log_2[-(x+1)]\ x < -1$ 的图象时，遇到 x 系数为负数的情况，难度较大。

为了达到让学生说出 $y=\log_2 x \to y=\log_2|x| \to y=\log_2|x+1|$ 的变换思路,老师可以设置铺垫,例如按 $y=2^x \to y=2^{|x|} \to y=2^{|x+1|}$ 的思路引导。但是不建议这样,因为这样做,到头来学生还是不知道原因,只是简单地模仿,不利发展学生的思维。

(4)例:函数 $f(x)=|\lg x|$ 且 $f(a)=f(b)(a>0,b>0,a\neq b)$ 则 ab _____ 1。

处理上面的例题时,学生由 $f(a)=f(b)$ 得到 $|\lg a|=|\lg b|$,老师问学生怎么解这个式子,学生回答,两边平方,老师说不行,应该讨论去绝对值。这里如果两边平方,可得 $(\lg a)^2=(\lg b)^2$,移项得 $(\lg a)^2-(\lg b)^2=(\lg a+\lg b)(\lg a-\lg b)=0$ 因为 $\lg a\neq \lg b$,所以只能是 $\lg a+\lg b=0$,整理得 $ab=1$。

(5)在处理(4)的例题时,一名学生在讲台上讲完题后,带着成功的笑容走下讲台,那种骄傲自豪的模样真的很可爱。这时笔者真正体会到了"说教十次不如表扬一次,表扬十次不如成功一次"的含义。让学生体验成功,让学生找到学数学的乐趣,这是教数学的最高境界。老师要善于适当地把讲台让位于学生,让学生有展示的舞台,有体验成功的机会。

(6)有时我们说,为什么老师讲了学生就是听不懂呢?老师认为很简单的题目,是老师在做了十遍二十遍以后认为很简单,而学生第一次做,甚至连做都没来得及做,老师就讲了起来,学生怎么能听懂。

老师在讲难度稍大的题目时要注意设置台阶,"跳一跳摘桃子",让学生一步一步接近成功,学生也不会感觉题有多么难,还能体验做数学题的快乐。

4.22　一节课只做一件事情

2021 年 1 月　　历史复习课　　课题《明清中国版图的奠定与面临的挑战》

上课流程：

(1)明确本节课的两个任务：一是处理限时训练，二是讲解历史地图题。学生背诵记忆 5 分钟。

(2)限时训练题目的讲解，对于比较难的题目有变式。整个过程 10 分钟。

(3)讲解本节课的学习目标，以及历史地图题的解法，有解题注意的要点、解题思路、解题口诀等，比较细致。

(4)老师带领学生一同完成一个练习，到此共用时 25 分钟。然后学生练习 7 分钟，学生看书完成学案，小组交流。

(5)老师讲解整理。最后没有完成全部内容。

学案 1：思，检，议，展，评。（A 知识问题化，限时训练。）

学案 2：基础知识(表格，留空，设问 A) + 题目类型 + 解题策略→学案精心设计。

建议：

(1)让学生先学习思考，再指导。（先学后教，导而弗牵！）

(2)题型策略应以具体题目为例。

(3)按照课堂逻辑顺序走，跨度不宜过大，大跨度、跳跃式的教学不利于学生跟进。

(4)训练可否不抄书？抄书不是训练。先凭记忆和理解填写，之后交流补充，更能促进理解和记忆(检索式学习)。

(5)明确区分基础知识梳理和训练两种课型。教师增强课型意识很重要，有利于突出重点目标，形成突破。一节课只适宜完成一个任务，多任务会让学生不知所措。

(6)所有的解题方法都是老师灌给学生的，不是学生通过做题自己总结出来的。缺少了自己的体验，就不知道探索路上的沟沟坎坎，不知道方法得来的艰辛，这些东西也就不是自己的，真正到遇到问题时，学生除了拼命回忆外，没有更好的解决问题的思路，形成不了解题能力。

(7)因为前面处理限时训练时耽误了 15 分钟，所以后面的主要内容"如何做历史地图题"用时不足了，一直在赶课，最后导致主要内容没有处理好，再回到(5)，一节课一定要"严守一"，只做一件事情，把这件事情做好。

(8)学生的观察能力是很强的，学生能在地图上发现很多细微的差别，甚至这些差别让老师都始料不及，所以上课应该充分利用学生，引导好学生，发挥学生的积极性，让学生做主角。老师只是课堂的推动者，不是主宰者。

参考文献

[1] 高存明. 普通高中教科书数学(B版)必修第一册[M]. 北京:人民教育出版社,2019.

[2] 高存明. 普通高中教科书数学(B版)必修第二册[M]. 北京:人民教育出版社,2019.

[3] 高存明. 普通高中教科书数学(B版)必修第三册[M]. 北京:人民教育出版社,2019.

[4] 高存明. 普通高中教科书数学(B版)必修第四册[M]. 北京:人民教育出版社,2019.

[5] 高存明. 普通高中教科书数学(B版)选择性必修第一册[M]. 北京:人民教育出版社,2019.

[6] 高存明. 普通高中教科书数学(B版)选择性必修第二册[M]. 北京:人民教育出版社,2019.

[7] 高存明. 普通高中教科书数学(B版)选择性必修第三册[M]. 北京:人民教育出版社,2019.

[8] 孙维刚. 全班55%怎样考上北大清华[M]. 长春:北方妇女儿童出版社,1999,9.

[9] 中华人民共和国教育部制定. 普通高中数学课程标准(2017年版)[M]. 北京:人民教育出版社,2017.

[10] 张传民. 深入挖掘教材 体会数学精神——以"双曲线的标准方程"为例[J]. 中国数学教育,2021(22):38-41.

[11] 张传民. 妙用方差的非负性质解题[J]. 高中数学教与学,2020(10):49-49.

[12] 张传民. 求解多个三角形问题的常用策略[J]. 高中数学教与学,2017(12):46-47.

[13] 张传民. 消元法解题初探[J]. 中学数学研究,2022(6):60-61.

[14] 续梅. 近看远行的孙维刚[J]. 华人时刊(校长),2012(03):48-50.

[15] 唐志林. 孙维刚教育思想与实践研究[D]. 首都师范大学,2008.

[16] 罗增儒. 常数消去法——从实践到方法提升[J]. 中学教研(数学),2006(2).

后 记

孙维刚老师教育教学思想对我的影响

初识孙老师是在 2002 年的一个偶然的机会，看到一本书《全班 55% 怎样考上北大清华》。这本书对我产生了震动，太厉害，太神奇了，连续读了 5 遍，把部分重要的思想语句摘抄了下来，并且讲给我的学生听。然后开始搜集孙老师的各种书籍，先后读了《我的三轮教育教学实验》《孙维刚导学高中数学》和《孙维刚导学初中数学》，而且找到了当时能找到的孙老师上课的所有光盘，反复看反复研究。到现在 20 年了，孙老师的教学思想一直影响着我的教学，从管理到教学，处处有孙老师的影子，随口说句话就是孙老师的名言"漫江碧透，鱼翔浅底""站在系统的高度看问题""广义对称"……

一、孙维刚老师简介

孙维刚老师（1938—2002），1938 年 12 月出生，山东海阳郭城人，汉族，大学毕业，中国共产党党员。在青岛二中上学时，阅读了《普通一兵》中一句话"要因为我来到世界上而使别人生活得更幸福"，这句话在他心中扎下了深深的根，立志做一位对人民有用的人，自 1962 年起在北京市第二十二中学任数学教师兼班主任。2002 年 1 月因患癌症医治无效逝世，享年 64 岁。他是"结构教学法"的创始人。

他在非重点中学北京 22 中任数学教师。从初一到高三，六年一贯制教学，他招收的学生都是东城区成绩比较差的学生，1991 年东城区重点中学最低分数线为 192 分，而他的学生最高入学分数为 196 分，生源几乎没有优势。1997 届第三轮实验班高三一班全班 40 人，22 人考入北大清华，获得北京市"优秀班集体"荣誉称号，全班全部是共青团员，班长闫珺是共产党员。1996 年获得全国高中数学联赛全国一等奖的有 8 人，二等奖 9 人，其中闫珺获得 1996 年第 37 届国际数学奥林匹克竞赛金牌。

孙老师是一位"大"老师，"人民教师"，要求学生做到的事情他首先做到。

他因为帮助老人推车过桥而迟到，能罚自己在寒风中站一个小时。

1992 年患膀胱癌后，仍然每天骑车一个多小时上班、开会、去奥校讲课、去机场接载誉归来的闫珺同学。因为尿血，每次上厕所他都关上灯。

每天放学后和学生一起值日打扫卫生。

学生李毅摔伤后，自己用自行车推着他去北京中医院找朋友李院长就医。

拒绝了 3 所大学任教邀请，拒绝了领导的升迁安排。除了当班主任和数学老师外，还教过物理、历史、地理、音乐，当体育队教练，担任手风琴伴奏。

以奖学金的名义偷偷资助贫困学生。

参加竞赛的学生吃不上饭，他让爱人在家焖了一大锅大米饭，一桶木须肉，用棉大衣裹好，从北京北郊送到东单。

第一轮实验班 40 多人，大学放寒假到家里聚会，房间里坐不下，坐在楼道楼梯上吃饺子。

……

这样的事情不胜枚举，太多太多了。

他是一位精神富足的人，他对学生、对教育充满了深深的爱。

二、孙维刚老师的班级管理

孙老师非常注意思想引领，利用集体的力量来教育人，以"德"的标准要求学生，他的育人目的是为人民"再炼一炉好钢"。

班主任工作抓什么，简单地抓学习、抓纪律都不能在根本上解决问题，班主任工作最重要的是培养学生良好的道德品质，不抓学生思想工作，头疼医头脚疼医脚，班内问题就会一波未平一波又起。班级工作在疏不在堵。

孙老师和同学们相约，建设优秀班集体，为人民"炼一炉好钢"。制订了德的标准：诚实、正直、正派；树立远大理想，为人民多做贡献；做一个有丰富感情的人，要因为我来到世界上而使别人生活得更幸福。

所以在孙老师班里不但纪律严明，而且每一个人心里都时刻装着别人，同学们互帮互助，好人好事蔚然成风……

班里谁有了好书好题好解法，都愿意和大家分享，都愿意给别的同学讲。

班级里纪律严明，要求"明亮的教室永远干净，神圣的课堂永远安静"。平时自习和课间，教室里不能说话，如果有什么话要到教室外面说。陈硕上高三后，自习课都在教室外面，给一个个同学讲物理题。

桑丽芸同学学习勤奋、成绩好，但是高考前的十几天里，她几乎没有按照自己的复习计划复习，而是天天在电话里为林雨同学解答问题。

为了免除同学们书包过于沉重的负担，孙杨同学的妈妈设计了6组橱柜，又花了4 000元请人制作并运到学校。这些橱柜为班级增加了明净，增添了肃静。

陈硕家长下岗在家，有一次他的腿部感染，需要注射一种进口药，每针400元，打6针，同学们知道后，一个中午就捐齐了2 400元，给陈硕家送了过去。

贾笑天同学的踝骨骨折了，同学们每天早上先骑车到他家，用自行车驮他到公交车站，在车站等候的同学再把他架到车上，到学校后，同学们再背他上楼，所以贾笑天同学没有因病耽误一节课。

学校大扫除时，阅览室、实验室的老师都争着要孙老师班的同学去，因为孙老师班的同学干活最快最好，又遵守纪律，他们放心。

评选省级三好学生，评上者高考时可以加10分录取，孙老师班里因为表现突出，上级破例给了4个名额。班里的大多数同学符合标准，在征求了符合条件的排在前15名的同学的意见后，他们都愿意把这个机会给后面的同学，让他们因为加上10分而考上北大、清华，这其中包括孙老师的儿子孙兴。在没有高考时，谁也没有百分之百的把握考上北大清华，但是他们还是把机会留给了更需要的同学，把风险留给了自己。

孙老师的学生三观正，懂得什么是美什么是丑。他们鄙视社会上的花花绿绿，班里的男同学都是短短的头发，男女同学都衣着朴素，男女同学之间从不轻浮地说笑打闹，同学们都相互尊重。

这就是孙老师班的学生，谦谦君子。"要因为我来到世界上而使别人生活得更幸福"，这就是孙老师的班级管理理念。他借助集体的力量熏陶与感染人，为党和人民"炼了一炉好钢"，为国家培育了一批栋梁之材。

纵观孙老师的班级管理思想，最主要是思想引领，和学生一起画了一副最美最纯的图画（德的标准），弄清楚做什么样的人，为什么要学习，学生和他一起为实现这个美好的理想努力。然后孙老师率先垂范，身体力行地告诉学生应该怎么做，到最后才是以严格的纪律约束。这样的教育方式，入心。

当老师以后，我这些年也读了很多不同风格的班主任的书籍，也有一些老师讲究战略战术，但最后总结下来，还是孙老师的管理理念最先进，管理方法最入心，无招胜有招。他抓住了"培养什么人，为谁培养人"这一教育的根本问题。教育只要抓住了思想这个问题，其他问题都很容易解决。

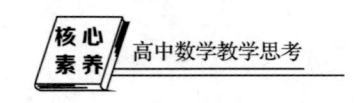

三、写给任课教师

1. 教学的目的

教学的目的是通过知识的教学，不断发展学生的智力素质，造就他们强大的头脑。把不聪明的学生变得聪明，让聪明的学生更加聪明。这个主导思想抓住了教学的根本目的。即使是现在，在高考考查四层要求"核心价值、学科素养、关键能力、必备知识"的情况下，孙老师的教育教学思想依然很先进，他的教学是以知识教学为载体，培养学生的关键能力和学科素养，当然，孙老师更是把知识、方法的学习上升到更高层次的哲学，彻底摆脱了数学老师的通病——"就题论题"。

2. 如何造就学生强大的头脑

他可以用半年学完整个初中的内容，可以一上午学完整个三角函数，靠得就是一颗强大的头脑。

（1）总是站在系统的高度教学知识（包含三层意思）。

一是每个数学概念、定理、公式等知识的教学，都是在"见树木更见森林，见森林才见树木"的状况下进行的。所谓的"树木"是指知识点，"森林"是指由知识点组成的知识体系。教学既要讲一个个知识点，还要讲清知识之间的联系。不能只是简单地认为站在系统的高度看问题就是画知识结构图，知识结构图仅仅是知识的简单联系，没有上升到更高程度的联系。我们所说的系统，不仅包含知识系统，还包含知识之上的能力系统、能力之上的思想系统，以及思想之上的哲学方法体系。每一个知识都能站在系统的高度看，从不同的角度看，因此这样的系统是非常非常多的，还有系统之上的系统。受到孙老师影响20年，我也在不断地总结数学系统，但是还没有总结成体系，这也是我今后工作的重点内容之一，争取整理出相关书籍。

二是在教学过程中，对任何细节，都鼓励学生追根溯源，凡事都问为什么，寻找它与其他事物之间的联系。孙老师提出了几个问题，比如，为什么叫有理数？任意的为什么写成"$\forall$"？积分为什么写成"$\int$"？为什么叫正切……

对于初次遇到这些问题的人来说，这些问题极具冲击力，因为无论做学生还是做老师，都没有想过这是为什么。哪有这么多为什么，即便有也不敢问啊，怕被人笑话。孙老师的提法大大地提高了我的探究的欲望，一直不断地思考数学中的每一个可以问为什么的地方，现在集合成了很大的一部分：为什么奇变偶不变，符号看象限？函数的定义域为什么必须是数集？为什么会有面积射影定理？为什么叫微积分，它和导数有什么区别……

凡事都问为什么，实际上是从根本上去理解知识的一种方法。知道知识的产生过程、形成过程，从而深刻理解知识。在问为什么的过程中，知识的联系就建立起来了。

三是濡染学生，使之养成"联想总是油然而生"的思维习惯。长期站在系统的高度看问题，长期问为什么，学生自然而然就能达到"联想油然而生"的境界，这时解题的思路就是自然产生的，而且是成片地产生的，很难遇到解起来无从下手、不知道如何去解的题。自然而然的，学生的解题能力得到极大的提高，解题规范性得到极大的提高，数学素养得到极大的提高。

（2）数学是方法论，是哲学，站在哲学的高度看数学，我们将得到一大批更通用的方法。数学中包含着丰富的哲学观点：换个角度看问题；广义对称；运动的观点；普遍联系和转化，等等。

哲学是从各个学科中抽象出来的更本质更普遍的方法。在哲学的指导下，看数学解题方法，能高屋建瓴、深入本质。这是孙老师一直说的聪明的更高层次。

数学老师需要站在哲学的高度，通过数学学习帮助学生建立认识世界的方法。其中的"换个角度看问题"，不是一句空话，是有实实在在意义的。当遇到困难时，要考虑换个角度看问题，当解出一道题时，要考虑能不能换个角度看问题，得到别的解法。

广义对称是一题多解的利器，利用好广义对称，在得到一种解法后，可以对称地得到其他解法。这个是在教学中应用最多的思想方法。

因为这些思想方法在解题过程中都有所涉及，所以这里不再举例子阐述。可以参看前面的"圆锥曲线中的非对称问题的求解方法初探"。

（3）教师要让学生成为课堂的真正主人。在课堂上，要教育学生挑战老师，积极思考，在思维训练中训练思维，做课堂的真正主人。孙老师的学生上课都争先恐后地展示自己的思维过程，几乎课本上的例题习题等都是学生自己动手解决的。在遇到新问题时，学生们自己试着下定义，研究性质，发现定理等。学生成了课堂的真正主人，老师是课堂的引导者。

（4）正确对待做题。对于做题，孙老师也有独特的见解，"题不在多，但求精彩"，学生不能纵身题海，而应该深入地研究学过的题，通过一道题的研究会一片题。后来在教学中，我把这句话修改了一下，变成了"题不在多，但求透"，不在于做多少题，但是对于做过的题一定得研究"透"，这里的"透"是在教学中一直向学生强调的一点，不能盲目地刷题，应该把题目彻底弄透，彻底弄明白，能从不同的角度认识这道题。即便是有的学生做题慢一些，也要和学生强调，宁可慢也要做对，这里的做对就是理解透彻的意思。

"一题多解，达到熟悉。"一题多解的目的是从不同的角度认识知识，对于熟悉知识很重要。"多题一解，多解归一"，实际上是寻求题目的本质，寻找规律性的东西。

孙老师经常说高中数学有四条大规律，22条中规律，还有多少条小规律等，对于这些规律，孙老师也毫无保留地整理出来。这四条大规律是：一是深入进去，弄通情景；二是运动的观点，包括"换个角度看问题是灵活性的本质"，这其中又包括顺推分析和逆推分析相结合；三是联想思维，包括善于把新课题归结到旧知识的基础上；四是广义的对称。这四条规律朴实无华，好像没说出什么来，但是仔细想想，里面包含着深刻的道理，太像波利亚的解题表了。

四、孙老师对我的影响

1. 班级管理方面

笔者在班级管理方面总结了一些管理经验，包括"我们的品质""我们的方法""我们的精神""我们的信念"和"我们的考试"等。其中"我们的品质"就是孙老师的"德"的标准。"我们的方法"是总结的一些学习方法方面的东西。

我们的方法
——好方法只有在你想学好的时候才起作用

（1）课堂是提高成绩的主阵地，一定要紧跟老师。
（2）总是站在系统的高度看问题，探究知识内在联系。能够做到举一反三，触类旁通，思维总是处于浮想联翩的状态。
（3）题不在多而在精，做题要做透，做一个彻底会一个。
（4）作业——做不多就做少，做不快就做慢，但一定要做对。养成良好的独立完成作业的好习惯。
（5）吃好睡好精神好。
（6）弱科补习就在现在。
（7）反思才有提高，做一个反思型的人。
（8）一定要争取主动。
（9）全神贯注最可爱。

---

2. 对数学教学的影响

（1）对数学的理解更加丰富。数学是思维的体操；数学是方法论；数学是客观世界的抽象，再抽象；数学是一切科学的语言；数学是严谨的逻辑体系；数学史、数学文化很好玩……

（2）对数学教学的理解

①站在系统的高度看问题，每讲一个问题，总是想这个问题处在一个系统的什么节点，与其他知识有什

么联系，它能产生什么知识。能不能站在系统的高度看高等数学与高中数学、知识系统、方法系统、思想系统？能不能站在系统的高度看高中三年，看每一个阶段应该干什么？

②一节课不是讲几道题，要让学生学会一个问题，一种方法，一种方法之上的数学思想，以及普遍化以后的方法。学生因为学习是不是变得更聪明了，是否造就了一颗强大的头脑。还是比着葫芦画瓢，只是简单地模仿。

③数学还有重要的育人任务。要让学生有正确的学习目的、浓厚的学习兴趣、锲而不舍的钻研精神、规范严谨求实的科学精神、创新意识。

④思想指导。解题时为什么有的同学思路清晰、思如泉涌，有的同学摸不着头脑，关键是是否有思想指导，习惯从哲学的角度看各种思想方法的共性。

⑤凡事都问为什么，探究知识的本源。

⑥喜欢找规律。

⑦尽可能地把复杂的问题说得简单些。

数形结合——实际上是一个事物的两个方面。一个是外在的，一个是内蕴的。

分类讨论是把一个困难的问题分解为若干个小问题。

转化——万物皆可转。

⑧体会到了上课只是单纯地讲一道题一点意义也没有，要讲一片题，由其中提炼出共性的、有方法、有长期价值的东西，否则是浪费时间。

⑨多读书，多思考，多写作。

孙老师已经故去多年，但他的教育教学思想却从未走远，希望能有更多的人读他的书，做他那样的人，希望有更多的老师俯身教育事业，为国家育栋梁，为人民炼出一炉炉"好钢"。我想这应该是孙老师最愿意看到的。